최후심판과 말세

―바빌론의 멸망과 마태복음 24·25장 영해―

E. 스베덴보리 지음
이 영 근 옮김

예 수 인

옮긴이의 머리말

　1992년 10월 28일—. 이 날은 우리나라 기독교회에 몇가지 점에서 영욕(榮辱)이 점철되는 날로 기록되었습니다. 왜냐하면 이 날이 바로 "예수님의 공중재림의 휴거(携擧)의 날로 전 교회는 물론 세인의 이목을 집중시켰으나 결과는 촌극(寸劇)으로 마감되었기 때문입니다.

　그러나 이 하나의 사건은, 모든 사건들이 그러하듯이 우리에게 부정적인 면과 긍정적인 면에서 많은 교훈을 남겨준 역사적 사건(歷史的 事件)이라고 생각하며 따라서 이것은 오늘의 교회에 대한 주님의 역사(役事)라고 믿어 의심하지 않습니다. 왜냐하면 우리 주님의 심판은 "양과 염소의 분별"만을 뜻하는 이른바 세상 법정에서 행해지는 선고공판(宣告公判)이 아니라 "바른 것(眞理)을 깨닫게 하여 선(善)하게 살아(仁愛) 구원하시는 주님의 역사(役事)"이기 때문입니다. 이러한 사실은 신·구약 성경말씀이 밝게 증거하여 주고 있습니다.

　그러면 그 교훈들이 무엇입니까? 그 첫째는 우리나라 기독교회가 교회 밖의 사람이나 식견(識見)있는 사람들의 눈에 기독교회가 미신적 또는 원시종교 내지는 우민현혹(愚民眩惑)의 집단 이른바 시기행각의 단체로 전락하였다는 사실입니다. 왜냐하면 말세를 제창하고 휴거를 주장한 그 장본인은 자기의 주장과는 달리 "거액의 예금통장"을 가지고 있었다는 데 그 빈축을 면할 길이 없기 때문입니다.

　둘째는 오늘의 우리 기독교회가 우리 이웃들을 위해서 무엇을 해 왔으며, 무엇을 하고 있으며, 앞으로 무엇을 해야 할 것인가를 분명하게 깨닫게 되었다는 것입니다.

세째는 기독교회는 이 사건을 하나의 주님의 섭리로 겸허히 받아들여 우리 주님의 말씀을 군중재판(群衆裁判)식으로 진위(眞僞)와 선악(善惡)을 매도하지 말며, 성경말씀은 글자로 표현된 문자적인 뜻 외에 영적인 뜻 즉 시공(時空)을 초월한 세계인 영계(靈界)——천계와 지옥——에 통용되는 심오한 비의(秘義)가 있음을 겸손히 배우고 깨달아야 한다는 것입니다.

그 뒤 또하나의 사견(私見)이 등장하였습니다. 그것은 1996년 4월 10일(1992년 10월 28일에 1000일을 가산한 날짜임)이전에 주님의 재림 즉 공중강림과 휴거가 있을 것을 예고, "휴거의 영(靈)의 임재 안에서 종말론적 성취를 미리 맛보며 임박한 주의 영광 가운데 참여하는 복스러운 소망을 허락하신 주님께 감사드리며……" 또한 "하나님의 계시를 묵살하고 프로그램을 왜곡하며 대적하는 삯꾼목사들은 하나님의 심판을 피할 수 없음을 각오하라"고 외치고 있습니다.

말세론적인 수많은 정통교리, 창조 6000년 설, 또는 휴거와 같은 주의 주장 때문에 혼탁하고 암울한 우리나라 교회에 저자의 "영적 체험"과 주님의 특별하신 은총으로 저술된 이 책은 명쾌하고 또 소망적인 큰 깨우침이 있을 것을 믿어 의심치 않습니다.

역자의 소박한 바람과 적은 노력이 오늘의 우리 이웃에게 큰 소망과 기쁨이 되기를 주님께 간구합니다.

이 출판을 위해 재정적 지원을 아끼지 않고 헌금해 주신 〈예수교회 제일예배당〉 윤정해 권사님과 장녀 채수련 씨에게 감사의 말씀을 드립니다.

1995년 하늘이 열린 날 여명에
예수교회 제일예배당
담임목사 이　영　근

차 례

옮긴이의 머리말 ···3

제1부·최후심판과 바빌론의 멸망

1. 최후심판의 날은 세상의 멸망을 뜻하지 않는다 ···············9
2. 지상 인류의 출생은 결코 멈추지 않는다 ···············15
3. 천계와 지옥은 인류로부터 형성된다 ···············26
4. 세상창조 이래 세상에 태어났던 모든 사람은 죽었고 또 그들은 천계나 지옥 어느 곳에 있다 ···············40
5. 최후심판은 이 땅이 아닌, 모두가 모이는 곳 즉 영계에서 이루어진다 ···············49
6. 최후심판은 교회의 마지막 때에 있는데 교회의 마지막 때는 바로 그 곳에 믿음이 없을 때, 따라서 인애가 없는 때를 가리킨다 ···············53
「천계비의」에서 발췌한 것들 ···············60
　(1) 믿음에 관해서 ···············60
　(2) 인애에 관해서 ···············65
　(3) 의지와 이해에 관해서 ···············68
7. 묵시록에 예언된 모든 것들은 오늘에서 충족되었다 ·········71
8. 최후심판이 완료되었다 ···············75
9. 바빌론과 그의 멸망 ···············85
10. 처음 하늘과 그 하늘의 종식 ···············115
11. 이후의 세상과 교회의 상태 ···············124

제2부·최후심판과 영계에 관한 속편

〔최후심판에 관한 속편〕
1. 최후심판은 완료되었다 ································131
2. 최후심판 이전의 교회와 세상의 상태와 그리고 그후의 상태에
   관해서 ··135
3. 개혁교회에 단행된 최후심판 ····························141

〔영계(靈界)에 관한 속편〕
4. 영계(靈界·the spiritual world) ························152
5. 영계에서 만난 영국 사람들 ······························155
6. 영계에서 만난 네델란드 사람들 ························161
7. 영계에서 만난 교황주의자들 ····························166
8. 영계에서 만난 교황주의 성자들 ························170
9. 영계에서 만난 마호메트와 그 교도들 ················174
10. 영계에서 만난 아프리카 사람들과 이방 사람들 ·········178
11. 영계에서 만난 유대인들 ································183
12. 영계에서 만난 퀘이커 교도들 ························186
13. 영계에서 만난 모라비아 교도들 ·····················188

제3부·말세(末世)의 올바른 이해
—마태복음 24·25장 영해—

1. 마태복음 24장 영해 ··195
2. 마태복음 25장 영해 ··275

제1부

최후심판과 바빌론의 멸망

1.
최후심판의 날은 세상의 멸망을 뜻하지 않는다

1. 성경말씀의 영적인 뜻(靈意·the spiritual sense of the Word)을 모르는 사람은 최후심판(最後審判·the Last Judgement)의 날에 가시적 세상의 모든 것들이 파괴될 것으로 이해하고 있습니다. 왜냐하면 말씀하였듯이 그 때에 하늘과 땅은 멸망할 것이고 하나님은 새 하늘(a New Heaven)과 새 땅(a New Earth)을 지을 것이라고 하였기 때문입니다. 이런 생각에서 보면, 그렇게 언급되었다는 이유만으로 그들은 그 때까지 죽었던 모든 사람은 무덤에서 다시 살아날 것이고, 선한 사람은 악한 사람과 구별될 것이라는 요지를 가지고 그들 스스로 확신을 가지고 있습니다. 그러나 이와 같은 것은 성경말씀의 문자적인 뜻(文字意·the sense of the letter of the Word)으로 말하여진 것입니다. 왜냐하면 성경말씀의 문자의는 자연적인 뜻인 동시에, 궁극적인 신령질서에서 보면 성경말씀의 각 귀절이나 또는 각 부분 부분은 모두가 영적인 뜻을 가지고 있습니다. 그 이유인즉슨 성경말씀을 오직 문자적인 뜻에 의해서 이해하는 사람은, 기독교계에 현존하는 경우처럼, 말씀에 의해서 확인되었다고 하는 이단사설(異端邪說·heresies)이나 다양한 의견들에 빠지게 되기 때문입니다. 그러나 지금까지는 그 누구도 성경말씀이 전체적으로든 또는 부분적으로든, 거기에는 영의(靈意)가 있다는 것을 모르며 또 영의가 무엇인지를 몰랐기 때문에 최후심판에 관해서 이같은 견해에 몰입된 사람들은 용서받을 수 있을 것입니다. 그리고 그들은 가시적 하늘이나 우리가 살고 있는 땅이 멸망될 것이 아니라는 것 뿐만 아

니라 그것들이 영원히 존속될 것이라는 것을 점차 깨닫게 될 것입니다. 그리고 "새 하늘과 새 땅"이 바로 그 하늘과 그 땅에 있을 새로운 교회를 뜻한다는 것도 알게 될 것입니다. 그것은 천계들(天界·the heavens)에 있는 교회에 관한 언급입니다. 왜냐하면 천계들에는 교회가 있기 때문입니다. 마치 지상에 교회가 있듯이 말입니다. 그 이유는 그곳에서도 역시 말씀이 있고 또 지상에서와 같이 말씀의 증언(證言·preaching)과 신령한 예배가 있기 때문입니다. 그러나 이 세상의 것과는 차이가 있는데 거기의 모든 것들은 모두가 보다 더 완전한 상태에 있습니다. 이유는 자연계가 아니라 영적 세상이기 때문입니다. 또 거기에는 이 세상과 같은 육체적 사람이 아니라 영적 사람이 있기 때문입니다. 그것들이 어떠한지에 관해서는 천계(天界·*Heaven*)에 관한 글에서 잘 알 수 있는데 특히 말씀에 의한 사람과 천계의 결합(천계, 303-310항 참조), 천계의 신령예배(천계, 221-227항 참조)를 참고하시면 좋겠습니다.

2. 하늘과 땅의 멸망에 관해서 언급한 성경말씀의 귀절들은 아래와 같습니다.

> 눈을 들어 하늘을 쳐다보아라.
> 그리고 땅을 내려다 보아라.
> 하늘은 연기처럼 사라지고,
> 땅은 옷처럼 해어지며,
> 거기에 사는 사람들도 하루살이 같이
> 죽을 것이다.
> 그러나 내 구원은 영원하며,
> 내 공의는 꺾이지 않을 것이다.
> (이사야 51:6)
> 내가 새 하늘과 새 땅을 창조할 것이니,
> 이전 것들은

기억되거나 마음에 떠오르거나
하지 않을 것이다.
(이사야 65:17)
내가 지을 새 하늘과 새 땅이
내 앞에 있듯이 ―.
(이사야 66:22)
하늘의 별들은, 무화과나무가 거센 바람에 흔들려서 설익은 열매가
떨어지듯이, 떨어졌습니다. 하늘은 두루마리가 말리듯이 사라지고,
제 자리에 그대로 남아 있는 산이나 섬은 하나도 없었습니다.
(묵시록 6:13, 14)
나는 크고 흰 보좌와 그 위에 앉으신 분을 보았습니다. 땅과 하늘
이 그 앞에서 사라지고, 그 자리마저 찾아볼 수 없었습니다.
(묵시록 20:11)
나는 새 하늘과 새 땅을 보았습니다. 이전의 하늘과 이전의 땅이
사라지고 바다도 없어졌습니다.
(묵시록 21:1)

이들 인용 귀절에서 "새 하늘"은 가시적 하늘을 가리키는 것이 아니라 온 인류가 모이는 천계 자체를 가리킵니다. 왜냐하면 천계는 모든 인류에서부터 형성되기 때문인데 그 인류는 기독교회(基督敎會·the Christian church)의 시초부터 살아온 사람들입니다. 그러나 거기에 모인 사람들은 천사는 아니고 여러 종파의 영들입니다. 이 천계를 가리켜 "이전 하늘"(the first heaven)이라고 하였는데 이 하늘은 소멸되었습니다. 이것이 어떠하였는지에 관해서는 다음에 특별히 설명드리겠습니다. 여기서는 소멸될 "이전 하늘"이 뜻하는 바가 어떤지를 보여주는 정도로 설명하겠습니다. 조요(照耀)된 이성으로 생각하는 사람은 누구나 깨달을 수 있는데 즉 그것은 별이 찬란히 빛나는 저 하늘이 아니라 여기서는 창조의 광대한 창공을 뜻하는데 그것은 영적인 뜻으로 "천사와 영들이 있는 천계"를 가리킵니다.

3. "새 땅"이 뜻하는 것은 지상에 있을 "새로운 교회"(a New Church)인데 이에 관해서는 지금까지 알려진 바가 없습니다. 왜냐하면 성경말씀에서 "땅"은 특정의 땅(the earth)으로 이해하여야 하는데 즉 그것이 교회를 가리키는 것으로 이해하여야 합니다. 문자적인 뜻으로는 땅은 땅일 뿐입니다. 그러나 영의로는 교회를 가리킵니다. 왜냐하면 영적인 뜻을 아는 사람들은 즉 천사와 같이 영적 사람들이기 때문에 성경말씀에서 "땅"(the earth)이라고 기술된 것을 보면 그들은 땅 그 자체로 이해하지 않고 그곳에 사는 민족 또는 그들의 신령예배(神靈禮拜·Divine worship)로 이해합니다. 따라서 언급된 "땅"은 교회를 가리킵니다. 이것에 관해서는 「천계비의」(天界秘義·the *Arcana Caelestia*)에서 잘 알 수 있는데, 그 일부를 인용하겠습니다.* 여기에서 나는 다

---

* 성경말씀에서 "땅"(earth·land)은 주님의 왕국과 교회를 뜻한다(천계비의, 662·1067·1262·1413·1607·2928·3355·4447·4535·5577·8011·9325·9643항 참조). 이런 주 이유는 "땅"이 가나안 땅을 뜻하는데, 거기에는 태고시대(the Most Ancient time)부터 교회가 있었기 때문이다. 그러므로 하늘은 천계적 가나안(the heavenly Canaan)이라고 불렸다(천계비의, 567·3686·4447·4454·4516·4517·5136·6516·9325·9327항 참조). 왜냐하면 영의로 "땅"은 그곳에 있었던 민족이나 그들의 예배로 이해되기 때문이다(천계비의, 1262항 참조). 따라서 "땅"은 그 교회에 속했던 여러가지의 것들을 뜻한다(천계비의, 620·636·1066·2571·3368·3379·3404·8732항 참조). "땅"의 백성들은 영적 교회에 속한 사람들을 가리킨다(천계비의, 2928항 참조). "지진"은 교회의 상태의 변화를 가리킨다(천계비의, 3355항 참조). "새 하늘과 새 땅"은 교회를 가리킨다(천계비의, 1733·1850·2117·2118·3355·4535·10373항 참조). 홍수 이전의 태고교회, 그리고 홍수 이후의 고대교회(古代敎會·the Ancient Church)는 가나안 땅에 있었다(천계비의, 567·3686·4447·4454·4516·4517·5136·6516·9327항 참조). 따라서 그곳의 모든 장소들은 주님의 왕국이나 그 교회에 속한 것들을 표징한다(천계비의, 1585·3686·4447·5136항 참조). 그러므로 아브라함은 그쪽으로 갈 것을 명령받았고, 그의 후손들은 야곱 이후 설시될 표징적 교회를 가리키는데 문자로 기술된 말씀 즉 그 말씀이 가지고 있는 궁극적인 뜻은 표징(表徵)과 표의(表意·significatives)로 이루어졌다(천계비의, 3686·4447·5136·6516항 참조). 따라서 "땅" 또는 "가나안 땅"은 교회를 가리킨다(천계비의, 3038·3481·3705·4447·4517·5757·10559항 참조).

소나마 이해를 돕기 위해서 성경말씀에서 이와 관련된 귀절들을 인용하겠습니다. 즉 "땅"은 교회를 뜻한다는 내용입니다.

> 무서운 소리를 피하여 달아나는 사람은 함정에 빠지고
> 함정 속에서 기어 나온 사람은
> 올가미에 걸릴 것이다.
> 하늘의 홍수 문들이 열리고,
> 땅의 기초가 흔들린다.
> 땅덩이가 여지없이 부스러지며,
> 땅이 아주 갈라지고,
> 땅이 몹시 흔들린다.
> 땅이 술 취한 자처럼 몹시 비틀거린다.
> 폭풍 속의 오두막처럼 흔들린다.
> 세상은
> 자기가 지은 죄의 무게에 짓눌릴 것이니,
> 쓰러져서,
> 다시는 일어나지 못할 것이다.
> (이사야 24:18-20)
> 내가 사람들의 수를
> 순금보다 희귀하게 만들고,
> 오빌의 금보다도 드물게 만들겠다.
> 하늘이 진동하고 땅이 흔들리게 하겠다.
> 만국의 주께서 진노하시는 날에
> 그 분노가 맹렬히 불타는 날에
> 이 일이 이루어질 것이다.
> (이사야 13:12-13)
> 전진할 때 땅이 진동하고
> 온 하늘이 흔들린다.
> 해와 달이 어두워지고,
> 별들이 빛을 잃는다.
> (요엘 2:10)

주께서 크게 노하시니,
땅이 꿈틀거리고, 흔들리며,
산의 뿌리가 떨면서 뒤틀렸다.
그의 코에서 연기가 솟아오르고,
그의 입에서
모든 것을 삼키는 불을 뿜어 내시니,
그에게서 숯덩이들이
불꽃을 튕기면서 달아올랐다.
(시편 18:7, 8)

4. 성경 말씀에서 "창조한다"(create)는 말씀은 만든다(form), 이룬다(establish), 중생한다(regenerate)는 것을 뜻합니다. 그래서 "새 하늘과 새 땅을 창조한다"는 말씀은 천계와 지상에 새로운 교회의 설시를 뜻하는데 이같은 내용은 다음의 인용 말씀에서 잘 엿볼 수 있습니다.

주께서 주의 영을 불어 넣으시면,
그들이 다시 창조됩니다.
주께서는 땅의 모습을
다시 새롭게 하십니다.
(시편 104:30)
야곱아,
너를 창조하신 주께서 말씀하신다.
이스라엘아,
너를 지으신 주께서 말씀하신다.
"내가 너를 속량하였으니
두려워하지 말아라.
내가 너를 지명하여 불렀으니
너는 나의 것이다.
나의 이름을 부르는 나의 백성,
나에게 영광을 돌리라고 창조한 사람들,

내가 빚어 만든 사람들을 모두 오게 하여라"
하고 말하겠다.
(이사야 43:1, 7)

이러므로 "사람의 새 창조"(the new creation of man)는 그 사람의 바로잡음(改革·reformation)을 뜻합니다. 그가 새로 지음을 받았기 때문에 그것은 곧 자연적인 데서 영적으로 되었다는 것입니다. 이러한 이유로 "새로운 창조"는 곧 바로잡음의 사람*(a reformed man)을 뜻합니다.

5. 성경말씀의 영의에 관해서는 「묵시록 해설」(Explanation of Apocalypse)의 백마론(白馬論·the White Horse)을 참고하시기 바랍니다.

2.
지상 인류의 출생은 결코 멈추지 않는다

6. 최후심판에 관한 그들 자신들의 가르침에 따라 이해하려는 사람들은 천계들(heavens)과 지상에 있는 것들은 그 때에 모두 소멸되고 새 하늘과 새 땅이 그것들이 있던 곳에 있을 것이라고 믿는데, 그 논리에 의한 당연한 규결은 인류의 세대나 후손의 출생

---

* "창조한다"(create)는 새롭게 창조한다 또는 바로잡는다, 중생한다는 것을 뜻한다(천계비의, 16·88·10378·10634항 참조). "새 하늘과 새 땅의 창조"는 새로운 교회의 설시를 가리킨다. 창세기 첫장의 "하늘과 땅의 창조는 천적 교회(the celestial church)의 설시를 뜻하는데 그 교회가 태고교회(太古敎會·the most ancient church)이다(천계비의, 8891·9942·10545항 참조).

은 결코 있을 수 없을 것이라는 것입니다. 왜냐하면 그들은 모든 것들이 그렇게 이루어지며 또 사람들은 종전과는 전혀 다른 상태에 있을 것이라고 믿기 때문입니다. 그러나 앞서 보았듯이 최후심판의 날은 세상의 파멸을 뜻하는 것이 아니기 때문에 인류는 그대로 존속할 것이고 또 그들의 후손도 계속 출생할 것입니다.

7. 인류의 출생이 영원히 이어질 것은 여러 관점에서 명백한 사실입니다. 이것에 관해서는 저서 「천계」(天界·*Heaven*)에서 잘 알 수 있지만 여기서는 간략하게 다음의 내용으로 기술하겠습니다.

 1. 인류는 천계를 구성하는 터전(the basis)이다.
 2. 인류는 천계의 온상(溫床·the seminary of heaven)이다.
 3. 천사들을 위한 천계의 범위(範圍·the extension)는 매우 광대하기 때문에 영원히 채워질 수 없다.
 4. 그들은 비교적 극소의 숫자이지만 현재 천계를 형성한다.
 5. 천계의 완성은 그들의 숫자에 따라서 증진된다.
 6. 모든 신령한 일(神靈役事·Divine work)은 무한(無限·infinity)과 영원(永遠·eternity)에 관계된다.

9. (1) 인류는 천계를 구성하는 터전이다.
이 말은 곧 사람이 제일 마지막으로 창조되었기 때문인데 마지막으로 창조된 것은 앞서의 모든 것의 기초가 되기 때문입니다. 창조는 지고(至高·supreme)와 궁극(窮極·inmost)에서 시작되었는데 그 이유는 신령에서 비롯되기 때문입니다. 즉 지고하고 궁극에서 비롯된 것이 그때 최초로 존재하였습니다. 창조의 궁극적인 것은 물과 뭍으로 된 지구(水陸·terraqueous globe)를 포함한 자연 세계와 또 그것에 있는 모든 것까지를 가리킵니다. 이런 모든 것의 창조가 끝이 난 후 사람이 창조되었습니다. 그리고 그 사람에게 모든 것들이 처음부터 끝까지 신령질서에 의거, 정합(整合·collate)되었고 또 그의 깊은 내면에서 가장 기초적인 질서에 의거, 모든 것들이 순서를 맞추게 되었으며 또 그의 궁극적인 것은 궁극적인 것이 되었습니다. 그래서 사람은 그 형성에서 신령질서적인 것입니다. 따라서 사람에게 그리고 사람과 더불은 것들은 모두가 동시에 천계와 세상에서 비롯된 것인데 그의 마음에 속한 것은 천계에서, 그리고 육체에 속한 것은 세상에서 비롯된 것입니다. 왜냐하면 천계에서 비롯된 것은 사람의 사상(思想·thought)과 정동(情動·affection)에 유입되는데 이것들은 그의 영혼의 받아들임에 따라서 처리됩니다. 세상에 속한 것들은 사람의 감관(感官·sensation)과 희열(喜悅·pleasure)에 유입되는데, 그의 육신의 수용에 따라 그것들도 처리됩니다. 그러나 어디까지나 그의 영의 사상과 정동의 일치에 따라서 조정을 이룰 뿐입니다. 이러한 사실은 본인이 쓴 「천계와 지옥」(Heaven and Hell)의 여러 기록들 중에서 잘 알 수 있는데 특히 아래의 참조 항목들을 참고하시면 되겠습니다. 즉 천계는 하나의 복합체(復合體·one complex)로 되었는데 한 사람으로 언급(reference to one man)된다(천계와 지옥, 59-67항), 천계들에는 각각의 사회(社會·society)가 있다(같은 책, 68-70항) 등이며 따라서 모든 천사는 완전한 한 사람(a perfect human)입니다(같은 책, 73-77항). 이것은 바로 주님의 신령인간(the Divine Human of the Lord)에서 비롯되었고(같은 책, 78-86항) 더욱이 사람에 속한 것들과 천계에 속한 것들과의 대응(對應·correspondence)에 관한 내용에서 잘 알 수 있으며(같은 책, 87-102항) 또 세상에 존재하는 모든 것들과 천계에 속한 것과의 대응에서(같은 책, 103-115항) 그리고 천계의 구도(構圖·the form of heaven) 등(같은 책, 200-212항)에서 잘 알 수 있습니다. 이것에서는 창조의 순서가 나타나는데 이것은 처음 것들(firsts)에서 마지막 것들(lasts)에까지 서로 연결되는 하나의 결속고리(binding chain)를 이루는데 모든 것들이 하나를 이룹니다. 앞에 것에서 뒤에 이어지는 후자의 것들과는 분리될 수 없습니다(마치 원인이 그 결과와 분리될 수 없음과 같다). 따라서 영적 세계는 자연적 세계와 분리될 수 없고 또 자연적 세계 역시 영적 세계와 분리할 수 없습니다. 이와 같이 천사적 천계도 인류와 분리될 수 없으며 또 인류 역시 천사적 천계와 분리될 수 없습니다. 그런 이유는 바로 주님께서 그렇게 마련한 것이기 때문인데 즉 개별적인 것들은 다른 것들에 상호 협조를 이룹니다. 즉 천사적 천계가 인류와 그리고 인류는 천사적 천계와 상호 도움을 주고 있습니다. 따라서 천계에 있는 천사의 거처가 사실 사람들이 있는 거처와 다른 것 같이 나타나 보이지만 그들은 자신들의 선과 진리에 관한 정동 안에서 사람과 더불어 있을 뿐입니다. 그들의 시각적인 나타남(presentation) 즉 별개의 것처럼 분리되어 나타나는 것은 외견상으로만 그러할 뿐인데, 이런 것에 관한 자세한 내용은 저서 「천계와 지옥」에 서술된 천계의 공간(the space in Heaven)에서 잘 이해할 수 있습니다(천계와 지옥, 191-199항 참조). 천사들의 거처가 그들의 선과 진리에 관한 정동 안에서 사람들과 같이 있는 것은 주님의 여러 말씀에서도 잘 말해주고 있습니다.

> 누구든지 나를 사랑하는 사람은 내 말을 지킬 것이다. 그러면 내 아버지께서 그 사람을 사랑할 것이요, 우리는 아버지께로 가서 아버지와 함께 살 것이다.
> (요한 14:23)

이 인용 말씀에서 "아버지"와 "주님"은 또한 천계를 뜻합니다. 그 이유는 거기에 주님이 계시고, 그 곳이 천계이기 때문입니다. 또 주님에게서 비롯된 신령(the Divine)이 천계를 이루기 때문인데 이러한 내용은 저서 「천계와 지옥」에서 잘 볼 수 있습니다 (천계와 지옥, 7-12·116-125항 참조). 마찬가지로 주님께서 말씀하신 바이기도 합니다.

> 그분은 진리의 영이시다. 세상은 그분을 보지도 못하고 알지도 못하므로 그분을 맞아들일 수가 없다. 그러나 너희는 그분을 안다. 그것은 그분이 너희와 함께 계시고 또 너희 안에 계시기 때문이다.
> (요한 14:17)

보혜사(保慧師·聖靈·the Comforter)는 주님에게서 온 신령진리입니다. 그 이유는 그분을 "진리의 영"(the Spirit of truth)이라고 부르며 또 그 신령진리가 천계와 또한 천사들을 이루기 때문입니다. 왜냐하면 그들은 다만 수령자(受領者·recipient)일 뿐이기 때문입니다. 즉 주님에게서 비롯된 신령은 바로 신령진리이고 또 천사적 천계가 이 신령진리에서 비롯된다는 것은 저서 「천계와 지옥」의 제126-140항의 내용에서 잘 알 수 있습니다. 이러한 내용은 주님의 말씀에서도 잘 깨달을 수 있습니다.

> 하나님의 나라는 너희 가운데(또 안에) 있다.
> (누가 17:21)

"하나님의 나라"(the kingdom of God)는 신령선과 신령진리입니다. 이것들 안에 천사가 삽니다. 천사와 영들이 사람과 같이, 그 안에 있다는 것은 주님께서 그들에게 나타나시고 그리고 나와 같이 산 것으로, 수천번 나에게 보여 주셨습니다. 그러나 영들이나 천사들은 그들이 바로 사람과 같이 있다는 것을 몰랐습니다. 또 사람들도 그들과 같이 사는 천사나 영들에 대해서 역시 알지 못했습니다. 왜냐하면 주님만이 아시고 또 주님만이 홀로 처리하시기 때문입니다. 한마디로 선과 진리의 모든 정동에 속한 천계에는 하나의 전충성(塡充性·extension)이 있는데 동류의 정동에는 사람들의 상호 의사소통과 결합이 있습니다. 그리고 또 악과 거짓의 정동에 속한 지옥에도 하나의 전축성이 있으며 동류의 정동에 있는 사람들도 상호 의사소통과 결합이 있습니다. 영들의 세계(the world of spirits)에도 정동의 전축성을 자연계에 있는 것과 같이 시간적으로는 거의 흡사합니다. 즉 이들은 상호 거의 흡사합니다. 다만 차이가 있다면 자연계에서는 개체(個體·object)들이지만 영계에서는 천사적 사회일 뿐입니다. 이와 같이 나타나 보이기 때문에 인류와 천사적 천계와의 결합은 상호 보완적인 삶을 살 뿐입니다. 즉 그것은 바로 인류가 없다면 천사적 천계는 기초가 없는 가옥과 같습니다. 왜냐하면 천계는 그것에 가까이 있고 또 그것 위에 존재하기 때문입니다. 그러한 경우는 개별적 사람의 경우에 있어서도 매우 흡사합니다. 즉 한 개인의 영적인 것들 즉 그것은 그의 사상(思想·thought)과 뜻(will)에 관계되는데 이것들은 자연히 그의 세상적인 것들에 흘러듭니다. 이들의 세상적인 것은 그의 감관과 행동에 관계됩니다. 이것들 안에는 상호 이합집산이 있을 뿐입니다. 만약 사람이 그것들에 관한 점유(占有·possession) 안에 있지 않다면 또 사람이 구속(拘束·bounding)과 궁극적(ultimates)인 것이 없다면 그의 영혼의 사상과 정동에 관계되는 영적인 것들은 아무런 구속이 없는 것 같이 또 기초가 없는 공중누각 같이 산산이 흩어질 것입니다. 이와 마찬가지로 사람이 자연계에서 영적 세계의 것을 소유할 때, 즉 이러한 것은 사람이 죽을 때 일어나는 것입니다. 그 때에는 그는 육체가 아니라 영체이기 때문이고 또 그는 더 이상 그 자신의 근거(根據·basis)가 공통적인 즉 인류가 존재하는 것 위에서 살 수 없기 때문입니다.

천계의 비의(秘義)를 모르는 사람은 사람이 없이 천사가 있을 수 있고, 또 천사 없이 사람이 살 수 있다고 믿습니다. 그러나 나는 천계의 수많은 경험을 통해서, 또 천사들과의 만남을 통해서 확신할 수 있는 사실은 사람이 없이 어느 천사나 영들도 존재할 수 없고 또 영들과 천사들 없이 그 어느 사람도 살 수 없다는 것입니다. 왜냐하면 그들은 상호 호혜적이기 때문입니다. 여기에서 우리는 인류와 천사적 천계가 일체(一體)를 형성하는 것을 잘 알 수 있습니다. 또 상호 호혜적으로 살아가고 존재한다는 것도 알 수 있습니다. 따라서 이것들은 서로 분리할 수 없는 공동체입니다.

10. (2) 인류는 천계의 온상(溫床·seminary of heaven)이다.
 이것은 다음에 이어지는 내용에 잘 기술할 것이므로 여기에서 설명하고자 하는 것은 천계와 지옥은 모두가 인류에서 비롯되는 것이며 따라서 인류는 바로 천계의 온상이라는 것입니다. 어떻게 되었든 제일 먼저 창세기로부터 지금까지 천계가 인류로부터 이루어졌다는 것에 관해서 그리고 또 천계는 금후에도 인류로부터 형성될 것에 관해서 설명하고자 합니다.
 지상의 인류의 멸망 즉 사람들이 완전히 주님에게서 떠나버렸을 때 그 같은 것은 가능할 것입니다. 왜냐하면 그런 상태에 이르면 사람은 더 이상 영적 생명은 가질 수 없고 다만 세상적인 생명 즉 금수(禽獸·beast) 같은 생명을 지녔기 때문입니다. 사람이 이런 상태가 되면 계명(誡命·law)에 의해 통어(統御)되는 그 어떤 사회도, 구역도 있을 수 없습니다. 왜냐하면 천계로부터 입류(入流·influx)가 없으므로 주님나라의 통치도 없게 되어 사람은 다만 정신병자 같이 미치광이(insane)가 될 것이고 또 서로서로가 사악함만이 아무런 제재가 없이, 봇물 터지듯이 밀어 닥칠 것입니다. 그러나 비록 인류가 주님을 등지고 떠난 즉 지상의 인류의 사멸이 있을지라도 그렇지만 주님은 그들을 그것에서부터 지키실 것입니다. 그것은 또다른 세상에서입니다. 우주 안에는 수 천의 지구가 있다는 것은 작은 저서「별들의 창공에 있는 유성(流星·planets) 또는 지구라 불리우는 태양계의 별들」(*The Earth in Our Solar System Called Planets, and the Earth in the Starry Heaven*)에서 잘 알 수 있습니다. 이것은 천계로부터 나에게 알려졌습니다. 그것은 주님께서 이 지구에 오시지 않았다면 이 지구의 온 인류는 멸망되어 사람은 하나도 존재할 수 없었을 것이라는 것입니다. 또한 주님께서 천사적 천계에 근거한, 그리고 그 천계와 결합하기 위한 말씀(聖言·the Word)을 주시지 않았다면 인류는 완전히 멸망되었을 것입니다. 사람과 천계의 결합은 성언에 의한 것임을 저서 「천계와 지옥」에서 잘 알 수 있습니다(천계와 지옥, 303-310항 참조). 그러나 그 같은 경우는 영적으로 깊이 생각하는 사람들만이 깨닫게 될 뿐입니다. 즉 주님의 신성을 시인하는 사람들에게만 천계와 결합됩니다. 그 이유는 그들만이 오직 영적인 생각을 할 수 있기 때문입니다.

11. (3) 천사들을 위한 천계의 범위는 매우 광대하기 때문에 영원히 채워질 수 없다.

 이것에 관한 자세한 내용은 저서 「천계와 지옥」에서 잘 읽을 수 있습니다. 천계의 광대함은 상게서 415-420항에 그리고 천계를 형성하는 그들의 극소의 숫자에 관해서는 저서 「우주 안의 제 지구」(*the Earths in the Universe*) 126항에 상술하였습니다.

12. (4) 천계의 완성은 그들의 숫자에 따라서 증진된다.

 이 내용은 천계의 틀(form)에서 확실히 알 수 있는데 그것의 결합은 매우 질서 정연하게 이루어졌으며 또 그것들 상호간의 의사소통 역시 그러합니다. 왜냐하면 모든 것이 다 완벽하기 때문입니다. 그와 같은 가장 완벽한 틀 안의 구성원의 증가에 따른 비례 만큼 거기에는 더욱 더 불변성의 지식과 일치된 동의(同意·consent)가 주어집니다. 그러므로 가까우면 가까울수록 보다 합의된(unanimous) 결합만 있습니다. 또 여기서 비롯된 일치된 동의와 결합은 더욱 더 구성원에게서 증대될 것입니다. 그 이유는 둘 또는 그 이상 사이의 중재적인 관계로서 삽입되는데 삽입되는 것들은 확인되고 결합되기 때문입니다. 천계의 틀은 선과 진리의 증대에 따른 완전성인 사람의 마음(the human mind)의 구조와 흡사합니다. 여기서 총명과 지혜가 비롯됩니다. 천계적 지혜와 총명에 있는 사람의 마음의 구조는 바로 천계의 구조입니다. 왜냐하면 사람의 마음은 가장 작은 천계의 형상이기 때문입니다. 따라서 모든 면에서 천계의 주변 사회와 더불어 사람과 천사에게 있는 선과 진리의 사상과 정동에 속한 의사교환이 있습니다. 지혜의 증대에 따른 확장 즉 사람의 지성에 받아들여진 진리의 지식의 증대나 의지에 심어진 선에 대한 정동의 풍부(豐富·abundant)에 따른 의사교환이 있습니다. 왜냐하면 사람의 마음은 그 마음에 있는 지성과 의지로 구성되기 때문입니다. 사람이나 천사의 마음이 이와 같기 때문에 영원히 채워질 수 없습니다. 또 채워질 수 없기 때문에, 그래서 완전한 것입니다. 이같은 경우는 특히 사람이 주님에 의해서 인도될 경우 입니다. 왜냐하면 사람이 그 때에야만 순수한 진리(genuine truth)를 깨닫게 되고 또 그 진리가 그의 지성에 받아들여지고 또 순수한 선을 깨닫게 되면 그 선은 그의 의지(意志·will)에 심어지게 되기 때문입니다. 그 이유는 그 때에 주님은 이런 모든 것들을 천계의 구조인 사람의 마음 속에 배열하기 때문입니다. 드디어 그것은 가장 작은 형태의 천계입니다. 이 비교에서 사실 확실한 것은 천사의 숫적 증가가 천계를 완전하게 이루어 간다는 것입니다. 더욱이 각각의 형태(form)는 여러 가지의 부분으로 구성됩니다. 그러나 여러 부분으로 구성되지 않는 형태는 온전한 형태가 아니라는 것입니다. 왜냐하면 그것은 질(質·quality)이나 상태의 변화를 전혀 가지지 못하기 때문인데 각각의 형태의 질은 그것 안에 있는 여러가지의 정렬(整列·arrangement), 상호관계, 동일성 끼리의 일치 등의 결과로 비롯됩니다. 이것으로 볼 때 각각의 형태는 하나(as one)로 생각할 수 있는데 이같은 하나의 형태는 그 안에 내재한 여러 종류의 정리된 비례 정도에 따라 보다 더 완벽한 것입니다. 왜냐하면 그것들 중의 개별적인 것은, 위에서 설명한 것 같이, 확증하고 확실하며 그래서 완전한 것이기 때문입니다. 그러나 이것은 저서「천계와 지옥」의 설명에서 보다 더 확신할 수 있는데 특히 상계서에서 취급한 것은 천계의 사회는 보다 작은 형태(in a less form)의 하나의 천계이고 한 천계의 천사는 가장 작은 형태이다(천계와 지옥, 51-58항 참조)는 내용이 되겠습니다. 또한 이 저서에서 천계의 형태와 천계의 천사의 지혜(천계와 지옥, 200-212항 참조)는 상호제휴(相互提携·consociation)와 상호의사소통에 따라서 자리잡음을 다루었습니다(같은 책, 265-275항 참조).

13. (5) 모든 신령한 일(聖靈役事·Divine work)은 무한(無限·infinity)과 영원(永遠·eternity)에 관계된다.

이것은 천계와 지상 양 세상에 존재하는 수많은 것에서 확실히 알 수 있습니다. 주어진 그 어떤 것은 모두가 서로 꼭 닮았고, 동시적인 것이 아닌 것은 하나도 없습니다. 서로 닮지 않은 것이나 유사하지 않은 것은 하나도 없으며, 영원하지 않은 것도 없습니다. 마찬가지로 각자의 마음은 결코 다른 이의 것과 온전히 같을 수는 없습니다. 따라서 천사와 사람들이 존재하는 것과 같이 각양 각색의 모양(face)과 마음이 있습니다. 결코 어떤 한 사람 안에 온전히 닮은 똑같은 것은 존재할 수 없습니다(그 사람에게는 그의 몸을 구성하는 헤아릴 수 없는 많은 부분이 있듯이 그의 마음을 구성하는 헤아릴 수 없는 정동이 있는 것과 같이), 어떤 것은 다른 사람에게 속한 어떤 것과 유사하거나 또는 닮았습니다. 그 이유는 모든 개별적인 것은 저 세상의 삶에서 상호 다른 생명으로 인도하기 때문입니다. 모든 질서는 자연계의 전 세계나 모든 개별적 부분에도 똑같이 존재합니다. 이같은 무한한 다양성은 개별적으로든, 전체적으로든 동일하게 존재한다는 것은 그런 모든 것이 무한이신 신령에서 비롯되었기 때문입니다. 즉 어디에서나 무한의 한 현상(現狀·image)이 존재하기 때문인데 목적적으로는 신령은 주님 자신의 일(His own work)로서 모든 것들을 생각할 수 있으며, 동시에 주님의 일로서 모든 것은 신령에 관계되지 않는 것은 없기 때문입니다. 하나의 일반적 사실(事實·instance)은 자연계 안에 있는 모든 것들이 그 안에 영원과 무한에 관계되었다는 것을 보여주고 있다는 것입니다. 어떤 씨의 경우, 그것이 나무나 또는 낟알이나 꽃이 결실한 것이든, 그것은 그렇게 지음받은 것이며 또 그것은 무한히 증식될 것이며 또 영원히 지속될 것입니다. 왜냐하면 하나의 씨에서 수많이, 또는 5, 10, 20 100배로 증식될 것이고 또 증식된 이것들 역시 그렇게 다시 번식할 것이기 때문입니다. 하나의 씨앗에서의 이같은 결실은 비록 1세기 동안 계속된다고 하여도 이 지면 뿐만 아니라 수많은 별의 세계를 채울 것입니다. 동일한 씨앗이 그렇게 결실되어서 그들의 존속기간은 영원할 것입니다. 여기에서 확실한 것은 이 작은 하나의 씨에서 무한성과 영원성의 관념을 얻을 수 있다는 것입니다. 이같은 사실은 다른 모든 경우에서도 사실이라는 것입니다. 천사적 천계는 우주 안에 있는 모든 창조된 것의 목적이라는 것입니다. 왜냐하면 그것은 인류존재의 목적이기도 하기 때문입니다. 인류는 가시적 천계 즉 그것 안에 있는 모든 천체들(the earths)은 창조의 관계에서 보면 목적입니다. 그러므로 신령한 일 다시말하면 천사적 천계는 궁극적으로 무한성과 영원성에 관계되는 것이고 따라서 끝 없는 증식으로 이어집니다. 왜냐하면 신령 그분(the Divine Himself)은 거기에 내재해 존재하기 때문입니다. 이같은 사실은 또한 명백합니다. 즉 인류는 결코 멸망하지 않고 영원히 존속할 것입니다. 그 이유는 신령한 일(the Divine work)이 어떤 계수적 제한이나 또 무한에 대한 그것의 가시적인 것들이 멸망될 수 없기 때문입니다.

3.
천계와 지옥은 인류로부터 형성된다

14. 천계와 지옥이 인류로부터 비롯되었다는 것은 기독교계에는 모두가 지금까지 알려지지 않았습니다. 왜냐하면 그것은 천사가 태초에 창조되었고 또 천계는 그 천사들로 이루어졌다고 믿는 것과 또 악마나 사탄도 빛의 천사(the angel of light)이었는데, 그들은 후에 반역하게 되어, 그의 무리와 더불어 쫓겨나게 되었으며, 이것이 지옥의 기원이라고 믿기 때문입니다. 천사들은 기독교계의 이같은 믿음이 팽배한 것과 또 더욱이 천계에 관해서는 전혀 아는 바가 없다는 것 그리고 지금까지 이것이 교회의 주요 교리가 되었다는 것에 매우 놀랐습니다. 따라서 이같은 무지(無知) 때문에 사람들은 마음속으로, 주님께서 천계와 지옥에 관해서 수많은 내용을 사람들에게 계시하는 것을 매우 기쁘게 여기며 또 이같은 방법을 통해서 가능한 만큼 매일매일 증식되는 흑암이 제거된다는 것에 매우 기쁨이 충만할 것입니다. 왜냐하면 교회가 종말에 이르렀기 때문입니다. 그러므로 나로 하여금 이런 내용을 선포하기를 그들은 원했습니다. 즉 우주적 천계에는 창조 처음부터 천사 그 누구도 창조된 바 없으며 또 지옥에 있는 악마도 빛의 천사로 창조되었다가 쫓겨나서 악마가 되었다는 것이 아니라 천계나 지옥에 있는 모든 존재는 모두

가 인류에게서 비롯되었다는 것입니다. 다시 말하면 천계에 있는 사람은 이 세상에서 천국적인 사랑과 믿음으로 산 사람이며 또 지옥에 있는 영혼은 이 세상에서 지옥적인 사랑과 믿음으로 살았다는 것 뿐입니다. 그리고 악마와 사탄은 전체적 복합체로 지옥이라고 부릅니다. 뒤쪽 지옥에는 악귀(惡鬼·evil genii)라 불리우는 악마가 있고 앞쪽 지옥에는 악령(惡靈·evil spirits)들이 사는 곳으로 사탄*이라고 합니다. 각각의 지옥의 본성에 관해서 또 그것의 궁극적 목적에 관해서는 저서 「천계와 지옥」에서 잘 엿볼 수 있습니다. 천사들은 기독교계가 천국과 지옥에 속한 사람들에 관해서 그 어떤 신념(信念·belief)을 가지고 있지 못하고 다만 말씀의 문자적인 뜻에 따라서 몇몇 장절(章節)에서 비롯된 것 뿐 그 이상의 것을 가지고 있지 못하며 또 말씀에서 비롯된 순수 교리에 의해서는 아무런 증거도, 설명도 하지 못하고 있다고 말했습니다. 만약 교회의 올바른 교리가 그 앞에 밝게 빛을 비추어 주지 못한다면 문자적인 뜻은 여러 갈래의 의견으로 갈라질 것입니다. 따라서 그렇게 되면 그것은 무지하게 되고 허위나 오류를 초래하게 됩니다.**

15. 교회에 속한 사람의 이같은 가르침의 또 다른 잘못은 최후심판 전에는 그 누구도 천국과 지옥에 갈 수 없다고 믿는 것입니

---

* 지옥들 또는 명부(冥府)를 통틀어서 악마 또는 사탄이라고 부른다(천계와 지옥, 694항 참조). 이 세상에서 극악했던 사람은 죽어서 악마가 된다.
** 교회의 교리는 성언에서 비롯되어야 한다(천계비의, 3464·5402·6832·10763·10765항 참조). 성언은 교리 없이 이해될 수 없다(같은 책, 9021·9409·9424·9430·10324·10431·10582항 참조). 진실된 교리는 말씀을 읽는 사람들에게 등불과 같다(천계비의, 10401항 참조). 순수교리는 주님에게서 비롯된 예증으로 확신을 가진 사람에게서 비롯된다(같은 책, 2510·2516·2519·9424·10105항 참조). 참된 교리가 없이 말씀의 문자적인 뜻에만 머문 사람들은 신령진리에 관한 이해는 전혀 있을 수 없다(같은 책, 10431항 참조). 말씀에서 비롯된 교회의 교리로 배우고 가르치는 사람들과 말씀의 문자적인 뜻으로만 배우고 가르치는 사람에게는 많은 차이가 있다(같은 책, 9025항 참조).

다. 최후심판에 관해서 그들이 가지고 있는 생각은 가시적 이 세상은 그 때에 멸망될 것이고 새로운 세상이 그 곳에 올 것이며 또 그 때 영혼은 그들의 육체에 다시 돌아오며, 이같은 그들의 결합은 다시 한 사람으로 살게 될 것이라고 믿고 있습니다. 이러한 가르침은 태초부터 지음을 받은 천사에 관해서도 마찬가지 생각을 가지고 있습니다. 왜냐하면 그들은 천국과 지옥이 인류에서 비롯된다는 것을 믿을 수 없기 때문에 세상 끝날 때까지는 어느 누구도 거기에 갈 수 없다고 믿습니다. 그러나 사람들로 하여금 사실은 그렇지 않다는 것을 깨닫게 하기 위해서 천사들과 교분을 가지도록 나에게 기회가 주어졌습니다. 그리고 또 지옥에 있는 영혼들과도 서로 이야기할 수 있는 기회도 주어졌습니다. 이같은 일은 수년간, 어떤 때에는 아침부터 저녁까지, 천계와 지옥에 관해서 이같은 내용을 깨닫게 해 주었습니다. 그 이유는 교회에 속한 사람이 심판의 날(the day of judgement)의 부활과 한 기간 동안의 영혼의 상태, 그리고 천사나 악마에 관해서 더 이상 잘못된 교리에 머물지 않게 하기 위한 것입니다.

　이와 같은 교리는 거짓교리이기 때문에 그것은 자기 자신의 총명에 의존해서 심판이나 사람의 영혼 또는 천사와 악마에 관해서 생각하는 사람들로 하여금 무지의 암흑에 빠지게 하고 또는 의심을 가져오게 하며 종국에는 모든 것들을 부인하게 합니다. 왜냐하면 그들은 자신 있게 천계가 어떻게 그렇게 광대하며 또 해와 달과 더불어 그 수많은 별이 깨져나가도 없어질 수 없는가고 말합니다. 또 구데기가, 부식작용으로, 또 풍화작용으로 다 소멸되고 없어진 시체가 어떻게 그 영혼을 위해서 다시 모일 수가 있습니까? 그 기간 동안 그 영혼은 어디에 머무르며 또 육체를 입고 있을 때 육체가 가졌던 영혼 그것이 없는 것은 무엇입니까? 사실 이런 것들은 모두가 매우 심오한 것인데 이에 관한 이같은 생각을 가지고서는 바른 가르침에 속할 수 없으며 또 이런 생각은 사람의 영원한 삶, 천계와 지옥과 그 곳에 속한 사람들에 관한 가르침이나 또 교회에 속한 모든 믿음의 남은그루터기(remaining)까지 파멸시킬 것입니다. 이러한 믿음이 갖는 것들이 파멸될 것이라는 것은 다음과 같이 말하는 사람들에게서 확실히 알 수 있습니다. 즉 누가가 하늘나라에 갔다 왔으며, 누가가 그 존재를 우리에게 말해주고 있는가? 지옥이 무엇이고 그 곳에는 어떤 것들이 있는가? 꺼지지 않는 불로 사람을 고문한다는 뜻은? 심판의 날은 언제인가? 헛되이 수년간 기다리는 것은 아닌가? 그 외에도 부정적인 뜻을 포함하는 수많은 질문을 하는 사람들에게서 잘 알 수 있습니다. 그러므로 이같이 생각하는 사람들은(세상적인 것들에 대한 학식이나 교육에서 얻은 지식에 의해서 많은 사람들이 똑같은 오류를 범하지만) 더 이상 신앙적으로나 마음적으로 단순하려 하지 않고 오히려 하나님, 하늘나라, 영생이나 이에 의존되는 여타의 다른 것에 관한 지옥적인 암흑을 야기시킬 뿐입니다. 주님은, 육체를 입고 사셨을 때 내가 알았던 죽은 사람들과 더불어 여러 날 또는 어떤 때는 여러 달, 어떤 경우에는 수년간 또 다른 여러 사람들과 이야기할 수 있는 기회를 주었습니다. 아마도 나는 곧 돌아왔지만 계산해 본다면 천계에 있는 사람이든, 지옥에 있는 사람이든, 줄잡아 기천 명은 될 것입니다. 나는 또 사후 이틀된 사람들과도 이야기를 했는데 그 때 그들의 장례식을 위한 장엄한 준비에 대해서 말했는데 그들이 그것에 관한 생각은 이 세상에서의 육체와 육체적 기능을 위한 것이므로 완전히 거부한다는 것입니다. 또 그들이 남에게 바라는 것은 그들은 죽지 않았을 뿐만 아니라 오히려 지상에서와 마찬가지로 살고 있다는 것과 또 이 세상에서 저 세상으로 옮겨 왔을 뿐이라는 것입니다. 그리고 그들은 그들이 어떤 것도 잃은 것이 없다고 알고 있었습니다. 왜냐하면 그들이 전과 같이 몸을 입고 있었고 또 모든 감관을 가지고 있었기 때문입니다. 그리고 그들은 또한 모든 지성과 의지를 전과 같이 지니고 있어서 그들은 전과 똑같은 사상과 정동을 그리고 감관, 희열, 바람 등 이 세상에 있을 때와 같은 것들을 가지고 있었기 때문입니다. 이들의 대부분은 최근에 죽은 사람들이었는데 그들은 종전의 살아있는 사람들처럼 즉 똑같은 말을 했고(왜냐하면 사후 모든 사람의 생명 상태는 처음에는 이 세상에 있을 때의 그것과 아주 흡사하지만 그러나 그것은 계속해서 천계 또는 지옥에 맞게끔 그가 변해가기 때문이다) 또 그들은 새로운 기쁨을 가질 수 있었습니다. 그리고 그들은 이같은 것을 믿지 않았다고 말하였습니다. 그러나 그들이 크게 의심한 것은 그들 자신이 사후 자신들의 삶에 관해서 이같이 무지하고, 캄캄하게 몰랐다는 것입니다. 더 기막힌 것은 교회에 속한 사람들까지도 이 세상에 있을 때 그것에 관한 진리의 조요에 있는 사람을 제외하고는* 대부분이 이와 꼭 같은 상태라는 것입니다. 그 때 처음 한동안은 그들은 자신들의 무지와 몽매(蒙昧)의 원인을 깨닫게 되는데 그것은 바로 외적인 것들 즉 세상적이고 관능적인 것들이 이 같은 상태에 이르도록

---

*현재 기독교계에는 거의가 사후 사람들이 곧 부활한다는 것을 믿지 않는다 (천계비의, 창세기 16장 서문과 같은 책 4622·10758항 참조). 그러나 최후심판 때 즉 가시적 세상이 소멸할 때에 가능하다고 믿는다(같은 책, 10591항 참조). 이같은 신앙의 원인에 대해서는(같은 책, 10594·10758항 참조) 사람이 사후에 즉시 부활한다는 것 뿐만 아니라 그때 그 사람은 개별적으로나 전체적으로나, 그 자신이라는 것을 믿지 않는다(같은 책, 4527·5006·5078·8939·8991·10594·10578항 참조). 사후에 새로운 삶을 사는 영혼은 사람의 영인데 그것은 바로 그 사람 자신인 것이고, 또 저 세상에서의 삶에 있는 그가 바로 완전한 사람의 틀(form)이다(같은 책, 322·1880·1881·3633·4622·4735·5883·6054·6605·6626·7021·10594항 참조). 경험에 의한 것들에서도 마찬가지이다(같은 책, 4527·5006·8939항 참조). 말씀에 비추어서도(같은 책, 10597항 참조) 거룩한 도시에서 보여진 주검이 뜻하는 바(같은 책, 9229항 참조), 어떻게 사후 사람들이 다시 사는가 그리고 경험한 바에 관해서(같은 책, 168-189항 참조), 부활 뒤의 상태에 관한 것(같은 책, 317-319·2119·5070·10596항 참조), 영혼과 부활에 관한 거짓 생각들에 관해서(같은 책, 444·445·4527·4622·4658항 참조).

그들의 마음을 좌우지하고 또 그것들로 가득 채워졌다는 것입니다. 그리고 또 다른 이유는 그들은 천계의 빛을 깨달을 수 없다는 것과 또 교회에 속한 것도 오직 교리적인 것 이외의 것은 도저히 깨달을 수 없었다는 것입니다. 왜냐하면 관능적이고 세상적인 것들에 몰입되면 될수록 그 무지몽매함은 더 심하게 되는데, 그들이 이 세상에서와 같이, 그런 것들을 애지중지하는 한, 그들이 비록 천계에 속한 것들을 생각한다고 하더라도 그들은 다만 그가 젖어 있던 교리에 의해서 깨닫는 것을 넘어설 수 없이 거기에 머물기 때문입니다.

16. 기독교계에서 온 유식한 사람들도 사후 육체를 입었을 때와 똑같이 옷을 입었고 집에서 사는 자기 자신을 발견했을 때 놀라 미칠 지경이었습니다. 그들은 사후 삶에 관해서, 또 영혼이나 영들에 관해서, 또 천계와 지옥에 관해서 그들은 매우 부끄러움을 금치 못했으며 또 그들 자신이 천명하기를 그들은 매우 어리석은 생각을 했으며 또 그런 상태이면서도 자신들은 다른 사람들보다 현명하고 지혜롭다고 생각하였다고 말하였습니다. 여러 방면에 많은 연구를 한 학식이 많은 이들은 이같은 것들에 관해서 자기 자신을 확인하게 되었고 또 그들은 모든 것들을 자연으로 그 탓을 돌리었으며 그들 자신이 재삼 발견한 사실은 그들 마음의 내면이 굳게 닫혀 있는 반면 외면만 열려 있다는 것입니다. 그래서 그들은 천계를 우러를 수 없고 다만 이 세상만 즉 지옥만을 추종하게 되었습니다. 왜냐하면 마음의 내면이 열리면 열린 만큼 사람들은 천계를 우러르게 되고 내면이 닫히고 외면이 열리면 그 열린 만큼 지옥만을 우러르게 되기 때문입니다. 그 이유는 속 사람은 천계에 속한 것들을 수용한 정도만큼 이루어지기 때문이고 반면 겉 사람은 세상적인 것들을 수용한 정도만큼 이루어지기 때문입니다. 세상적인 것을 받은 사람들은 동시에 하늘

나라적인 것을 수용할 수 없고 다만 지옥적인 것만을 수용할 뿐입니다.*

17. 사후 즉 육체를 벗은 사람의 영(靈)이, 그 모습에서까지, 바로 그 사람이라는 것을 나는 수년에 걸친 매일매일의 경험으로 입증하고도 남습니다. 왜냐하면 나는 기천번 이상 영들과 더불어 보고 들었기 때문입니다. 이러한 주제에 관해서는 이 세상에 있는 사람들은 이런 사실을 믿으려고 하지 않았으며 또 그것을 믿는 사람이라고 하더라도 단순히 학문적으로 그렇게 생각할 뿐입니다. 영들은 이 세상에 이같은 무지가 일반적일 뿐만 아니라 특히 교회에서마저도 이같은 무지로 가득하다는 것에 매우 가슴 아파하였습니다. 그러나 그들의 말에 의하면 이같은 것은 근본적으로 모두가 유식한 사람들에게서 비롯된 것인데 그 유식한 사람들은 모두가 관능적인 감관만을 가지고 영에 관해서 생각하기 때문입니다. 따라서 그들이 영에 관해서 더 이상의 새로운 개념을 깨닫지 못하는 한 그 이상의 생각은 없을 것이며 또 이같은 관점에서 더 이상의 다른 주제를 가지고 생각하지 않을 때 이같은 생각은 온전히 어떤 휘발성이 있는 것 같이 되어, 육체가 죽었을 때 이같은 것은 틀림 없이 산산히 흩어지고 날아가 버릴 것입니다. 그러나 교회가 말씀에서 비롯된 바를 가지고 영혼불멸(靈魂不滅·the immortality of soul)을 믿는 교회 때문에 그들에게 다만 고맙게 여기는 것은 영혼불멸은 어떤 생동력의 존재(some vital quality)로 생각하고 있는데 이같은 생각은 비록 사람이 지녔던 감관은 아니지만, 육체와 다시 결합할 때까지 생동력을 지닌 존재로 머물러 있다는 것입니다. 이런 견해는 최후심판의 때

---

* 사람에게는 영계와 자연계가 공존한다(천계비의, 6057항 참조). 사람에게 속사람적인 것은 하늘나라의 형상이고 겉사람적인 것은 세상의 형상이다(같은 책, 3628·4523·6057·6314·9706·10156·10472항 참조).

의 부활교리에 기초한 것으로, 또 그 때에 영과 육의 결합의 교리에 기초한 것입니다. 왜냐하면 영혼에 관한 이같은 가설(假說·hypothesis)은 사람의 영원한 삶에 대한 교회의 가르침과 상호 보완적이고 밀접한 관계를 이룹니다. 따라서 이런 논리에 따르면 어김 없이 도달하는 결론 즉 어느 누구나 영혼에 관해서 이같은 교리와 가설을 가지고 깊이 생각할 때 그 사람은 한 영이 있으며 그 영이 바로 그 사람 안에 있는 것이라는 것을 전혀 깨닫지 못할 것입니다.

이에 더 부언하면 오늘날도 영적인 것이 무엇인지를 거의 모르고 있다는 것이고 더욱이 사람이 영이나 천사들 같이 영적 존재이면서 사람의 형태(human form)을 지녔다는 것을 거의 모르고 있다는 것입니다. 이러므로 해서 이 세상에서 온 대부분의 사람들이 그 자신이 죽지 않고 살아 있는 것에, 또한 이 세상에서와 똑같이 아무런 차이가 없는 사람이라는 것에 매우 놀라워 합니다. 그러나 그들이 자신에게서 점차 그 놀라움이 사라지게 될 때 그들은 자신들의 교회가 사후 사람들의 이같은 상태에 관해서 즉 이 세상에서 사는 것 같이 저 세상에서 자신들이 사람으로 존재하고 산다는 것에 관해서 아무것도 모른다는 것에 매우 의아하게 생각하게 되었습니다. 그들은 천계에서 그들에게 직접 알려지는 영감(靈感·vision)으로 사람들에게 알려지지 않았다는 것에 대해서 의아하게 생각했습니다. 사실은 다 그들에게 알려진 것입니다. 왜냐하면 매우 쉬운 일이고 주님을 기쁘게 하는 것이지만 그러나 이런 것에 대해서 자신들 스스로가 거짓으로 확신을 가지며 또 그들은 믿으려 하지 않고 또 비록 그들이 그것에 관해서 어떤 사실을 이해한다고 하더라도 세상적이고 관능적인 사람들에게 천계적인 것을 그들에게 보여진다는 것은 매우 위험한 것입니다. 이러한 경우 그들은 처음에는 믿지만 뒤에 가서는 부인하기 때문입니다. 이같은 것은 바로 진리 자체를 더럽히는 신성모독입니다. 왜냐하면 처음에는 믿다가 뒤에 부인하는 것은 바로 더럽히는 것이요, 신성모독적인 것이기 때문입니다. 신성모독을 범한 사람들은 지옥의 가장 낮고, 가장 극악한 곳에 떨어질 것입니다. 이러한 위험에 대해서 주님께서 친히 말씀하신 바입니다.

> 주께서 그들의 눈을 멀게 하시고
> 그들의 마음을 무디게 하셨다.
> 그것은 그들이
> 눈이 있어도 보지 못하게 하고
> 마음으로 깨닫지도 못하여
> 돌이키지 못하게 하고
> 나에게 고침을 받지 못하게 하려는 것이다.
> (요한 12:40)

세상적이고 관능적인 정욕에 빠진 사람들은 또한 하늘나라적인 것을 믿으려고 하지 않는다는 것은 다음의 말씀이 가르치는 바입니다.

> 아브라함이 말하였다. "그들에게는 모세와 예언자들이 있으니 그들의 말을 들어야 한다." 부자가 말하였다. "아닙니다. 아브라함 조상님, 죽은 사람들 가운데서 누가 살아나서 그들에게 가면, 그들이 회개할 것입니다." 아브라함이 그에게 말하였다. "그들이 모세와 예언자들의 말을 듣지 않으면, 죽은 사람들 가운데서 누가 살아날지라도, 그들은 그의 말에 귀를 기울이지 않을 것이다."
> (누가 16:29-31)

18. 천계가 인류에서 비롯되었다는 것은 천사의 마음이 사람의 마음과 같다는 것에서 확실합니다. 이들 둘은 모두가 이해와 지각과 의지의 능력을 가지고 있으며 또 양자는 모두가 천계의 수용으로 이루어집니다. 왜냐하면 사람의 마음은 천사들과 똑같이

지혜(智慧·wisdom)를 가지고 있습니다. 그러나 그것은 세상적인 지혜와는 아주 다릅니다. 왜냐하면 그것은 육생의 몸(陸生·terrestrial body)에 속한 것이지만 이에 속한 영적 마음은 자연적인 것을 생각할 뿐입니다. 왜냐하면 영적 생각은 천사와 같이 일반적인 것이기 때문에 그 때 영적 사상은 대응에 따라 자연적 관념에 유입되는데 이것에 의해서 비로소 그들은 지각하게 됩니다. 그러나 다른 것은 사람의 마음이 육체의 결합에서부터 자유스럽게 되었을 때 그 때에는 자연적으로 생각하지 않고 영적으로 생각합니다. 영적으로 생각하게 되었다는 것은 자연적 사람에게는 천사들이 하는 것과 똑같이, 이해될 수도 없고 말로 표현할 수도 없는 것을 생각합니다. 이같은 사실이 확실한 것은 세상의 속 사람이 바로 그 사람의 영이라고 일컫기 때문인데 이 실체(實體·essense)가 바로 천사입니다.* 한 천사가 완전한 사람이라는 것은 저서 「천계와 지옥」에서 잘 깨달을 수 있습니다(천계와 지옥, 73-77항 참조). 그러나 속 사람이 하늘을 향해서 열리지 않고 닫혀 있어서 오직 아래로 열려서 계속 그런 상태가 유지되었을 때 그 속 사람이 육체를 벗으면 그것이 바로 그 사람인데 그 사람은 사악하고 악마적 존재이므로 천계에 오를 수 없고 지옥에 떨어질 수밖에 없습니다.

19. 만약 천계에서 비롯된 조요가 허락되었다면 천계와 지옥은 인류에서 비롯되었다는 것을 교회가 말씀에 의해서 깨달아야 하고 또 교회는 말씀에서 비롯된 교리를 정립하여야 하며 또 주님

---

* 사람에게는 수많은 삶의 계도(階度·degree of life) 즉 천계와 같은 계도가 있다. 그리고 천계는 사후 한 사람의 삶에 따라서 그에게 허락된다. 사랑과 인애의 삶을 산 사람들은 자신 안에 천사적 지혜를 지녔지만 다만 눈에 보이지 않을 뿐이고 또 그들이 사후 그곳에 이르게 될 것이다(천계비의, 2494항 참조). 성경말씀에서는 주님에게서 비롯된 사랑과 믿음의 선을 받은 사람을 천사라고 불렀다(같은 책, 10528항 참조).

께서 한 강도에게 하신 주님의 말씀에 유의하여야 합니다. 즉—.

> 예수께서 그에게 말씀하셨다. "내가 진정으로 네게 말한다. 너는 오늘 나와 함께 낙원에 있을 것이다."
> (누가 23:43)

부자와 나사로에 관한 주님의 말씀에 대해서도 유념하여야 합니다. 즉—.

> 부자가 지옥에서 고통을 당하다가…… 그래서 그가 소리질러 말하기를 "아브라함 조상님…… 나는 형제가 다섯이나 있습니다. 제발 나사로가 가서 그들에게 경고하여 그들만은 고통 받는 이곳에 오지 않게 해주십시오."
> (누가 16:19-31)

또 부활에 관한 사두개파 사람에게 하신 주님의 말씀도 유념하여야 합니다.

> 하나님께서는 "나는 아브라함의 하나님이요, 이삭의 하나님이요, 야곱의 하나님이다" 하고 말씀하시지 않으셨느냐? 하나님은 죽은 사람의 하나님이 아니라, 살아 있는 사람의 하나님이다.
> (마태 22:32)

더욱이 그들은 믿음을 가지고 바르게 산 사람들의 공통적인 신앙에서 잘 알 수 있습니다. 특히 죽음의 시간에 대한 그들의 신앙에서 보면 그들이 더 이상 세상적이고 관능적인 것에 머물지 않을 때 그들이 믿는 바는 그들은 육체의 생명이 떠나자 곧 하늘나라에 간다고 하는 것입니다. 이같은 신앙은, 깊이 생각하지 않고, 교회의 교리나 최후심판 때의 부활 사상에서 모두에게 설득력 있는 것입니다. 깊이 생각하고 연구하면 독자 여러분은 그것이 어떤 것인지를 확신하게 될 것입니다.

20. 신령질서(神靈秩序·Divine order)에 관해서 공부한 사람들은 잘 이해할 수 있을 것인데 즉 사람은 천사가 되도록 지음을 받았다는 것입니다. 왜냐하면 그 사람 안에 질서의 궁극적 목적이 있기 때문인데(본서 1부, 9항 참조) 그 궁극적 목적은 천국적인 것에 속한 것이며 또 천사적 지혜에 속한 것이므로 재창조 되고 거듭나고, 번영하는 것입니다. 신령질서는 결코 중간매체(中間媒體·mediate)에 존속되지 않기 때문에 궁극적인 것 없이는 그 어떤 것도 형성될 수 없습니다. 왜냐하면 자기의 충만성(充滿性·its own fulness)와 완전성(完全性·perfect) 안에 있지 않다면 궁극적인데로 계속 나가야 하기 때문입니다. 그러나 궁극적인데 있다면 그것은 그 때 형성되고 또 중간 매체에 의해서 정합(整合·collate)되며 보다 더 거듭나고(re-new) 번영할 것인데 이같은 것은 생식(生殖·procreation)에 의한 것입니다. 여기에 천계의 온상이 있는 것입니다. 이것은 또한 사람에 속한 것과 관계되는 것인데 창세기 첫 장에 있는 인간창조에 관한 것입니다.

> 하나님이 말씀하시기를 "우리가 우리의 형상을 따라서 우리의 모양대로 사람을 만들자. 그리고 그가, 바다의 고기와 공중의 새와 땅 위에 사는 온갖 들짐승과 땅 위를 기어다니는 모든 길짐승을 다스리게 하자" 하시고, 하나님이 당신의 형상대로 사람을 창조하셨으니, 곧 하나님의 형상대로 사람을 창조하셨다. 하나님이 그들을 남자와 여자로 창조하셨다. 하나님이 그들에게 복을 베푸셨다. 하나님이 그들에게 말씀하시기를 "생육하고 번성하여 땅에 충만하여라. 땅을 정복하여라. 바다의 고기와 공중의 새와 땅 위에서 살아 움직이는 모든 생물을 다스려라" 하셨다.
> (창세기 1:26-29)

"하나님의 형상과 모양으로 만든다"는 것은 처음부터 궁극적인 데까지 신령질서에 속한 모든 것이 사람에게 주어지기 위한 것입니다. 따라서 사람은 마음의 내면적으로 볼 때 천사로 지은 것입니다.

21. 주님께서 영으로서만이 아니라 몸으로 다시 사셨다는 것은 주님이시기 때문에 주님은 이 세상에 오셨고 그리고 주님의 전 인성을 영화하셨을 때 이것은 바로 그것으로 신령(神靈·Divine)이 되셨다는 것입니다. 왜냐하면 아버지에게서 온 그분의 영은 신령 자체이셨고 또 그분의 몸은 그분의 영과 매우 유사하게 지음을 받았기 때문에 따라서 또한 신령이셨기 때문입니다. 이런 까닭에 그분은 그 어떤 사람과 같지 않은 그분 자신이었으므로 주님은, 그의 제자들에게 나타내 보이셨던 몸으로서 다시 사셨고, 제자들은 그들이 주님을 보았을 때 그들은 영을 보았다고 믿었던 것입니다.* 왜냐하면 주님께서 말씀하시기를—.

> 그들이 이런 이야기를 하고 있을 때에, 예수께서 몸소 그들 가운데 들어서서 "너희에게 평화가 있기를!" 하고 말씀하셨습니다. 그들은 놀라고 무서움에 사로잡혀서, 유령을 보고 있는 줄로 생각하였다. 예수께서는 그들에게 말씀하셨다. "어찌하여 너희는 당황하느냐? 어찌하여 마음에 의심을 품느냐? 내 손과 발을 보아라. 바로 나다. 나를 만져 보아라. 유령은 살과 뼈가 없지만 너희가 보다시피, 나는 살과 뼈가 있지 않으냐?"
> (누가 24:36-39)

주님께서 여기에서 지적하신 것은 자신은 영으로서 사람(Man) 뿐만이 아니라 육으로서도 역시 사람(Man)이심을 보여주셨다는 것입니다.

---

*사람은 오직 영으로서만 다시 산다(천계비의, 10593·10594항 참조). 주님만이 홀로 육까지도 다시 사셨다(같은 책, 1729·2083·5078·10825항 참조).

22. 더욱이 천계와 지옥이 인류에서 비롯되었다는 것은 「천계와 지옥」의 다음과 같은 여러 내용들에서 잘 설명되고 있습니다.

교회에서 비롯된 천계의 민족과 백성들에 관해서(천계와 지옥, 318-328항 참조).

천계의 유아에 관해서(같은 책, 329-345항 참조).

천계에서의 현자(賢者)와 순수한 사람들에 관해서(같은 책, 346-356항 참조).

천계에서의 부자와 빈자에 관해서(같은 책, 357-365항 참조).

모든 사람은 그의 내면적 자아에서 하나의 영이다(같은 책, 432-444항 참조).

사후 사람은 이 세상에서와 꼭 같은 모든 감관과 기억·사상과 정동을 갖는다. 다만 지상에서의 몸만 벗었을 뿐이다(같은 책, 461-469항 참조).

사후 사람의 첫번째 상태에 관해서(같은 책, 491-498항 참조).

사후 사람의 두번째 상태에 관해서(같은 책, 499-511항 참조).

사후 사람의 세번째 상태에 관해서(같은 책, 512-517항 참조).

지옥에 관한 것 역시 잘 읽을 수 있는 것들(같은 책, 536-588항 참조).

이상의 내용들에서 볼 수 있는 것은 천계는 처음부터 지음받은 천사들로 구성되는 것이 아니라 이 세상에 태어났던 사람들에서부터 비롯되는데, 이와 같이 지옥도 어떤 악마나 또는 그들의 패거리들로 이루어지지 않는다는 것입니다.

4.
세상창조 이래 세상에 태어났던 모든 사람은 죽었고
또 그들은 천계나 지옥 어느 곳에 있다

23. (1) 이것은 앞서의 내용에서 설명하였고 또 설명한 것에서 알 수 있듯이 즉 천계와 지옥은 인류에게서 비롯되었다.
(2) 이것으로서 모든 사람은 이 세상의 삶에 이어서 영원히 산다.
(3) 따라서 이 세상 창조 이래 태어났던 사람은 모두 죽었고 또 그들은 천계 아니면 지옥에 있다.
(4) 향후 태어날 사람들도 영계에 올 것인데 그 영계는 광대하며 또 이 자연계와 같은데, 그곳에 있는 사람들은 지상에 있는 사람들과 비교할 수 없다.
그러나 이러한 모든 사실들을 보다 명확히 깨닫기 위해서, 그리고 보다 확실히 하기 위해서 나는 그것들에 관해서 하나씩 하나씩 보다 상세히 해설하고자 합니다.

24. (1) 창조 이래 세상에 태어난 사람은 모두가 죽었고 또 그들이 현재 천계 또는 지옥에 있다는 것은 앞서 설명하고 기술한 바 있듯이 즉 천계와 지옥은 인류에서 비롯되었다는 것으로서 명확히 알 수 있습니다. 사실 이같은 내용은 설명을 필요하지 않을만큼 명료한 것입니다. 지금까지 일반적인 가르침은 모든 사람은 최후심판의 날까지 천계나 지옥에 보내지지 않고 있다가 그의 영혼이 그 자신들의 육체에 다시 되돌아올 때, 따라서 육체에 속해 있을 때 믿는 바와 같이 모든 것들을 즐길 수 있다는 것입니다. 단순한 사람들은 사람의 내면 상태를 연구하였다고 자처하면

서 자칭 지혜롭다고 하는 사람들에 의해서 이같은 가르침에 빠져들게 됩니다. 왜냐하면 이같은 사람들은 자연계 이외 즉 영계는 물론, 영적 사람에 관해서 무지하기 때문에, 그들은 이 자연계의 사람들 안에 영적 사람이 있다는 것을 전혀 모르고 있습니다. 따라서 그들은 자연계의 사람이 그의 영적 성장에서부터 그 자신의 인간형(human form)이 다듬어지고(draw) 있다는 사실을 마음에 받아들일 수 없었습니다. 다만 그들은 영적 사람은 자연적 사람의 전체에 또는 부분에 임의대로 행동한다는 것과 그 자신인 자연적 사람은 아무것도 할 수 없다는 것을 알고 있을 뿐입니다. 그렇지만 영적 사람은 생각하고 행동할 수 있습니다. 왜냐하면 자연적 사람은 사실 아무것도 행할 수 없습니다. 즉 생각하고 행동한다는 것은 다만 자연적 사람 안에 있는 바로 영적 사람이기 때문입니다. 왜냐하면 자연적 사람은 영적 사람이 뜻하는 바를 행할 뿐이고 또 영적 사람이 생각하는 바를 말할 뿐이기 때문입니다. 그래서 확실한 것은 사람의 행위는 그 사람의 의지 이외에 아무것도 아니고 사람의 말은 그 사람의 사상 이외의 아무것도 아닙니다. 사상과 의지의 이전의 관점에서 본다면 말과 행동은 한 순간에 사라질 뿐입니다. 이것에서 확실한 것은 영적 사람만이 진실된 사람이고 또 영적 사람만이 자연적 사람의 전체나 또는 모든 부분에 존재한다는 것이고 따라서 그들의 화상(畫像·effigy)은 유사하다는 것입니다. 왜냐하면 자연적 사람의 부분이나 분자(分子) 안에서 영적인 사람은 행동하거나 살 수 없기 때문입니다. 그러나 영적 사람은 자연적 사람에게 나타나 보일 수 없다는 것입니다. 왜냐하면 자연적 사람은 영적 사람을 볼 수 없지만 그러나 영적 사람은 자연적 사람을 볼 수 있기 때문입니다. 왜냐하면 이것은 질서에 의한 것 뿐입니다. 그러나 이와 반대는 질서에 어긋납니다. 따라서 영적 사람에게는 입류(入流·influx)가 있고 또 자연적 사람에게는 시각(視覺·sight)이 있습니다. 왜냐하면 시각 역시 입류이지만 그러나 그 반대는 아니기 때문입니다. 이 영적 사람을 사람의 영(靈·the spirit of man)이라고 일컬으며, 사후 영계에 하나의 완전한 사람형태로 태어나며, 이 사람이 사는 것입니다. 왜냐하면 영계에 관해서 아무것도 모르고 따라서 사람의 영에 관해서도 전혀 아는 바가 없이 이지적인 사람은, 위에서 설명한 바와 같이, 그들은 그러므로 한 관념을 가지고 있는데 그것은 사람은 그의 영이 육체에 되돌아 올 때, 다시 감관을 입을 때까지는 한 사람으로 살 수 없다는 것이기 때문입니다. 따라서 부활에 관한 허깨비 같은 관념 즉 벌레나 물고기들에게 먹히우고 또 완전히 티끌로 분해해 버린 육체가 신령 전지전능(全知全能)에 의해서 다시 모여 조합되고, 그 육신은 영혼과 재결합되며 이같은 일은 가시적 삼라만상이 멸망하는 세상 끝날 때까지는 일어나지 않는데, 이와 같은 많은 유사한 관념은 상상조차 할 수 없는 것으로, 첫 눈에는 마음에 속한 것 같지만, 그것은 전혀 불가능한 것으로서 신령질서에 어긋나는 것이며, 이같은 것은 종국에 많은 사람의 믿음을 나약하게 합니다. 왜냐하면 지혜롭게 생각하는 사람들은 그들은 얼마간도 이해할 수 없을 것이고 또 믿을 수 없을 것입니다. 불가능한 것을 믿는다는 것은 사람이 불가능한 것을 생각하는 것과 같은 것입니다. 따라서 사람의 사후의 삶을 믿지 못하는 사람은 그들이 부인(否認)을 보조하는 논증을 도출해 냅니다. 그러나 사람은 죽자마자 즉시 깨어나고 그 때 그 사람은 완전한 사람의 형을 갖춘다는 것은 「천계와 지옥」에 기술된 수많은 내용들에서 잘 알 수 있습니다. 앞서 설명한 바와 같이 인류에게서 천계와 지옥이 비롯된 것임을 확인할 수 있으면, 그것에서부터 세상 창조 이래 태어난 사람은 모두가 죽었으며 또 현재 천계와 지옥에 있다는 것을 알 수 있습니다.

25. (2) **이 세상에서 살았던 모든 사람은 사후 영원히 산다**는 것은 이것에서 명확히 알 수 있는데 즉 그것은 사람이 그 때에는 자연적이 아니라 영적이며 또 자연적인 데서 분리된 영적 사람이며 따라서 그 사람은 영원으로 남게 된다는 것입니다. 왜냐하면 사람의 상태는 사후에도 변함이 없기 때문입니다. 더욱이 모든 사람의 영은 신령과 더불어 결합하기 때문에 영은 신령에 관한 것을 생각할 수 있고 또 사랑할 수 있으며, 신령에서 비롯된 모든 것과 더불어 감화감동될 수 있습니다. 이같은 것은 모두가 교회가 가르치는 바이고 따라서 영적 사람의 두 기능 즉 그의 삶을 구성하는 사고와 의지에 의해서 신령과 결합될 수 있습니다. 따라서 신령과 결합될 수 있는 것은 결코 죽을 수 없습니다. 왜냐하면 신령은 그것과 결합할 수 있고 또 그분 자체와 결합할 수 있기 때문입니다.

마음으로서의 사람을 보면 천계의 형체로 지어졌습니다. 천계의 형체는 신령 자체에서 비롯되었기 때문인데 이같은 것은 「천계와 지옥」에 기술된 내용들 즉 주님의 신령이 천계의 형체를 지으셨다(천계와 지옥, 7-12·78-86항 참조)는 것에서 잘 알 수 있습니다. 사람은 역시 최후의 형체에서도 천계로 지어졌습니다(같은 책, 58항 참조). 전 복합체로서의 천계는 한 사람과 관련되어 있습니다(같은 책, 73-77항 참조). 천사는 그의 영으로 볼 때 한 사람입니다. 이 주제에 관한 더 많은 것을 위해서 나는 매우 호기심을 가지고 있는 천사들과 자주 이야기하였는데, 기독교계에서 총명하다고 일컫는 사람들은 어떤 생각을 가지고 있으며, 또 다른 사람들로부터 총명하다고 신뢰를 받는 사람들은 어떤 생각을 가지고 있는지에 관해서 였습니다. 그들 가운데 많은 사람은 자신들의 불멸성(不滅性·immortality)에 관해서 전적으로 그 같은 가르침을 부정하는 사람도 있었는데 그들이 믿는 바는 사람의 영혼은 죽을 때에 완전히 소멸되어 버리는데, 사람의 생명과 짐승의 생명에서 큰 차이를 깨닫지 못한다면 마치 그것은 짐승의 영혼도 그렇다는 것입니다. 그렇지만 사람은 자기 자신에 관해서 그리고 하나님·천계·사랑·믿음·선이나 영적 또는 도덕적인 것에 관해서 그리고 진리 등과 같은 것에 관해서 생각할 수 있는 능력을 가지고 있으며 따라서 사람은 신령 자체에까지 고양(高揚·elevate)될 수 있고, 이런 것들에 의해서 그분과 결합할 수 있습니다. 그러나 짐승은 그 자신의 자연적인 것 이상으로 고양될 수 없으며, 또 그 같은 일들에 관해서 생각한다는 것도 불가능합니다. 따라서 그들의 영은 죽을 때* 자연적인 것과 분리될 수 없으며 그래서 그 자신에 의해서 살 뿐이지만 사람의 영은 이와 달리 자연적인 것과 분리되어 살 수 있습니다. 그 이유에 대해서 기독교계에서 이른바 총명스럽다고 여기는 사람들은 그 자신의 생명의 불멸성에 관해서 어떤 가르침이나 신조를 가지고 있지 않다고 천사는 언명하였고, 그들은 심중으로 신령을 부인하였고 다만 신령 대신에 자연(自然·nature)만을 시인하였습니다. 그리고 이같은 원리에서부터 어떤 것을 생각하는 사람들은 신령과의 결합에 의한 어떤 영원성을 생각할 수 없었습니다. 따라서 그들은 사람의 상태는 짐승의 그것과 유사하지 않는데 왜냐하면 그들은 사고에서 신령을 부인하고 영원성을 부인하기 때문입니다. 그들은 더욱 호언장담하기를 모든 사람들에게 있어서는 가장

---

*영계로부터 동물의 생명에로의 입류가 있다. 그러나 지극히 일반적인 것으로, 사람의 경우처럼 특수한 것은 아니다(천계비의, 1633·3646항 참조). 사람과 짐승의 구분은 사람은 자기 자신보다 훨씬 우위인 주님에게까지 고양될 수 있고, 또 신령에 관해서 생각하고 사랑할 수 있다. 따라서 주님과 결합할 수 있다. 그리고 그 때 영원한 생명을 가질 수 있다. 그러나 짐승에게 있어서는 이와는 전혀 다르다. 짐승은 그 같은 것에까지 고양될 수 없다(같은 책, 4525·6323·9231항 참조).

극내적(極內的·an inmost) 혹은 가장 지고(至高·supreme)한 생명의 계도가 있으며, 가장 극내적이고 지고한 것들에는 주님의 신령이 가장 가깝게 입류되는데, 그것에서부터 주님은 영적 사람들과 자연적 사람에 속한 모든 내면적인 남은그루터기(remaining)를 배열하며, 질서의 계도에 따라서 양면 즉 자연적으로 또는 영적으로 계속 이어지는 것입니다. 극내적 또는 지고한 생명의 입류를 그들은 주님께서 사람에게 들어오는 주님의 입구라고 일컫는데 또 그것은 그와 같이 하는 주님의 거처이기도 합니다. 그들은 말하기를 이 극내적이고 지고한 것에 의해서 사람은 사람인 것이고 또 그것을 가지고 있지 못한 축생(畜生)들과 사람들이 분별되는 것입니다. 그러므로 사람은 짐승과 다른 마음과 성질(性質·disposition)의 내면성에 관해서 생각하는 것만큼 사람인 것입니다. 따라서 사람은 주님에 의해서 그분에게 고양될 수 있고 또 그분을 우러르는 믿음을 가질 수 있으며 그분을 위한 사랑으로 감화 감동되며, 또 총명과 지혜를 받을 수 있고 사리분별한 말을 할 수 있는 것입니다. 내가 사람의 생명과 신령이 결합하게 하며 또 영원히 살 수 있게 하는 신령과 신령진리를 부인하는 사람들에 관해서 그들에게 질문하였을 때 그들은 답하기를 그들은 생각하고 뜻하는 능력을 가지고 있으며, 그러므로 신령에서 비롯된 것들을 믿고 생각할 수 있는 능력을 가질 수 있다고 대답하였습니다. 그들은 이 능력에 의해서 신령을 시인하고 역시 영원히 살 수 있다고 대답하였습니다. 부언해서 이 기능은 모든 사람에게 내재해 있는 극내적이고 지고한 것에서 비롯되었으며 또 지옥에 있는 사람까지도 이 기능을 가지고 있으며 그들은 이 기능에서부터 신령진리에 반대되는 말과 추론하는 힘을 가지게 되는데 이런 사실들은 여러 곳에서 보여 주었습니다. 이런 까닭에 사람은 그의 성품에 따라서 영원히 사는 것입니다. 왜냐하면 사후 모든 사람은 영원히 살기 때문에 죽음에 관해서 생각하는

천사나 영은 없습니다. 사실 그들은 죽는다는 것에 관해서 전혀
아는 바가 없습니다. 그러므로 성경말씀에 기술되어 있는 "죽
음"(死亡·death)을 천사들은 파멸이나 지옥에 떨어지는 것으로
이해할 뿐인데, 이것이 바로 죽음의 영의(靈意)입니다. 또 천사
들은 생명의 영원성과 부활로 이해합니다.* 확신을 가지고 말할
수 있는 것은 창조 이래 태어난 사람은 죽었으나 현재 천계나 지
옥 어디엔가 살고 있다는 것입니다.

26. **(3) 창조 이래 세상에 태어난 사람은 모두가 죽었고 그들은
현재 천계나 지옥에 있다는 것을** 더 알기 위하여 홍수 이전에 살
았던 사람들과 이야기할 수 있는 기회가 나에게 주어졌습니다.
그들 가운데 몇몇은 홍수 이후의 사람도 있었고 어떤 경우는 유
대민족이었는데 그들 중에는 구약의 성경말씀에서 잘 알 수 있
는 사람들 또는 주님 재세시에 같이 살았던 사람도 있었고 또 그
들 중에는 그후 오늘에 이르는 사람들도 있었습니다. 더욱이 죽
은 사람들이었는데 개중에는 육신을 입고 살았을 때 내가 알고
있는 사람도 있었습니다. 그들 중에는 어린 아이도 있었고 이방
인도 있었습니다. 이같은 경험에서 내가 온전히 확신할 수 있는
것은 창조 이래 이 땅에 태어나지 않은 사람은 천계와 지옥에는
없다는 것입니다.

27. **(4) 향후 세상에 태어나는 사람들도 영계에 올 것인데 그 영**

---

*성경말씀에 "죽음"이 기술되고 그리고 악한 사람에 관해서 말해질 때 천계
에서는 지옥에 떨어지는 정죄 즉 영적 죽음이나 지옥으로 깨닫는다(천계비
의, 5407·6119·9008항 참조). 선과 진리 안에 있는 사람은 "산다"(living)
고 일컬어지며 그러나 악과 거짓 안에 있으면 "죽었다"고 일컫는다(같은
책, 81·290·7494항 참조). "죽음"에 의해서 선한 사람의 경우를 말할 때
천계에서는 부활 또는 삶의 연속으로 이해한다. 왜냐하면 사람이 죽으면 곧
일어나며(살아나며) 그의 삶은 계속되고 그것 안에 영원으로 승화하기 때문
이다(같은 책, 3498·3505·4618·4621·6036·6222항 참조).

계는 광대하고 또 이 자연계와 같은데, 그곳에 있는 사람들은 지상에 있는 사람들과 비교할 수 없다.

 이것은 창조 이래 헤아릴 수 없이 수많은 사람들이 영계에 올리워져서 거기에 모두 모여 있다는 사실에서 명확합니다. 향후에도 인류로부터 계속적인 증가가 있으며 이들은 그들에게 합류될 것입니다. 이같은 일은 끝없이 계속될 것입니다. 다만 앞서 목적에 관해서(본서 1부, 6-13항 참조) 설명한 것에 의해서 계속될 것입니다. 즉 지상의 인류의 출생은 결코 사멸되지 않을 것입니다. 내 눈이 열리었을 때 그것은 나로 하여금 거기가 얼마나 광대하며 비록 지금까지는, 하지만 거기에 있는 사람이 얼마나 많은지를 보기 위한 것이었습니다. 그것은 너무나도 크기 때문에 헤아릴 수 없이 많았습니다. 다만 한 방향(方位)의 한 곳이 그 정도이니 다른 여러 방향의 여러 곳에서는 어떠하겠습니까? 왜냐하면 모두는 저마다 각각의 사회에 모여 있었는데 그 사회들은 헤아릴 수 없이 많이 있었고, 각 사회는 세(三) 세계로 이루어졌습니다. 그와 같이 그들 밑의 지옥도 세(三) 지옥으로 이루어 있었습니다. 거기에는 어떤 이는 높은 곳에, 어떤 이는 중간에, 그리고 그들 밑에 있는 이들도 있었습니다. 바로 그들 밑의 가장 낮은 곳 즉 지옥에도 사람들이 도시에서 사는 것과 같이 아래, 위로 살고 있었는데 그 숫자는 헤아릴 수 없이 많이 있었습니다. 그것은 자연계와 똑같지만 그 세계와 비교할 수는 없었습니다. 다만 인류의 숫자를 생각할 때, 자연계로부터 영계로 사람들이 올리워졌을 때 마치 촌락에서 큰 도회지로 이주한 것과 같았을 뿐입니다. 자연계는 질에 있어서 영계와 비교할 수 없고, 또 그곳에 보여지는 것으로 보아서도 자연계에 있는 것은 그곳에도 다 있었지만 그 숫자는 이 세상에서 전혀 볼 수 없었을 정도로 많았습니다. 다만 자연적인 시각으로는 나타나 보이지 않습니다. 왜냐하면 영계의 사물들은 그 현현(顯現)에 의해서 각자의 특성을 나타내기 때문입니다. 마치 자연적인 다양성(多樣性·magnificent and stupendous)과 같은 것입니다. 왜냐하면 영적인 것은 그 우월성에서 자연적인 것을 훨씬 능가하기 때문입니다. 자연적 감관으로 감지할 수 있는 것은 거의 없습니다. 자연적 감관은 영적 마음이 받을 수 있는 것의 천의 하나도 받지를 못합니다. 영적 마음에 속한 모든 것들이 보여졌으며, 형체적으로 시각에 보여졌습니다. 이같은 이유가 바로 영계를 기술하는데 있어서, 그 장엄함과 거대함을 생각할 때, 설명할 수 없는 내용이 되겠습니다. 이같은 것은 더욱이 천계들 안에 있는 인류의 증식 만큼 증가할 것입니다. 왜냐하면 형체로 나타난 모든 것은 사랑과 믿음에 관한 각자의 상태에 대응되기 때문입니다. 따라서 총명과 지혜에 관해서 볼 때 그 다양성에 따라 계속 증가할 것인데, 헤아릴 수 없이 증가할 것입니다. 이같은 내용은 천계에 올리운 사람들에 의해서 말하여진 것입니다. 그들은 그곳에서 이런 사실들을 보았고 들었지만, 눈으로 또는 귀로 보고 들은 것이 아닙니다. 이런 사실에서 볼 때, 영계가 있어서 나타나 보여지지만, 자연계와는 비교할 수 없을 정도입니다. 저서 「천계와 지옥」 중에서 천계의 두 왕국(천계와 지옥, 20-28항 참조)에 언급되어 있으므로 더 알기를 원하면 그것을 참고하시기 바랍니다.

천계의 사회에 관해서(같은 책, 40-50항 참조) 그리고 천계의 표징과 현현에 관해서(같은 책, 170-176항 참조) 그리고 천계의 천사들의 지혜에 관해서(같은 책, 265-275항 참조)를 각각 참조하면 더 많은 내용을 깨달을 수 있겠습니다. 사실 이것에 설명된 것도 빙산의 일각에 불과할 뿐입니다.

5.
최후심판은 이 땅이 아닌, 모두가 모이는 곳
즉 영계에서 이루어진다

28. 최후심판에 관해서 일반적으로 믿는 바는 주님께서 영광 중에 천사들과 더불어 하늘의 구름 속에 나타날 때 세상 창조 이래 살았던 모든 사람은 무덤에서 일어나 그들의 영혼은 몸을 입고 주님께서 그들을 심판하기 위하여 모두 출두명령을 받아 주님 앞에 모이게 되고, 착하게 산 사람들은 영원한 생명 즉 천국으로, 악하게 산 사람들은 영원한 죽음 즉 지옥으로 보내지게 된다는 것입니다. 교회는 이 같은 가르침을 말씀의 문자적인 뜻에서 유추(類推)하였는데, 이것은 또 움직일 수 없는 것인데, 이것은 역시 성경말씀에 기술된 모든 각각의 사물에는 영적인 뜻이 있다는 것을 모르기 때문입니다. 영적인 뜻은 성언(聖言) 자체이고 영적인 뜻에 대해서 문자적인 뜻은 기초를 제공하는 것이며, 문자가 없다면 성언은 신령함을 보존할 수 없고 또 세상에처럼 천계에도 말씀은 제공되지 못할 것입니다. 왜냐하면 삶과 믿음에 관한 가르침(敎理)이 결합하기 때문입니다. 그러므로 성언의 자연적 사물에 대응되는 영적 사물을 아는 사람은 "하늘의 구름 속으로 오시는 주님"이 뜻하는 것을 아는데, 그것은 구름 속의 주님의 현현을 뜻하는 것이 아니라 성언에서의 주님의 현현을 뜻하는 것입니다. 왜냐하면 "주님"은 성언이시기 때문입니다. 그것은 또 주님이 신령진리이시기 때문입니다. 그분이 오시게 되는 "하늘의 구름"은 말씀의 문자적인 뜻을 가리키고, "영광"은 말씀의 영적인 뜻을 뜻합니다. "천사들"은 천계 즉 주님께서 현현하실 천계를 그리고 신령진

리로서의* 주님을 뜻합니다. 따라서 이들 말씀의 뜻은 확실한데 즉 교회의 마지막 때에 주님은 성언의 영의 즉 그 자체 안에 있는 신령진리를 열어 보여 주신다는 것입니다. 그러므로 이것은 임박한 최후심판의 징조이기도 합니다. 각 사물 안에는 영의(靈意)가 있다는 성언의 표현은 「천계비의」에서 잘 알 수 있는데 그 책에는 창세기와 출애굽기의 모든 또는 각각의 뜻이 그 뜻에 따라서 영해(靈解)되었습니다. 성언과 그 영의에 관해서는 이 책에서 정선한 내용들을 「묵시록 해설」의 「백마론」(白馬論·the White Horse)이라는 글에서 잘 읽을 수 있습니다.

29. 최후심판이 자연계나 이 지구상에서 있지 않고 영계에서 있어야 한다는 것은 앞의 두 글과 또 예하의 내용에서 잘 알 수 있습니다. 앞서의 두 글에서 설명한 바는 천계와 지옥은 인류에서 비롯된다는 것, 그리고 창조 이래 세상에 태어난 사람은 모두가 죽었으며 현재는 모두가 천계와 지옥 어디엔가 있다는 것, 따라서 거기에 모여 있다는 것입니다. 그러나 아래의 내용은 이미 완료된 최후심판에 관해서 설명하겠습니다.

---

*주님은 성언이다. 왜냐하면 주님은 천계에서 신령진리로 계시기 때문이다(천계비의, 2533·2813·2859·2894·3393·3712항 참조). 역시 성언은 주님 홀로만을 뜻하기 때문이다. 말씀의 극내적인 뜻으로 주로 주님의 인성(人性)의 영화(榮光化)를 언급하기 때문에 따라서 주님 자신은 그 안에 계시기 때문이다(같은 책, 1873·9357항 참조). 주님의 오심은 말씀에서의 그의 현현을 뜻하고, 또 계시를 뜻한다(같은 책, 3900·4060항 참조). "구름"은 성경에서 말씀의 문자적인 뜻 또는 문자로서의 성언을 뜻한다(같은 책, 4060·4391·5922·6343·6752·8106·8781·9430·10551·10574항 참조). 성경말씀에서 "영광"은 신령진리를 뜻하며, 신령진리는 천계에 있는데, 이것은 영적인 뜻 안에 있다(같은 책, 4809·5922·8267·8427·9429·10574항 참조). 말씀에서 "천사"는 주님에게서 비롯된 신령진리를 뜻한다. 왜냐하면 천사는 그것을 수용하는 그릇이기 때문이다. 즉 천사는 자기 자신에서 비롯하여 말하지 않고 오직 주님에 의해서 말할 뿐이다(1925·2821·3039·4085·4295·4402·6280·8192·8301항 참조). "나팔" "악기"는 천사가 가지고 있는 것이므로 천계의 신령진리 또는 천계로부터 계시된 신령진리를 뜻한다(같은 책, 8815·8823·8915항 참조).

30. 더욱이 자연인으로서 심판받은 사람은 그 누구도 없습니다. 따라서 자연계에 살고 있는 한 그 누구도 심판받지 않습니다. 왜냐하면 사람은 그 때 자연적 몸을 입고 있기 때문이고 영적 사람 즉 영계에 올리워졌을 때 사람은 영적 몸을 입는데, 그 영적 사람이 심판을 받기 때문입니다. 즉 심판을 받는 것은 자연적 사람이 아니라 사람 안에 있는 영적 사람입니다. 왜냐하면 자연적 사람은 과오나 범죄를 범할 수 없습니다. 왜냐하면 자연적 사람은 자신에 속한 것으로는 살 수 없고 다만 그 사람은 영적 사람의 행동에 대한 종(奴僕)이나 도구에 불과하기 때문입니다(본서 1부, 24항 참조). 따라서 심판은 자연적인 것을 벗고 영적 몸으로 바뀌어진 사람에게 있어집니다. 더욱이 영적 몸이 된 사람은 사랑과 믿음에 대하여서는 바로 그 사람으로 현현됩니다. 왜냐하면 영계의 모든 사람은 누구나 그 자신의 사랑의 초상화입니다. 즉 얼굴과 몸은 물론 말과 행동에 관해서도 그 사람의 사랑의 닮음 꼴입니다(천계와 지옥, 481항 참조). 따라서 모든 사람의 성품은 알려지고, 그들은 분리되는데, 그 때 주님은 만족하십니다. 이상의 설명에서 확실한 것은 최후심판은 자연계나 이 세상에서 행해지는 것이 아니고 영계에서 행해진다는 것입니다.

31. 사람의 자연적 생명은 아무런 것도 이룰 수 없고 그의 자연적 몸 안에 있는 영적 생명만이 어떤 것을 이룰 수 있습니다. 왜냐하면 자연적 생명은 생명에 아무런 값이 없는 공허한 것이기 때문입니다. 자연적 생명 안에 현현된 생명은 영적 사람에서 비롯된 생명입니다. 따라서 이것이 심판을 받는 것입니다. 더욱이 "행한대로 심판 받는다"는 것은 사람의 영적 행위가 심판받는다는 것을 뜻합니다. 이같은 내용은 「천계와 지옥」의 "사후 사람은 이 세상에서의 그의 삶이다"(천계와 지옥, 470-484항 참조)는 항목을 보면 잘 알 수 있습니다.

32. 나는 여기에다 "천계의 비의"를 더 첨가하겠는데 그것들은 「천계와 지옥」에서 잘 설명되었기 때문에 여기서는 간략하게 설명하겠습니다. 사후 처음 영계에 올리워지면 사람은 누구나 어떤 사회에 배속됩니다(천계와 지옥, 427-497항 참조). 그러나 그 사람의 영은 그것에 대해서 전혀 무지합니다. 왜냐하면 그는 아직도 그 자신이 내적 상태가 아니라 외적 상태에 있다고 여기고 있기 때문입니다. 그 사람이 이런 상태에 있을 때 그의 마음의 바람이 그를 어디엔가 고정시킬 때까지 그는 여기 저기를 방황하게 됩니다. 그러나 사실은 그 사람은 그 자신의 사랑에 머물러 있습니다. 그것이 바로 그가 사랑한 것들이 머무르는 사회 안에 있게 된다는 것입니다. 하나의 상태에 있는 영은 다른 여러 곳에서도 현현되는데 그곳에 있는 것들은 모두가 마치 육신을 입었을 때와 같이 꼭 같은 모양으로 나타납니다. 그리고 얼마 안 있어서 그는 주님에 의하여 자기의 지배애(支配愛·ruling love)에 인도됩니다. 그는 즉시 다른 사람들의 시야에서 사라지고 자신의 것 가운데 있게 되는데 그것이 바로 그가 배속된 사회에 있게 되는 것입니다. 이같은 특징만이 영계에는 존재한다는 것은 그 원인을 모르는 사람들에게는 이상할 뿐입니다. 이와 같이 영들이 이합집산(離合集散)이 되면 곧 또한 심판이 있어지는데 각자는 그 자신의 적소(適所)에 있게 되며 선한 사람은 천계 즉 그들 자신이 속해 있는 한 사회에, 악한 사람은 지옥 즉 그들 자신이 속해 있는 한 사회에 있게 됩니다.

이상에서 확실한 것은 최후심판은 영계 이외의 그 어떤 곳에서도 있지 않다는 것입니다. 왜냐하면 첫째는 모든 사람은 그 자신의 삶에 유사한 곳에 있게 되고 둘째는 그는 자기 자신의 삶과 비슷한 또래의 사람과 같이 있기 때문입니다. 따라서 각자들은 그 자신의 것과 함께 있기 때문입니다. 그러나 자연계에서는 이와는 전혀 다릅니다. 여기에서는 선한 사람과 악한 사람이 함께 어울려서 살고 있습니다. 선한 사람은 악한 사람을 잘 모릅니다. 또 이들은 그 자신의 삶에 속한 사랑에 따라서 서로 서로 분리되지도 않습니다. 자연적인 몸을 입고는 그 누구에게도 천계에 있어야 할지 아니면 지옥에 있어야 할지가 불가능합니다. 사람들이 적소에 보내지기 위해서 자연적인 몸을 벗고 영으로 심판받는다는 것은 진정 필수 불가결의 것입니다. 따라서 위에서 설명하였듯이 자연적인 사람이 아니고 영적 사람이 심판을 받을 수밖에 없습니다.

6.
최후심판은 교회의 마지막 때에 있는데 교회의 마지막 때는 바로 그 곳에 믿음이 없을 때, 따라서 인애가 없는 때를 가리킨다

33. 최후심판이 교회의 마지막 때에 있다는 것에는 여러가지 이유가 있습니다. 그 주요 이유는 천계와 지옥의 균형 상태 즉 사람의 자유의지의 균형상태(均衡狀態·equilibrium of man's freedom)가 상실될 때 사람은 더 이상 구원을 받을 수 없다는 것입니다. 왜냐하면 그렇게 되었을 때 자유상태인 천계에 올리울 수 없지만 그러나 이 자유의 상실에서 지옥으로의 태동이 시작되기 때문입니다. 왜냐하면 자유의지가 없이는 그 누구도 바로잡음(改革·reform)이 있을 수 없고 또 인간의 자유의지는 천계와 지옥의 균형상태에서 비롯되기 때문입니다. 이와 같은 내용은 저서 「천계와 지옥」에 기술된 내용들에 잘 나타나 있는데, 거기에서

는 천계와 지옥의 균형상태에 관해서(천계와 지옥, 589-596항 참조) 그리고 천계와 지옥의 균형상태가 의미하는 바의 자유의지가 그 사람에 내재한다는 것이 언급되어 있습니다. 더욱이 이 자유의지의 상태가 없이는 사람은 그 누구도 바로잡음이 없다는 것입니다.

34. 천계와 지옥의 균형상태가 교회의 마지막 때에 상실된다는 것은 이것에서 더 잘 알 수 있는데 그것은 바로 앞서에서 설명한 바와 같이, 천계와 지옥은 인류에서 비롯되었다는 것과 또 천계에 오른 사람은 거의가 없고 대부분이 지옥에 떨어졌을 때, 한 쪽의 악이 다른 쪽의 선에 비해서 훨씬 확장하게 됩니다. 왜냐하면 지옥의 확장은 그 만큼의 악의 증가입니다. 그것은 모든 사람의 악은 지옥에서 비롯되고 선은 천계에서 비롯되기 때문입니다. 교회의 마지막 때에는 악이 선을 능가하여 확장되기 때문에 주님은 모든 것을 심판하여야 합니다. 즉 악을 선에서 분리시켜 모든 것들이 질서정연하도록 바꾸어야 합니다. 즉 새로운 천계를 이루고, 지상에는 새로운 교회를 설시하셔서 균형상태를 복원하여야 합니다. 이것이 바로 최후심판이라고 부르는 것으로 이에 관한 자세한 내용은 예하의 글에서 설명하겠습니다.

35. 교회의 마지막 때에는 더 이상 믿음이 그 교회 안에 존재하지 않는다는 것은 성경말씀에서 잘 알 수 있습니다. 아직까지는 잘 알려져 있지 않지만 인애가 존재하지 않는다면 믿음도 존재하지 않습니다. 그러므로 그 내용이 어떤 것인지에 관해서 지금 설명을 드리고자 합니다. 교회의 마지막 때에 믿음이 존재하지 않는다는 것은 주님께서 일찍이 예언하셨습니다. 즉―.

> 인자가 올 때에 세상에서 믿음을 찾아볼 수 있겠느냐?
> (누가 18:8)

또 그 때에 인애(仁愛)가 존재하지 않을 것이라는 것에 대해서도 말씀하셨습니다.

> 불법이 성하여, 많은 사람의 사랑(仁愛)이 식을 것이다……. 이 하늘 나라의 복음이 온 세상에 전파되어서 모든 족속에게 증언될 것이며 그 때에야 끝이 올 것이다.
> (마태 24:12, 14)

"시대의 마지막"(the consummation of the age)은 교회의 마지막 때입니다. 교회의 상태가 사랑과 믿음에 관해서 볼 때 계속적으로 점점 나빠질 것이라는 것은 이 장(마태 24장)에서 주님께서 이미 말씀하셨습니다. 그러나 그것은 거의가 대응(對應·correspondence)에 의한 기술이었습니다. 각 표현에 대한 영적 뜻의 대응을 모르면 주님께서 예언하신 바를 거의 이해할 수 없습니다.

이 때문에 주님께서는 「천계비의」의 전 내용과 또 다음의 부분에서 이것을 설명하는 은총을 나에게 주셨는데 「천계비의」에서는 시대의 종말·주님의 강림(降臨·His advent)·교회의 계속적인 타락과 최후심판에 관한 것입니다(천계비의, 3353-3356·3486-3489·3650-3655·3751-3757·3897-3901·4056-4060·4229-4231·4332-4335·4422-4424·4635-4638·4661-4664·4807-4810·4954-4959·5063-5071항 참조)*.

36. 인애가 없으면 믿음이 없다는 것에 관해서 몇가지 설명을 여기서 언급하겠습니다. 가령 믿음이 존재한다면 그것은 곧 그 만큼의 교회의 가르침이 믿어지고 있다는 것입니다. 그것을 믿는 사람들은 곧 믿음을 가진 것입니다. 믿는 것이 적은 만큼 믿음은 존재하지 않습니다. 또 믿는 바를 행하고 뜻하는 것이 믿음입니

---

*이 책 제3부가 되겠음(옮긴이).

다. 교회의 가르침이 거의 믿어지지 않을 때 그것들은 사람의 생명 안에 존재하지 못하고 다만 기억에만 존재할 뿐입니다. 즉 외적 사람의 어떤 사상만 있을 뿐입니다. 그것들이 사람의 의지에, 따라서 그의 행동에 들어가기 전에는 그것들이 그의 생명에 들어갈 수 없습니다. 왜냐하면 시간적으로 처음에는 믿음이 사람의 영에 존재하기 때문입니다. 즉 사람의 영, 그 영의 생명은 바로 그 사람의 생명 자체이기 때문에, 그 생명은 그 사람의 의지에서 비롯되기 때문에 그의 모든 사상은 그의 의지에서 비롯됩니다. 사람의 기억도 사상과 같이 의지에서 비롯됩니다. 이에 관한 개략적인 내용을 설명한다는 것은 값 있는 것이라고 생각됩니다.

여러분은 의지나 사랑을 말할 것입니다. 그것은 동일한 것입니다. 왜냐하면 각 사람은 사랑하는 것에 의지를 발동하고(will) 또 뜻하는 것을 사랑하기 때문입니다. 그러므로 의지는 사랑의 그릇이고 총명 즉 사고(思考)하는 기능은 믿음의 그릇입니다. 한 사람이 어떤 사물에 대해서 알고, 생각하고 이해할 수는 있지만 그러나 그의 의지나 사랑에 의한 것이 아니면 그가 자신의 것으로 돌리려고 할 때 자신의 사랑과 의지에 의한 명상에서 그것을 거부하게 되므로, 사람이 영적으로 살려고 할 때 그 사람은 육체적인 삶 이외의 것은 모두를 부인합니다. 왜냐하면 앞서 설명하였듯이 그의 사랑과 의지에 들어 온 것만 사람의 영 안에 남아 있기 때문입니다. 사후에 다른 것들은 이방인 같이 보여져서 문 밖으로 내쫓기게 되고, 증오하게 됩니다. 왜냐하면 그것들은 그의 사랑에 속한 것이 아니기 때문입니다. 그러나 성언에서 비롯된 교회의 가르침을 신봉할 뿐만 아니라 그것을 원하고, 행할 때 그것은 다릅니다. 왜냐하면 믿음은 진리이기 때문에 그 진리를 행하려는 의지에서 비롯된 진리의 정동이기 때문입니다. 진리는 영적 사람이기 때문에 진리 자체를 바랍니다. 자연적 진리에서 비롯된 것은 진리를 행하려고는 하지만 진리 자체가 목적이 아

니고 자신의 영달(榮達)과 명성(名聲) 또는 이해(利害)를 목적
으로 행할 뿐입니다. 이런 것들에서 떠난 진리는 영적입니다. 왜
냐하면 그 본질 안에 신령이 내재하였기 때문입니다. 그러므로
진리를 바라는 것은 진리이기 때문이며, 그래서 신령을 시인하고
또 신령을 사랑하게 되는 것입니다. 이 둘은 결합되고, 천계에서
는 하나로 여깁니다. 왜냐하면 주님에서 비롯된 천계의 신령은
신령진리입니다. 이것은 저서 「천계와 지옥」에서 잘 알 수 있습
니다(천계와 지옥, 128-132항 참조). 그리고 그것들은 바로
천계에 있는 천사들입니다. 그들은 그것을 받아서 그들의 생명으
로 만듭니다. 이에 관해서 잘 알기 위하여 설명하는 것은 믿음은
믿는 것(to believe)만이 아니라 바라고(will) 행하는(do) 것입니
다. 그러므로 인애가 없다는 것은 믿음이 없다는 것입니다. 인애
또는 사랑은 바라고 행하는 것입니다.

37. 오늘날의 교회 안에는 믿음이 거의 없기 때문에, 전혀 믿음
이 존재하지 않는다고 말할 수 있다는 것은 학식이 있는 사람이
나, 단순한 사람에게서나 공히 명백합니다. 이들의 영을 사후에
이 세상에 있을 때 그들의 믿음에 관해서 검토하면 그들의 모두
는 그야말로 어리석기 짝이 없는 것을 믿는 것을 믿음이라고 생
각하고 있으며 또 그들은 그렇게 믿는다고 자기 스스로를 설득
하고 있습니다. 학문을 익혔다는 사람에게서는 더욱 그러합니다.
그들이 믿는 바는 주님의 고난(苦難·Lord's passion)이나 그분의
중재(仲裁·His intercession)에 의해서 그들은 구원받는다는 신뢰
와 확신을 가지고 있을 뿐 그들 가운데에는 자신들이 인애나 사
랑이 없으면 올바른 믿음을 가지고 있지 못하다는 것조차 거의
모르고 있습니다. 더욱이 그들은 이웃을 위한 인애가 무엇인지
모르고 있으며 또 생각하는 것(thinking)과 뜻하는 것(willing)의
차이도 모르고 있습니다. 왜냐하면 그들의 대부분은 인애와는 담

을 쌓고 있으며 또 말하기를 인애는 아무것도 아니고 오직 믿음 만이라고 합니다. 그들에게 믿음과 인애는, 의지와 이해와 같이 하나이고, 인애는 의지에 자리를 잡고 있고 믿음은 이해에 자리 잡고 있으며, 즉 의지가 이해에서 분리되는 것 같이 이들은 서로 서로 분리된다고 말하며 그것을 이해할 수 없다고 합니다. 그러 므로 오늘날에는 그 어떤 믿음도 존재하지 않는다는 것을 확실 하게 나에게 보여 주었습니다. 또 생명에 관해서도 보여 주었습 니다. 그들이 믿음을 가지고 있다고 스스로 설득하는 상태에 있 는 사람들이 순수한 믿음이 존재하는 천사적 사회에 인도되면 그 때에는 믿음만을 가지고 의사소통을 하게 되는데 그때에야 비로소 그들 자신이 믿음을 가지고 있지 않다는 것을 깨닫게 됩 니다. 더욱이 그 뒤에 가서는 그들은 이와 똑같은 일들이 그들이 믿고 또 생각하고 있는 바, 믿음을 가지고 있다는 사람들에게 또 다른 방법으로 보여 주었을 때 그들은 믿음이 바로 인애라는 믿 음의 삶을 살지 못했다는 것을 고백하게 됩니다. 왜냐하면 그들 이 이 세상에 사는 동안 그들의 영적 삶에는 인애를 전혀 가지고 있지 않았을 뿐만 아니라 그 인애에 대해서는 비본질적 사상(非 本質的 思想·extrinsic thought)을 가지고 있었기 때문입니다.

38. 이것이 오늘의 교회 상태입니다. 즉 교회 안에는 인애가 없 기 때문에 믿음이 없습니다. 인애가 없는 곳에는 영적 선도 없습 니다. 왜냐하면 선은 오로지 인애에서 비롯되기 때문입니다. 천 계에서 비롯된 곳에는 천계와 더불어 선이 있습니다. 그러나 영 적이라고 일컫지 못하는 자연적 선도 있습니다. 왜냐하면 신령진 리는 스스로 명료하게 세상에 알려지지 않고, 신령진리는 인애에 소개되기 때문입니다. 그것은 신령진리가 그 진리의 목적에 관해 서 인애를 가르치기 때문입니다. 인애가 존재하지 않으면 그것에 서 비롯되는 이같은 진리는 더욱이 존재할 수 없습니다. 교회의

가르침은 신령진리에 비롯되는데 믿음만에 관해서는 그런 이유로 해서 믿음의 교리라고 일컫습니다.

  삶이 아닌 믿음만에 관한 진리 즉 생명을 우러르지 않는 진리는 사람을 영적으로 변화시킬 수는 없습니다. 왜냐하면 생명 밖에 있는 것만큼 그들은 다만 자연적이기 때문에 다른 것에 관한 것은 거의 생각할 수도 또 알 수도 없습니다. 따라서 몇몇 사람에게 자연적 선만 있을 뿐, 오늘날에는 영적 선이 주어지지 않습니다. 더욱이 태초의 모든 교회는 영적이었습니다. 왜냐하면 그 교회는 인애에서 시작되었기 때문입니다. 그러나 시간의 경과와 더불어 교회는 인애에서 믿음으로 기울게 되었습니다. 따라서 내적 교회에서 외적 교회로 바뀌게 되었고, 외적 교회의 목적만이 존재하게 되었습니다. 따라서 생명에 관해서 거의 모든 것이 없고 오직 지식적인 것만이 남아 있게 되었습니다. 이와 같이 내적으로부터 멀어진 사람은 영적 광명은 점점 흑암으로 변하였고 종국에는 천계의 빛에서 비롯된 진리에 의한 신령진리를 전혀 볼 수 없는 데까지 이르렀습니다. 왜냐하면 신령진리는 천계의 빛에 속한 것이지 자연의 빛에 속한 것이 아니기 때문입니다. 자연적 빛만이 오직 존재하게 되자 천계의 빛에의 조요가 전혀 없게 되었습니다. 그것은 마치 한밤중에 신령진리를 보는 것 같이 되었습니다. 다만 지도자들에 의해서 일컫는 그 이상의 어떤 이성 이외의 진리는 깨달을 수 없게 되었고 또 어떤 공동체적인 것만을 전수하게 되었습니다. 따라서 이와 같이 되자 그들의 지적 기능은 주님에 의해서는 전혀 깨달을 수 없었습니다. 왜냐하면 자연적인 빛이 그들의 지적 능력에 비추는 것만큼 비례해서 영적 빛이 모호해졌기 때문입니다. 자연적인 빛이 지적 능력 안에 빛을 비추었습니다. 그때 세상적, 관능적, 현세적 것들이 영적, 천적 또는 신령한 것보다 더 우선적으로 더 좋아하게 되었습니다. 이만큼 비례해서 사람은 겉 사람이 되고 말았습니다.

39. 그러나 기독교계에 인애가 없으면 믿음이 없다는 것이 알려져 있지 않았으므로 이웃을 향한 인애도 없었습니다. 그리고 의지는 사람 자신만을 형성할 뿐 의지로부터 사상은 점점 멀리 떨어졌습니다. 이에 관한 내용이 이해의 빛에 오기 위해서 나는 이것들에 관해서 저서 「천계비의」에서 관련된 다음의 내용들을 예설하고자 합니다.

「천계비의」에서 발췌한 것들

(1) 믿음에 관해서

　삼라만상의 모든 것들이 진리와 선에 관계되는 것을, 또 모든 생산을 위해서 이 둘의 결합에 관련된다는 것을 알지 못하는 사람은 역시 교회의 모든 사물들이 믿음과 사랑에 관계되며 또 이 둘의 결합에 관련된다는 것을 알지 못합니다(천계비의, 7752-7762·9186·9224항 참조). 삼라만상의 모든 것이 진리나 선에 관계되고 그들의 결합에 관련됩니다(같은 책, 2452·3166·4390·4409·5232·7256·10122·10555항 참조). 진리는 믿음에, 선은 사랑에 속합니다(같은 책, 4352·4997·7178·10367항 참조).

　사람에게 있어서 개별적이든 전체적이든, 사람이 사람되기 위해서 모든 사물은 이해와 의지에 연관되어 있으며 또 이 둘의 결합에 관련되어 있다는 것을 알지 못하면, 교회가 교회되기 위해서 교회의 모든 사물도 믿음과 사랑 그리고 이 둘의 결합과 관련되어 있다는 것을 알지 못합니다(천계비의, 2231·7752-7754·9224·9995·10122항 참조).

　사람은 두 기능을 가지고 있습니다. 하나는 이해(理解·understand)라고 부르는 것이고 다른 하나는 의지(意志·will)라 부르는 것입니다(같은 책, 641·803·3623·3539항 참조). 이해는 진리의 용기로 봉사하고, 여기의 진리들은 믿음에 속합니다. 그리고 의지는 선의 용기로 봉사하고 여기의 선들은 사랑에 속합니다(같은 책, 9300·9930·10064항 참조). 따라서 사랑과 인애가 교회를 이루고 믿음 홀로 또는 사랑이나 인애와 분리된 믿음은 교회를 이룰 수 없습니다(같은 책, 809·916·1798·1799·1834·1844·4766·5826항 참조).

인애와 분리된 믿음은 믿음이 아닙니다(같은 책, 654·724·1162·1176·2049·2116·2343·2349·2417·3849·3868·6348·7039·7342·9383항 참조). 이같은 믿음은 저 세상의 삶에서는 소멸됩니다(같은 책, 2228·5802항 참조). 믿음만에 의한 교리는 인애를 파괴시킵니다(같은 책, 6353·8094항 참조). 인애에서 믿음을 분리시키는 사람들은 성경말씀에서 가인·함·루벤·이집트·맏배·블레셋 사람으로 표징됩니다(같은 책, 3325·7097·7317·8093항 참조). 인애가 떨어져 있으면 그 정도 만큼 믿음 홀로만에 관한 종교가 널리 세력을 유포합니다(같은 책, 2231항). 시간이 경과함에 따라 교회는 인애에서 믿음으로 변천되어 갔습니다. 종국에는 믿음만이라는 주장에까지 이르렀습니다(같은 책, 4683·8094항 참조).

교회의 마지막 때에는 믿음은 전혀 없습니다. 왜냐하면 거기에 인애가 없기 때문입니다(같은 책, 1843·3488·4689항 참조). 믿음 홀로 구원이 성취된다고 믿는 사람들은 자기의 악한 삶을 변명합니다. 악한 삶에 있는 사람은 믿음을 가지지 못했습니다. 왜냐하면 그들은 인애를 가지고 있지 않기 때문입니다(같은 책, 3865·7766·7778·7790·7950·8094항 참조). 그들은 내면적으로 그들 자신의 악에 속한 거짓에 빠져 있으면서도 자신의 그런 처지를 모르고 있습니다(같은 책, 7790·7950항 참조). 그러므로 선은 그들과 결합할 수 없습니다(같은 책, 8981·8983항 참조).

저 세상의 삶에서 그들은 또한 선에 반대되며 선한 사람에 있는 사람과 반대하여 불목(不睦)합니다(같은 책, 7097·7127·7317· 7502·7545·8096·8313항 참조). 심령이 단순한 사람은 학문이 있는 사람들에 비해서 삶의 선이 무엇인지 따라서 인애가 무엇인지 그리고 인애와 분리된 믿음이 믿음이 아니라는 것을 매우 잘 알고 있습니다(같은 책, 4741·4754항 참조).

선은 본질(本質·esse)이고 진리는 선에서 비롯된 실체(實體· existre)입니다. 따라서 믿음의 진리는 인애의 선에서 그 자신의 생명의 본질을 가집니다(같은 책, 3049·3180·4574·5002·9154항 참조). 믿음의 진리가 인애의 선에서 비롯한 삶을 살고, 인애는 믿음의 삶입니다(같은 책, 1589·1947·1997·2571·4070· 4096·4097·4736·4757·4884·5147·5928·9154·9667·9841· 10729항 참조). 믿음에 속한 것들에 관해서 알고 또 깊이 생각만 할 뿐 그것들을 행하려고 하지 않고, 행할 의사가 없을 때 믿음은 사람 안에 머물러 살 수 없습니다(같은 책, 9224항 참조). 사람과 주님의 결합은 믿음에 의해서가 아니고 믿음의 삶 즉 인애에 의합니다(같은 책, 9380·10413·10153·10578·10645· 10648항 참조). 인애의 선에게 비롯된 예배가 진정한 참된 예배입니다. 그러나 믿음의 진리에서 비롯된 예배는 인애의 선이 없기 때문에 하나의 외형적인 행위일 뿐 예배는 아닙니다(같은 책, 7724항 참조).

믿음만으로, 또는 인애에서 분리된 믿음은 겨울의 빛과 같아서 지상의 모든 생물들은 동면을 하거나 굼뜬 행동을 하고 그 어떤 것도 생산하지 못합니다. 그러나 인애가 동반된(with charity) 믿음은 봄이나 여름 볕과 같아서 지상의 모든 생물은 꽃을 피우고 생산적으로 탈바꿈시킵니다(2231·3146·3412·3413항 참조). 겨울 햇살 그것은 바로 인애에서 분리된 믿음인데 저 세상에서는 칠흑 같은 흑암으로 바뀝니다. 천계의 빛이 드리워지면 그 믿음 안에 있었던 사람은 모두가 장님이나 바보가 되어 버립니다(같은 책, 3412·3413항 참조). 인애에서 믿음을 분리시키는 사람은 흑암에 있으며 따라서 진리의 무지의 상태에 있으므로 그들은 거짓에 빠지게 됩니다. 왜냐하면 거짓은 흑암이기 때문입니다(같은 책, 9186항 참조). 그들은 자신들을 거짓 속에 내동댕이치고 또 악 속으로 자신을 몰아갑니다(같은 책, 3325·8094항 참조). 그들은 자신들을 오류와 거짓 속에 몰아 넣습니다(같은 책, 4721·4730·4776·4783·4925·7779·8313·8765·9224항 참조). 말씀은 그들에게 닫혀집니다(같은 책 3773·4783·8780항 참조). 그들은 주님께서 사랑과 인애에 관해서 누누이 말씀하시고 보여주신 것들을 볼 수도 없고, 그런 것에 동참할 수도 없습니다(같은 책, 1017·3416항 참조). 그들은 선이 무엇인지 알지 못할 뿐만 아니라 천계적인 사랑이나 인애가 무엇인지도 모릅니다(같은 책, 2517·3603·4136·9995항 참조).

인애는 교회를 이룹니다. 그러나 인애에서 분리된 믿음은 교회를 이루지 못합니다(같은 책, 809·916·1798·1799·1834·1844항 참조). 만약 인애가 으뜸으로 여겨진다면 교회에는 얼마나 엄청난 선이 존재할까요!(같은 책, 6269·6272항 참조). 만약 인애가 교회의 근본적인 것이라면 교회는 하나이어야 하지, 여럿으로 나뉘어질 수 없습니다. 그렇지만 사람들이 믿음이나 외적 예배의 교리에 관해서 의견을 달리한다면 그것은 아무런 값이 되지 못합니다(같은 책, 1285·1316·2385·2853·2982·3276·3445·3451·3452항 참조). 천계의 모든 것들은 모두가 인애에서 비롯되었으며 인애 없이 믿음에서 비롯된 것은 그 어느 것 하나도 없습니다.

주님의 12제자는 믿음과 인애에 관해서 하나의 몸으로서 교회를 표징합니다. 마찬가지로 이스라엘 12지파도 같은 뜻을 갖습니다(같은 책, 2129·3354·3488·3858·6797항 참조). 베드로·

야고보·요한은 각각 믿음과 인애와 인애의 선을 뜻합니다(같은 책, 3750항 참조). 베드로는 믿음을 표징합니다(같은 책, 4738·6000·6073·6344·10087·10580항 참조). 요한은 인애의 선을 표징합니다(같은 책, 창세기 18장·22장 서문 참조). 교회의 마지막 때에 주님을 믿는 믿음이 존재하지 않습니다. 왜냐하면 인애가 없기 때문에, 그것은 베드로가 닭이 울기 전에 3번씩이나 주님을 부인하는 것이 뜻하는 것입니다. 왜냐하면 여기서 베드로가 표징적인 뜻으로 믿음을 뜻하기 때문입니다(같은 책, 6000·6073항 참조). "닭이 운다"는 것은 성경말씀에서 "여명"(黎明·twilight)을 뜻하듯이 교회의 마지막을 가리킵니다(같은 책, 10134항 참조). "세 번" 또는 "세 번씩"은 완전한 종말에 이른 것을 뜻합니다(같은 책, 2788·4495·5195·9198·10127항 참조). 이같은 사실은 베드로가 주님을 따르는 요한을 보고서, 아래의 말을 할 때, 주님께서 베드로에게 말씀하신 것이 뜻하는 것입니다.

　베드로야, 너에게 그것이 무엇이 상관이야. 요한아, 너는 나를 따르다.

왜냐하면 베드로는 요한에 대해서—.

　그는 어떻게 되겠습니까?
　(요한 21:21·22;천계비의 10087항 참조)

라고 말하였기 때문입니다. 요한은 주님의 품 속에 있었습니다. 왜냐하면 그는 인애의 선을 뜻하기 때문입니다(같은 책, 3934·10081항 참조). 성경말씀의 모든 인명(人名)과 지명(地名)은 그것에서 비롯되어 추상된 모든 사물을 가리킵니다(같은 책, 768·1888·4310·4420·10329항 참조).

(2) 인애(仁愛)에 관해서

천계는 두 왕국으로 구분됩니다. 하나는 천적 왕국이라고 부르고 다른 하나는 영적 왕국이라고 합니다. 천적 왕국의 사랑은 천적 사랑이라고 부르는 주님사랑이고, 영적 왕국의 사랑은 영적 사랑이라고 부르는 이웃사랑인 인애입니다(천계비의, 3325·3653·7257·9002·9835·9961항 참조). 천계가 두 왕국으로 구분되어 있음은 저서 「천계와 지옥」에서 잘 알 수 있습니다(천계와 지옥, 20-28항 참조). 천계의 주님의 신령은 그분을 향한 사랑이요 이웃을 향한 인애입니다(천계와 지옥, 13-19항 참조).

주님사랑과 이웃을 향한 인애가 무엇인지 모르면 선과 진리가 무엇인지를 알지 못합니다. 왜냐하면 모든 선은 사랑과 인애에 속한 것이고 모든 진리는 선에 속한 것이기 때문입니다(천계비의, 7255·7366항 참조). 진리를 안다는 것 그리고 진리를 의욕한다는 것(to will truths) 또는 진리의 목적 때문에 진리에 의해서 감동된다는 것들은 모두가 진리가 바로 인애이기 때문입니다(같은 책, 3876·3877항 참조). 인애는 진리를 행하는 내적 정동으로 이루어지는 것이지, 진리를 행하는 것이 없는 외적 정동으로 이루어지지는 않습니다(같은 책, 2429·2442·3776·4899·4956·8033항 참조). 그러므로 인애는 선용을 목적으로 한 선용을 성취하는 것 즉 다양한 여러 종류의 선용에 따라서 이루어집니다(같은 책, 7038·8253항 참조). 인애는 사람의 영적 생명입니다(같은 책, 7081항 참조). 전 성경말씀은 사랑과 인애에 속한 가르침입니다. 오늘날 사람은 인애가 뜻하는 바를 모르고 있습니다(같은 책, 2417·3398·4776·6632항 참조). 이성의 빛으로도 알 수 있는데 사랑과 인애는 사람을 이룹니다(같은 책, 3957·6273항 참조). 선과 진리는 함께 동의하는데 하나는 다른 곳에 상호 속해 있습니다. 그러므로 인애와 믿음도 이와 같습니다(같은 책, 7627항 참조).

최고의 뜻으로 주님은 이웃입니다. 왜냐하면 주님은 모든 것보다 으뜸으로 존경을 받아야 하기 때문입니다. 따라서 이웃은 모두가 그분에게서 비롯되었고 이웃 안에 주님은 계십니다. 그러므로 선과 진리가 이웃입니다(같은 책, 2425·3419·6706·6819·6823·8124항 참조). 이웃은 선의 내용에 따라서 구분됩니다. 즉 주님의 현현에 따른 것입니다(같은 책, 6707-6710항 참조). 모든 개인 또는 각각의 사회는 물론 우리의 국가, 교회 더 나아가 주님의 왕국에 속한 일반적인 것들 모두가 이웃입니다. 또 그들의 수많은 상태에 따라 그들이 행하는 것, 즉 사랑의 선에서 비롯된 그들의 선은 곧 이웃입니다. 그러므로 우리는 이런 사실들을 면밀히 검토하여야 합니다(같은 책, 6818-6824·8123항 참조). 시민법적 선(civil good) 즉 정의나 도덕적 선 곧 사회에서의 삶의 선은 모두가 우리의 이웃입니다(같은 책, 2915·4730·8120-8122항 참조). 이웃을 사랑한다는 것은 사람을 사랑하는 것이 아니라 그 사람 안에 있는 즉 그로 하여금 이웃을 만드는 선과 진리를 사랑하는 것입니다(같은 책, 5028·10336항 참조). 사람을 사랑하고, 그 사람 안에 이웃을 이루는 그것을 사랑하지 않는 사람은 선을 사랑하는 것과 마찬가지로 악을 사랑하는 것입니다(같은 책, 3820항 참조). 그가 선에 행하듯이 악에 봉사하는 것은 악이 선을 해치는 것을 돕는 것으로, 이것은 이웃을 사랑하는 것이 아닙니다(같은 책, 3820·6703·8120항 참조). 그들의 행실을 고치기 위해서 악을 벌하는 심판은 그들이 선한 사람을 개악(改惡)으로 만들지 않고 이웃을 사랑하기 위한 것입니다(같은 책, 3820·8120·8121항 참조).

이웃을 사랑한다는 것은 모든 일과 기능적인데 있어서 선과 정의와 의를 실천하는 것입니다(같은 책, 8120-8122항 참조). 따라서 이웃을 향한 인애는, 일반적이든 개별적이든, 사람들이 생각하고 의도하며 또 행하는 모든 것에까지 확대됩니다(같은 책, 8124항 참조). 선과 진리를 위해서 선과 진리를 행하는 것이 이웃을 사랑하는 것입니다(같은 책, 10310·10336항 참조). 이렇게 행하는 사람들은 높은 뜻으로는 주님을 사랑하는 사람이요 이웃입니다(같은 책, 9210항 참조). 인애의 생명은 주님의 계율에 따른 삶입니다. 그래서 주님의 신령진리에 따라서 산다는 것은 곧 주님을 사랑한다는 것입니다(같은 책, 10143·10153·10310·10578·10645항 참조). 순수한 인애는 공적을 내세우는 것이 아닙니다(같은 책, 2027·2343·2400·3887·6388-6393항 참조). 왜냐하면 그것은 내적 정동 즉 선을 행하는 기쁨에서 비롯된 것이기 때문입니다(같은 책, 2373·2400·3887·6388-6393항 참조). 인애에서 믿음을 분리시키는 것을 주장하는 사람들은 저 세상에서 믿음의 공적, 즉 마치 외적인 겉 형태의 그들이 행한 선행의 공적을 내세웁니다(같은 책, 2373항 참조).

고대교회의 가르침은 삶의 교리 즉 인애의 교리였습니다(같은 책, 2385·2417·3419·3420·4844·6623항 참조). 고대교회의 사람들은 질서정연하게 인애의 선들을 분별하였고 또 등급에 맞게 세분하여 그 각각에게 이름을 명명하였는데 이것이 그들의 지혜의 원천입니다(같은 책, 2417·6629·7259·7262항 참조). 지혜와 총명은 저 세상에서는 그 세상의 인애의 삶을 산 사람들과 더불어 무한히 증대합니다(같은 책, 1941·5859항 참조). 주님은 신령진리와 함께 인애에 입류됩니다. 왜냐하면 그것이 바로 사람의 생명에 흘러드는 것이기 때문입니다(같은 책, 2363항 참조). 인애와 믿음이 그 안에서 결합될 때 그 사람은 하나의 동산(garden)과 같습니다. 그러나 그들이 결합되지 않았을 때는 사람은 사막과 같습니다(같은 책, 7626항 참조). 사람은 인애에서부터 물러 떠나는 만큼 지혜에서 멀어집니다(같은 책, 6630항 참조). 인애 안에 있지 않는 사람은 신령 진리에 무지합니다. 비록 현명하다고 하더라도 이런 사람들은 자신만을 생각할 뿐입니다(같은 책, 2417·2435항 참조). 천사적 생명은 바로 선용인 인애의 선을 성취하는 것에서 이루어집니다(같은 책, 454항 참조). 영적 천사는 인애의 형태들입니다(같은 책, 553·3804·4735항 참조).

(3) 의지(意志)와 이해(理解)에 관해서

사람은 두 기능을 가지고 있습니다. 그 하나는 이해(理解·understanding)이고 다른 하나는 의지(意志·will)입니다(천계비의, 35·641·3539·10122항 참조). 이들 두 기능이 한 사람 자신을 형성합니다(같은 책, 10076·10109·10110·10264·10284항 참조). 사람은 이들 두 기능이 그 사람 안에 있을 때 사람입니다(같은 책, 7342·8885·9282·10264·10284항 참조). 이 두 기능에 의해서 사람은 짐승과 구별됩니다. 왜냐하면 사람의 이해는 주님에 의해서 고양되고 또 신령진리를 보고 깨닫습니다. 이와 같이 사람의 의지 역시 주님에 의해서 고양되고 신령선을 깨닫습니다. 이와 같이 하여 사람은 두 기능에 의하여 주님과 결합됩니다. 즉 사람이 되는 것이지요. 그러나 짐승과 더불어서는 이것들은 있을 수 없습니다(같은 책, 4525·5114·5302·6323·9232항 참조). 그 기능에 있어서 사람은 짐승보다 우위이기 때문에 사람은 그의 내면적으로서는 죽을 수 없습니다. 왜냐하면 내면적인 것은 그의 영에 속한 것이므로 그는 영원히 살기 때문입니다(같은 책, 5302항 참조).

세상의 삼라만상은 모두가 선과 진리에 관련되어 있습니다. 따라서 사람에게서는 의지와 이해에 관련되어 있습니다(같은 책, 803·10122항 참조). 왜냐하면 이해는 진리의 그릇이고, 의지는 선의 그릇입니다(같은 책, 3332·3623·5835·6065·6125·7503·9300·9930항 참조). 만약 여러분이 진리나 믿음을 말한다면 결국 그것은 같은 것이 됩니다. 왜냐하면 믿음은 진리에 속한 것이고 또 진리는 믿음에 속한 것이기 때문입니다. 또한 여러분의 선

혹은 사랑을 말한다면 그것 역시 결국은 같은 것입니다. 왜냐하면 사랑은 선에 속한 것이고 선은 사랑에 속한 것이기 때문입니다. 그 이유는 사람이 믿는 바를 그는 진리라고 부르고 그가 사랑하는 바를 그는 선이라고 부릅니다(같은 책, 4353·4997·7178·10122·10367항 참조). 따라서 이와 같습니다. 이해는 믿음의 그릇이고, 의지는 사랑의 그릇입니다(같은 책, 7179·10122·10367항 참조). 사람의 이해가 하나님을 향한 믿음을 받는 감수성이고 또 사람의 의지는 주님을 향한 사랑을 받는 감수성이기 때문에 사람이 믿음과 사랑에 의해서 하나님과 결합될 수 있고 또 믿음과 사랑에 의해서 하나님과 결합된 사람은 결코 죽을 수 없습니다(같은 책, 4525·6323·9231항 참조).

사람의 의지는 바로 그 사람 생명의 본질(本質)입니다. 왜냐하면 그것은 사랑 또는 선의 그릇이기 때문입니다. 그리고 사람의 이해는 그 본질에서 비롯된 그 사람의 생명의 실체(實體)입니다. 왜냐하면 이해는 믿음 또는 진리의 그릇이기 때문입니다(같은 책, 3619·5002·9282항 참조). 따라서 의지의 생명은 곧 한 사람의 주된 삶(principal life)이고, 이해의 생명은 그 삶에서 비롯된 것입니다(같은 책, 585·590·3619·7342·8885·9282·10076·10110항 참조). 그것은 마치 빛이 불이나 불꽃에서 비롯되어 나오는 것과 같습니다(같은 책, 6032·6314항 참조). 이해와 의지 안에 들어온 모든 것은, 이해에만 들어온 것이 아니라면 그 사람이 전용(專用·appropriate)해도 되겠습니다(같은 책, 9009·9069·9071·9133·9182·9386·9393·10076·10109·10110항 참조). 이것들이 사람의 삶의 자산(資産·property)이 되는 것인데 그것들은 의지에 의해서 수용됩니다(같은 책, 3161·9386·9393항 참조). 따라서 다음과 같습니다. 사람은 의지에서, 그리고 이해에서 사람이 됩니다(같은 책, 8911·9069·9071·10076·10109·10110항 참조). 더욱이 모든 사람은 그의 의지와 이해에 속한 선에 따라서 다른 사람들로부터 사랑과 존경을 받지만, 이해는 잘 하였지만 그것을 잘 행하지 않았을 때 그 사람은 거부와 증오를 받습니다(같은 책, 8916·10076항 참조). 사후 사람은 의지와 이해로서 남습니다. 이해에 속한 것들이나, 동시가 아닌 의지에 속한 것들도 사라집니다. 왜냐하면 그것들을 모두가 사람 안에 있지 않기 때문입니가(같은 책, 9282항 참조). 이와 똑같이 사후 사람은 그의 사랑으로서 그리고 그것에서 비롯된 믿음들, 또는 그의 선과 그것에서 비롯된 진리들, 이것들은 믿음에 속하고 동시가 아닌 사랑에 속한 것 또는 진리에 속했으나 동시가 아닌 사랑에 속한 것, 또는 진리에 속했으나 동시가 아닌 선에 속한 것들은 모두가 그 때에 사라집니다. 왜냐하면 그것들은 사람 안에 있지 않고 또 사람에 속한 것도 아니기 때문입니다(같은 책, 553·2363·10153항 참조). 사람은 의지에서 비롯된 것이 아닌 것도 이해로 받을 수 있고, 또 사람이 뜻할 수 없는 것도 이해는 받을 수 있습니다. 왜냐하면 그것은 그의 사랑에 반대가 되는 것이기 때문입니다(같은 책, 3539항 참조). 이것이 사유(思惟·thinking)하는 것과 의도(意圖·willing)하는 것과의 차이를 알 수 없게 하는 이유입니다(같은 책, 9995항 참조).

사람이 가지는 이해와 의지의 상태가 하나로 행동하지 않는다는 것을 어떻게 악용할 수 있습니까? 이같은 상태는 위선적인 상태요, 사기꾼(deceiver)과 아첨자(flatterer) 위선자(dissembler)의 상태입니다(같은 책, 2426·3573·4799·8250항 참조).

선에 속한 모든 의지와 진리에 속한 파생된 모든 이해는 모두가 주님에게서 비롯됩니다. 진리에 속한 이해가 아니고 선에 속한 의지에서 분리된 것은 그렇지가 않습니다(같은 책, 1831·3514·5482·5649·6027·8685·8701·10153항 참조). 주님에 의한 조요가 이해입니다(같은 책, 6222·6608·10659항 참조). 이해는 사람이 그의 의지 안에 진리를 수용하는 것 만큼 밝습니다.

그것은 그것에 따라서 행하는 것 만큼이 되겠습니다(같은 책, 3619항 참조). 이해는 천계의 빛입니다. 마치 시각이 이 세상에서 비롯된 빛을 가지는 것과 같습니다(같은 책, 1524·5114·6608·9128항 참조). 이해도 이와 같습니다. 즉 이해는 선의 외적인 것을 형성하는 선에서 비롯된 진리들입니다(같은 책, 10064항 참조). 이해는 선에서 비롯된 진리에서 비롯됩니다. 그러나 악에서 비롯된 거짓에서는 비롯될 수 없습니다. 이해는 봄(seeing)이요 즉 경험과 학문·진리·사물의 원인·결합과 일련의 결론에서 비롯된 봄입니다(같은 책, 6125항 참조). 이해는 그것이 확신되기 전에 그러나 모든 것을 확신할 수 있는지의 진리의 여부를 보는 것이요 지각입니다(같은 책, 4741·7012·7680·7950·8521·8780항 참조). 한 사물이 확신되기 전에 진리인지 아닌지를 보고 지각하는 것은 진리 때문에 진리를 사모하는 사람들에게만 주어집니다. 그러므로 이같은 봄(seeing)과 지각은 영적 빛 안에 있을 뿐입니다(같은 책, 8521항 참조). 확신의 빛은 자연적 빛이므로 악과도 교류가 가능합니다(같은 책, 8780항 참조). 모든 독단교리, 거짓까지도 그것들이 진리처럼 보여질 때 확신합니다(같은 책, 2243·2385·4647·4741·5033·6865·7950항 참조).

7.
묵시록에 예언된 모든 것들은 오늘에서 충족되었다

40. 성경말씀의 속뜻 즉 영의(靈意)를 모르는 사람은 묵시록이 가지고 있는 모든 것들이 무엇을 뜻하고, 또 어떤 내용을 품고

있는지를 누구도 모릅니다. 왜냐하면 거기에 기술된 모든 것들은 구약성경의 예언서에 기술된 것과 비슷하게 쓰여졌고, 그것의 각각의 말씀은 문자적인 뜻에 나타나 있지 않는 영적인 뜻을 나타내고 있기 때문입니다. 그 외에도 묵시록의 내용은 교회와 더불어 교회가 어떻게 자행하고 있으며 그 교회의 마지막이 무엇인지를 아는 사람을 제외하면 영적인 뜻으로 설명할 수 없습니다. 이같은 것들은 천계에서는 잘 알 수 있는 것인데 이것이 묵시록의 내용에 담겨 있습니다. 왜냐하면 말씀의 영적 뜻은 모두가 영계의 곳곳을 언급하고 있고 또 그것은 천계에 있는 교회의 상태에 관한 것으로 마치 이 세상의 교회처럼 나타내고 있기 때문입니다. 이와 같이 성언(聖言)은 영적이고 신령적입니다. 이것을 여기에서 순서에 따라 설명하고 있습니다. 따라서 이와 같이 나타나 있습니다. 즉 묵시록 안에 수록된 것들은 천계에 있는 교회의 계속적인 상태에 관해서 하나의 계현(啓顯·revelation)을 가진 사람에 의하지 않고는 그 어떤 것도 설명할 수 없다는 것입니다. 왜냐하면 천계에 있는 교회는 지상의 교회와 똑같기 때문인데 그것들에 관해서는 아래에서 말씀드리겠습니다.

41. 지상에 있는 주님 교회의 내용(內容·quality)은 비록 시간이 경과함에 따라서 그 교회가 선한 상태에서 악한 상태로 바뀌어가고 있다고 하더라도 이 세상에 살고 있는 한에서는 어느 사람도 볼 수 없습니다. 그 이유는 사람이 이 세상에 살고 있는 동안 즉 겉 사람의 상태에 있는 한 그 사람은 자연적인 사람인 자기 앞에 펼쳐져 있는 것만을 오로지 보기 때문입니다. 그러나 영적으로서의 교회의 내용은 이 세상에 나타내진 것과는 다르게 내적인 것들이기 때문입니다. 그러나 천계에서는 교회가 명료하게 나타났습니다. 왜냐하면 영적 사고에 있는 또 영적 시각에 있는 천사들은 영적인 것 뿐만 아니라 모든 것을 볼 수 있기 때문입니

다. 더욱이 창조 이래 이 세상에 태어났던 사람들은 앞에서 언급하였듯이 모두가 영계에 있고 또 그들은 사랑과 믿음의 선에 따라 많은 사회들에 배속되어 있기 때문입니다. 이것에 관한 상세한 것은 저서 「천계와 지옥」에서 볼 수 있습니다(천계와 지옥, 41-50항 참조). 그것은 바로 교회의 상태에 관한 것입니다. 교회 상태의 변천(變遷·progression)이 천계에 있는 천사들 앞에 펼쳐 보여졌습니다. 사랑과 믿음으로서의 교회의 상태가 묵시록의 영적 뜻 안에 기술되었습니다. 그러므로 묵시록에 기술된 일련의 시리즈 안에 담겨져 있는 것은, 천계로부터 계시를 받은 사람이나 동시에 말씀의 속뜻 또는 영의를 알 수 있도록 은총을 받은 사람 등을 제외하고서는, 그 누구도 알 수 없습니다. 내가 단언할 수 있는 것은 묵시록의 내용은 물론 모든 말씀이 그것에 담고 있는 것들 즉 말씀의 영의, 영적 상태로서의 교회의 모든 상태에 관해서 처음부터 끝까지를 그 말씀의 영의를 충분히 기술할 수 있다는 것입니다. 왜냐하면 모든 말씀은 영적인 것을 뜻하기 때문입니다. 그러므로 어느 한 말씀도 속뜻 안에 일련의 내용이 없는 것이 없습니다. 그래서 묵시록의 마지막 부분에서 다음과 같이 언명한 것입니다.

> 누구든지 이 예언의 책에 기록한 말씀에서 무엇을 없애 버리면, 하나님께서 이 책에 기록한 생명 나무와 그 기록한 도시에서 그가 누릴 몫을 없애 버리실 것입니다.
> (묵시록 22:19)

그것은 구약의 책들과 더불어 마찬가지입니다. 그 책들 안에 있는 모든 것들이나 하나의 낱말은 속뜻 또는 영의를 가지고 있습니다. 그러므로 하나의 낱말까지도 그들에게서부터 지울 수는 없는 것입니다. 그것은 주님의 신령섭리에 의한 것입니다. 이들 책들은 그 책들이 서술된 이래 일점(一点·an iota)에 까지, 아주 섬세한 특정 부분까지를 헤아리는 수많은 보살핌에 의해서 온전히 보존되었습니다. 이것은 그것들이 가지고 있는 한 점이나 한 획 때문에 주님에 의하여 보존되었습니다.

42. 이와 마찬가지로 묵시록에 수록된 모든 낱말 하나하나 안에는 속뜻 또는 영의가 내재해 있고 또 그 뜻들은 천계와 또 지상의 교회의 비의(秘義·arcana)를 담고 있습니다. 따라서 이들 비의는, 그 뜻을 아는 사람이나 동시에 천사와 더불어 교분하고 그들과 더불어 영적으로 대화하는 은총이 주어진 사람들을 제외하고는 그 누구에게도 계시되지 않습니다. 비록 여기에 기술되어 있는 사실까지도 사람들에게 숨겨져야만 했고 또 그 뒤 무시되어야만 했습니다. 왜냐하면 그런 사실들이 이해되지 않기 때문인데 그러나 그 내용들이 나에게 열려 보여졌습니다. 그렇지만 너무나 그것들은 엄청난 것이기 때문에 이같은 작은 서책에 기록할 수는 없습니다. 이같은 이유로 해서 나는 처음부터 끝까지 묵시록 전권을 설명하고 또 그 책에 내재한 비의를 펼쳐보이고자 합니다. 이 해설은 2년 여에 걸쳐, 영의로 되어 있어서 지금까지 알려지지 않은 다니엘서의 내용과 더불어 기술, 출판할 것입니다.

43. 말씀의 속뜻 또는 영의를 모르는 사람은 묵시록에서 뜻하는 것들을 결코 간파할 수 없습니다. 즉 "용들" 그 용과 싸우는 미가엘과 그의 천사들의 "전쟁"·하늘의 별의 3분의 1을 휩쓰는 용의 "꼬리"·남자 아이를 분만하고·하나님에게 오르고·용이 핍박하는 "여인"·많은 나팔을 가지고 "바다에서 기어오른 짐승"·"땅에서 기어오른 짐승"·세상의 왕들과 음행을 저지른 "창녀"·첫째 둘째의 "부활"·"천 년"·용과 짐승과 거짓선지자들이 던져지어 빠지는 "유황과 불의 호수"·"백마"·없어지는 "처음 하늘과 처음 땅" 그리고 그 곳에 있어질 "새 하늘과 새 땅"·더 이상 있지 않

을 "바다"·"하늘부터 내려오는 새 예루살렘성"·"그것의 척량"· "벽"·"문들"·"보석의 머릿돌"·수종의 "숫자들"과 그 외의 여러 가지들은 말씀의 영의에 관해서 전혀 모르는 사람들에게는 매우 깊은 신비이기 때문에 전혀 알 수 없습니다. 그러나 이러한 모든 비의가 그 책의 약속된 설명에서 다 펼쳐져 보여졌습니다.

44. 먼저 특기하여야 할 사실은 묵시록에 내포한 모든 것들은 영 적인 뜻으로 충만하다는 것입니다. 나의 조그마한 소책자에서 최 후심판의 일반적 내용·바빌론의 멸망·소멸될 처음 하늘과 처음 땅·새 하늘과 새 땅 그리고 새 예루살렘에 관해서 알기 쉽게 그 사실들을 말씀드릴 것입니다. 그러나 상세한 구체적 내용들은 묵 시록 안에 있는 것들의 설명에 따라서 예설할 것입니다.

8.
최후심판이 완료되었다

45. 앞서 설명하였듯이 최후심판은 이 세상에서가 아니라 영계 즉 창조 이래 이 세상에 있었던 모든 사람들이 모인 곳에서 있었 기 때문에 따라서 최후심판이 완료된 때를 안다는 것은 어느 누 구를 위해서도 불가능합니다. 왜냐하면 모든 사람들은 최후심판 이 이 지구상에서 있어지며 가시적인 하늘에서 또 지상에서 또 그곳의 인류에게 모든 것들이 변하는 것으로 이룩되기를 기대하 고 있기 때문입니다. 그러므로 이같은 무지한 교회의 사람들은 그같은 교회의 가르침에 의해서 살아야 하고, 최후심판에 관해서 도 그렇게 생각해야 하는 사람은 영원히 그것을 기대하고 있습

니다. 마침내 말씀의 문자적인 뜻으로 언급된 것들에 관한 그같은 가르침은 소멸되어야 합니다. 그러므로 성경말씀의 이같은 가르침에서 물러나야 하기 때문에 최후심판이 완료되었음을 내 눈으로 직접 목도하는 은총이 주어졌습니다. 즉 모든 악한 영들은 지옥에 던져졌고, 선한 영은 천계로 올리워졌습니다. 따라서 모든 것들이 질서 정연하게 실시되었습니다. 즉 선과 악의 균형들, 천계와 지옥의 영적 균형이 회복되었습니다. 나는 처음부터 최후심판이 어떻게 진행되는지를 또 바빌론이 어떻게 멸망되는지를 보게 되었고, 또 "용"으로 뜻하는 무리들이 어떻게 지옥(abyss)으로 떨어지며 새 하늘이 어떻게 형성되며 "새 예루살렘"이 뜻하는 바 "새로운 교회"가 그 하늘들에서 어떻게 형성되는지를 나는 은총으로 볼 수 있게 되었습니다. 이 최후심판은 1757년 초에 시작되어 그 해 말에 완료되었습니다.

46. 그러나 최후심판은 주님의 때에서부터 이 때까지 산 사람들에게 행해졌음을 압니다. 그러나 그 전에 살았던 사람은 아닙니다. 왜냐하면 이 지구상에는 최후심판이 두번 있었기 때문인데 그 하나는 말씀에서 "홍수"에 의하여 기술된 것이고 다른 하나는 주님께서 세상에 오시는 것에 의한 것이었습니다. 바로 이것을 주님은 말씀하시기를—.

> 지금은 이 세상이 심판받을 때이다. 이제는 이 세상의 통치자가 쫓겨날 것이다.
> (요한 12:31)

또 다른 곳에서는—.

> 내가 이렇게 말한 것은 너희로 하여금 내 안에서 평화를 얻게 하려는 것이다. 너희는 세상에서 시련을 당할 것이다. 그러나 용기를 내어라. 내가 세상을 이겼다.

(요한 16:33)

또 이사야의 말씀에서는—.

> 에돔에서 오시는 이분은 누구신가?
> 붉게 물든 옷을 입고 보스라에서 오시는
> 이분은 누구신가?
> 화려한 옷차림으로
> 권세 당당하게 걸어오시는 이분은
> 누구신가?
> 그는 바로 나다.
> 의를 말하는 자요,
> 구원의 권능을 가진 자다.
> 어찌하여 네 옷이 붉으며,
> 어찌하여 포도주 틀을 밟는 사람의
> 옷과 같으냐?
> 나는 혼자서
> 포도주 틀을 밟듯이 민족들을 짓밟았다.
> 민족들 가운데서
> 나를 도와 함께 일한 자가 아무도 없었다.
> 내가 분내어 민족을 짓밟았고,
> 내가 격하여 그들을 짓밟았다.
> 그들의 피가 내 옷에 튀어
> 내 옷이 온통 피로 물들었다.
> 복수할 날이 다가왔고
> 구원의 해가 이르렀다는 생각이 들었으나,
> 아무리 살펴보아도
> 나를 도와서 나와 함께 일할 사람이 없었다.
> 나를 거들어 주는 사람이 없다니,
> 놀라운 일이었다.
> 그러나 분노가 나를 강하게 하였고,
> 나 혼자서 승리를 쟁취하였다.

내가 분노하여 민족들을 짓밟았으며
내가 진노하여
그들이 취하여 비틀거리게 하였고
그들의 피가 땅에 쏟아지게 하였다.
나는 주께서 베풀어 주신
변함 없는 사랑을 말하고,
주께서 우리에게 하여 주신 일로
주를 찬양하였습니다.
주께서 우리 모두에게 베푸신 은혜,
그의 긍휼과 그의 풍성한 자비를 따라서
이스라엘 집에 베푸신
크신 은총을 내가 전하렵니다.
주께서 이르시기를
"그들은 내의 백성이며,
그들은 나를 속이지 않는 자녀들이다"
하셨습니다. 그런 다음에,
그들의 구원자가 되어 주셨습니다.
(이사야 63:1-8)

그 이외의 여러 곳에서도 이에 관한 많은 말씀이 있습니다. 최후 심판은 이 땅에 있기 전 두번 있었습니다. 왜냐하면 모든 심판은 교회의 마지막에 있는데 그 때문에 앞서 설명한 바와 같이 이 땅에는 홍수 전에 한번 그후에 한번, 두번의 교회가 주어졌습니다. 홍수 이전의 교회에 관해서는 하늘과 땅 그리고 낙원(樂園·paradise)을 새로 창조하는 것에 의한 것, 또 낙원의 종말, 지식의 나무의 열매를 먹는 것 그리고 이에 종속되는 여러 사실이 창세기 서두 장들에서 기술되었는데 이것의 심판이 바로 홍수가 뜻하는 것입니다. 성경말씀의 기술양식에 따른 대응에 의해서 또 영의 또는 속뜻에 의한 "하늘과 땅의 창조"가 뜻하는 것으로 새로운 교회의 설시를 뜻한다는 것은 앞서의 글에서 잘 볼 수 있었습니다. 그리고 "에덴의 낙원"으로는 천적 지혜를, "지식의 나무"나 "뱀"으로는 그것을 훼손시키는 과학지적인 것을, "홍수"는 최후 심판이 그같이 형성된 사람들에게 임함을 보여줍니다. 그러나 또 다른 교회 즉 홍수 이후의 교회는 성경말씀 여러 곳에 기술되어 있습니다(신명기 32:7-14 및 기타 참조). 이 교회는 아시아 지역의 여러 곳에 전파되어 야곱의 후손에까지 계속되었습니다. 그의 종말은 주님께서 세상에 올 때까지입니다. 이 하나의 최후 심판(a last judgement)은 주님에 의해서 첫 교회의 설시에서부터 그 교회에 속해 있던 사람들 위에 임하였고 또 동시에 첫번째 교회에서 비롯된 나머지들 위에 임하였습니다. 주님은 천계의 모든 것들을 정연하게 질서를 회복하기 위해서, 그리고 천계를 통해서 이 세상의 모든 것을 정연하게 질서를 회복하기 위해서 그리고 동시에 그분의 신령인성(神靈人間性·His Divine Human)을 성취하기 위한 목적으로 세상에 오셨습니다. 왜냐하면 만약 이것을 단행하시지 않으셨으면 그 누구도 구원을 받을 수 없기 때문입니다. 주님이 오시기 전 이 세상에는 두 교회가 있었다는 것은 저서「천계비의」여러 곳에서 보여 주었습니다. 그것을 요약하면 다음과 같습니다.* 그리고 주님께서 천계의 모든 것들을 정연

---

* 이 세상의 첫번째 교회 즉 태고교회(太古敎會·the Most Ancient Church)는 창세기 서두 장들에 기술되었다. 그 교회는 천적 교회로 모든 교회 중에서 으뜸이었다(천계비의, 607·895·920·1120-1124·2896·4493·8891·9942·10545항 참조). 그 교회에 속한 사람들의 성품은 천계에 있는 교회에 속한 사람들과 같다(같은 책, 1114-1125항 참조). 가장 큰 빛 안에 있었다(같은 책, 1117항 참조). 홍수 뒤에 여러 교회가 있었는데 한마디로 일컬으면 고대교회(古代敎會·the Ancient church)이다(1125-1127·1327·10335항 참조). 아시아 지역의 왕국들을 통해서 고대교회는 확장되었다(같은 책, 609·895항 참조). 고대교회는 표징적 교회였다(같은 책, 519·521·2896항 참조). 고대교회의 본질과 쇠퇴의 시작(같은 책, 1128항 참조). 태고교회와 고대교회의 분별(같은 책, 597·607·640·641·765·784·895·4493항 참조), 그 교회는 아벨로부터 시작되는데 이 교회가 헤브라이 교회(Hebrew church)라고 일컫는다(같은 책, 1238·1241·1343·4516·4517항 참조). 고대교회와 헤브라이 교회의 차이(같은 책, 1343·4874항 참조). 야

하게 질서를 바로잡기 위해서 오셨으며 이것들을 통해서 이 세상의 모든 것의 질서를 회복하였으며 또 신령인성(神靈人性·His Divine Human)을 성취하셨습니다.** 이 세상의 세번째 교회는 기독교회입니다. 이 교회 위에, 또 동시에 첫번 교회 이래 주님의 재세시까지 있었던 모든 사람들 위에 최후의 심판이 행해졌습니다.

곱의 후손들 또는 이스라엘 후손들로 이루어진 교회(같은 책, 4281·4283·4310·4899·4912·6304·7048·9320·10396·10526·10535·10698항 참조). 이스라엘 자손들에게 명령된 성문률·관결(判決·judegement)과 율법은 고대 교회에 존재했던 것의 유사한 일부이다(같은 책, 4449항 참조). 마찬가지로 이스라엘 자손 중에서 세워진 교회의 상징적 예전(禮典·rite)은 고대교회의 상징적 예전으로부터 유래되었다(같은 책, 4288·10149항 참조). 태고교회의 계시는 천계로부터 직접 계시되었고 고대교회의 계시는 대응에 의한 것이다. 이스라엘 자손의 교회의 계시는 산 음성(a living voice)에 의해서 그리고 기독교회의 계시는 성언에 의해서였다(같은 책, 10355항 참조). 주님은 태고교회와 고대교회의 하나님으로 여호와라 불렀다(같은 책, 1343·6846항 참조).

**주님께서 세상에 오셨을 때 주님은 천계와 지옥의 질서를 회복하셨다(천계비의, 4075·4287·9935항 참조). 그때 주님은 홍수 이전 사람(antediluvian)에게서 영계를 자유롭게 하셨다(같은 책, 1266항 참조). 그들의 성품(같은 책, 310·311·560·562·563·570·581·586·607·660·805·808·1034·1120·1265-1272항 참조). 주님의 시험과 승리는 지옥들을 정복하였고, 모든 것들을 질서정연하게 정복하셨고 동시에 그분의 인성이 영화되셨다(같은 책, 4287·9937항 참조). 주님 홀로 싸우셨다(같은 책, 8273항 참조). 따라서 주님 홀로 칭의(稱義·righteousness)와 공로를 성취하셨다(같은 책, 1813·2025-2027·9715·9809·10019). 그러므로 주님은 신성과 그분의 인성을 합일(合一)하셨다(같은 책, 1725·1729·1733·1737·3318·3381·3382·4286항 참조). 십자가의 고난은 마지막 시험이었다. 또 완전한 승리였다. 이것에 의해서 주님은 자신이 영화되셨다. 즉 그의 인성이 신령화되었다(같은 책, 2776·10655·10659·10828항 축복). 주님은 신령자체로서는 시험을 받지 않으신다(같은 책, 2795·2803·2813·2814). 그러므로 주님은 어머니로부터 인성을 입으셨다. 그리고 그 인성으로서 주님은 시험을 허락하셨다(같은 책, 1414·1444·1573·5041·5157·7193·9315항 참조). 주님은 모계적 인간성을 추방하시고, 그의 아들이 아닐 때까지 그것을 벗으셨다. 그리고 주님은 신령인성을 입으셨다(2159·2574·2649·3036·10830). 주님은 지옥의 정복과 그분의 인성의 영화로 사람을 구원하셨다(같은 책, 4180·10019·10152·10655·10828항 참조).

47. 최후심판이 어떻게 행해졌는지에 관해서 너무나 엄청난 것이어서 자세하게 이 책에서 기술할 수 없으나 그러나 저서 「묵시록 해설」(the Explanation of the Apocalypse)에서 자세한 것을 설명하였습니다. 왜냐하면 심판은 기독교회의 사람 위에만이 아니라 마호메트교는 물론 더욱이 전 세계의 이방인에게까지 시행되었습니다. 그것은 이런 순서로 진행되었습니다. 첫번에는 로마 가톨릭 종도와 마호메트 교도에게 그 뒤 이방인에게 그리고 마지막으로 개혁교도에게 행해졌습니다. 로마 가톨릭 교도에게 행해진 심판은 소책자 「바빌론의 멸망에 관하여」라는 것에 언급하였습니다. 이 소책자에서는 개혁교도 즉 사라질 처음 하늘에 행해진 심판을 기술하였습니다. 그러나 마호메트 교도와 이방인의 심판에 관해서는 본 소책자에서 기술하겠습니다.

48. 다음은 심판받을 나라의 백성들의 영계에서의 배열에 관한 것입니다. 중앙에는 개혁교도들이라고 불리우는 사람들이 나타났습니다. 그들은 나라에 따라서 각각 구분되었습니다. 독일 사람은 북쪽을 향해서, 스웨덴 사람은 서쪽을 향해서, 덴마크 사람은 서쪽을, 네델란드 사람은 동쪽과 남쪽을 향해서, 영국 사람은 중앙에 각각 회집되었습니다. 개혁교도들이 있는 전 중앙지역의 주위에는 로마 가톨릭 교도들이 회집되었는데 그들의 대부분은 서쪽에 있었고, 일부는 남쪽에 있었습니다. 그들 뒤에는 마호메트 교도들이, 나라 별로 구분되어 남쪽에 있었습니다. 이들 뒤에는 이방인들이 무수하게 운집해 있었는데 그들이 바로 주변 경계선을 이루었습니다. 또 이들 뒤에는 바다가 경계를 이루었습니다. 여러 방위(方位)에 있는 민족들의 배열은 신령진리를 받은 각각의 민족의 일반적 기능에 따른 것입니다. 왜냐하면 영계에서 모든 사람은 그들이 사회를 이루고 살고 있는 방위와 그 방위의 부분에서 알 수 있으며 또 방위와 관련되는 그들의 체재(滯在)

에서 알 수 있습니다. 이것에 관해서는 저서 「천계와 지옥」에서 잘 알 수 있습니다(천계와 지옥, 148·149항 참조). 그것은 사람이 이곳 저곳을 갈 때도 마찬가지입니다. 방위를 향한 모든 진전은 그 자신의 삶에 속한 정동에서 비롯된 사상의 계속적인 상태에 따른 것입니다. 이것에 따라서 그들의 처소에 인도되어 집니다. 한마디로 영계에서 누구나 걷는 길은 마음의 사상의 실제적 결정들입니다. 따라서 "길들"(ways) "걷는다"나 이와 유사한 것은 말씀의 영의로 영적 생명의 종결(終結·determination)이나 진전(進前·progression)을 뜻합니다.

49. 성경말씀에서 네(四) 방위는 "네 방위들"이라고 불리우는데 최후심판이 마태복음서에서 언급된 것과 같이 하나의 모임을 "네 방위에서 모은다"라고 하였습니다.

> 그는 자기 천사들을 큰 나팔 소리와 함께 보낼 것인데, 그들은 하늘 이 끝에서 저 끝까지, 사방(四方)에서 선택된 사람들을 모을 것이다.
> (마태 24:31)

또 다른 곳에는—.

> 인자가 모든 천사와 더불어 영광에 둘러 싸여서 올 때에 그는 자기의 영광스러운 보좌에 앉을 것이다. 그는 모든 민족을 자기 앞에 불러모아 목자가 양과 염소를 가르듯이 그들을 갈라서….
> (마태 25:31, 32)

이 말씀이 뜻하는 것은 주님은 진리 안에 있으면서 동시에 선 안에 있는 사람("선택된 사람"의 영의)과 진리 안에는 있으나 선 안에는 있지 않은 사람을 분별하시겠다는 뜻입니다. 왜냐하면 말씀의 영의에서 "오른쪽"은 선을 뜻하고 "왼쪽"은 진리를, "양"은 선을, "염소"는 진리를 뜻하기 때문입니다. 심판은 각자각자에게 임합니다. 진리 안에 있지 않은 악은 이미 지옥에 보내졌습니다. 왜냐하면 마음 속에 있는 악은 신령선을 부인하고 그들의 신앙에서 비롯된 교회의 가르침을 거부하기 때문에 그들은 사후에 심판에 앞서서 먼저 지옥에 보내집니다. 사라진 "처음 하늘"은 진리들 안에만 있고 선 안에 있지 않은 사람들로 이루어지고 "새 하늘"은 진리 안에 있으면서 동시에 선 안에 있는 사람들로 이루어집니다.

50. 마호메트 교도와 이방인에게 행한 심판에 관해서는 이 책에서 다루고자 합니다. 마호메트 교도들은 그들의 처소인 기독교도들 주위인 남서쪽에 모여졌는데 서쪽에서부터 북쪽을 지나 남쪽 방면의 먼 동쪽에 집결되었습니다. 이 여정에서 선한 사람들은 악한 사람들과 분리되었습니다. 악한 사람들은 늪과 호수에 쓸어 넣어졌습니다. 그리고 많은 악한 사람들이 먼 사막으로 난잡하게 흩어졌습니다. 그러나 선한 사람들은 동쪽을 지나서 남쪽 근처의 넓은 곳으로 인도되어, 그들에게 주거지들이 주어졌습니다. 거기에 인도된 사람들은 세상에 있을 때 주님을 가장 위대한 선지자로, 또 하나님의 아들로 시인한 사람들이었고 또 그들은 주님은 아버지께서 인류를 가르치기 위하여 보내주셨다는 것을 믿었고 동시에 그들의 종교적 원리에 따라서 도덕적인 영적 삶을 산 사람들이었습니다. 이들의 대부분은, 교육을 받을 때, 주님을 믿는 신앙을 받았고 또 주님이 아버지와 더불어 하나인 것을 시인하였습니다. 이같은 의사교환이 기독교계 천계와 더불어 주님에게서 비롯된 입류에 의하여 그들에게 주어졌습니다. 그러나 그들은 그것들과 뒤섞이지는 않았습니다. 왜냐하면 종교는 그들을 분리시켰기 때문입니다. 그 종교에 속한 사람의 대부분은 그들이 저 세상의 그들 가운데 오자마자 곧 처음에는 마호메트를 찾았으나 그는 나타나지 않았습니다. 그러나 그의 자리에는, 기독교계 밑

에 왼쪽을 향해서 자리잡고 있는 자신들이 마호메트라고 자칭하는 다른 둘이 나타났습니다. 이들은 사후 그들의 종교 때문에, 그들이 지상에서 예배한 그들에 인도되었습니다. 왜냐하면 각자의 종교는 그 자신에게 밀착되고, 또 그들은 어떤 도움이 없이는 자신들을 되게 하는 지각에 기울기 때문입니다. 따라서 그들은 처음에 그것에서부터 그들이 철회시킬 수 있는 가능한 한 모든 수단을 다 써서 자신의 종교에 굴복시킵니다. 마호메트 자신이 있는 곳, 그 자신의 됨됨이 그리고 그의 처소를 이들 둘이 올 때에 관해서는 묵시록의 해설에서 언급하겠습니다.

51. 마호메트 교도들에 행해진 것과 거의 같은 방법으로 이방인에게도 심판이 행해졌습니다. 그러나 그들은 그들 같이 뱅뱅 순회하지는 않았고, 서쪽으로 빨리 인도되었지만 악인은 선한 사람들과 분리되어, 악인은 커다란 두 심해(深海·gulf)에 던져졌습니다. 심해는 비스듬히 깊숙히 뻗쳐 있었습니다. 그러나 선한 사람은 기독교도들이 있는 중간의 위, 동쪽의 마호메트 지역을 향한 곳으로 인도 되었는데, 주거지는 마호메트 교도 뒤, 아래, 남쪽까지 이르는 넓은 곳이었습니다. 그러나 이 세상에서 이방인에 속했던 그들은 인간형태 아래서의 하나님(God under the Human form)을 예배하였고 또 그들의 종교원리에 따라서 그들의 인격적인 삶을 살았으므로 그들은 천계의 기독교도들과 연합되었습니다. 왜냐하면 그들은 그 어떤 존재 보다도 우러르고 시인하였기 때문입니다. 그들 중에 대부분의 총명한 사람들은 아프리카에서 왔습니다. 모여든 이방인이나 마호메트 교도들의 군중은 매우 대단하였으므로 수만에 이르렀습니다. 이같은 뭇 군중에 행한 심판은 여러 날에 걸쳐서 이행되었습니다. 왜냐하면 자기 자신의 사랑과 믿음에 굴욕된 뒤에는 모두는 자기들이 좋아하는 끼리끼리로 배열되고 옮겨졌기 때문입니다.

52. 이런 모든 것에서부터 주님께서 최후심판에 관해서 말씀하신 주님의 예언의 진리를 찾을 수 있겠습니다.

사람들이 동과 서에서, 또 남과 북에서 와서, 하나님의 나라에서 잔치 자리에 앉을 것이다.
(누가 13:29)

9.
바빌론과 그의 멸망

53. 묵시록에 예언된 모든 사실들이 오늘날에 완전히 이행된 내용은 앞서(40-44항 참조)에서 볼 수 있습니다. 그 최후심판은 이미 이루어졌다는 것도 앞의 내용에서 볼 수 있습니다. 그 곳에서는 마호메트 교도와 이방인에게 행한 심판이 어떠하였는지에 관해서만 언급되었습니다. 이와 마찬가지로 여기서는 "비빌론"이라고 묵시록 여러 곳에서 언급되고, 특히 묵시록 18장에서 그의 멸망을 예언하고 있는 가톨릭 교도들에게 행해진 바를 말씀드리고자 합니다. 바빌론의 멸망은 이와 같습니다.

그는 힘찬 소리로 외쳤습니다.
"무너졌다. 무너졌다.
큰 도시 바빌론이 무너졌다.
바빌론은 귀신들의 거처가 되고,
온갖 더러운 영의 소굴이 되고,
더럽고 가증한
온갖 새들의 집이 되었구나!"

(묵시록 18:2)

그러나 그 멸망이 어떤 것인지를 말하기 전에 나는 먼저 아래의 내용을 전제로 설명하고자 합니다.

(1) "바빌론"이 의미하는 바와 바빌론의 됨됨이에 관해서.
(2) 바빌론에 속한 사람들의 저 세상에서의 성품(性稟).
(3) 거기서의 그들의 거주.
(4) 왜 그들은 최후심판의 날까지 허용되었는가?
(5) 어떻게 그들이 멸망되었고, 어떻게 그들의 삶이 사막에서 행해졌는가?
(6) 그들 중에서도 선에서 비롯된 진리의 정동 안에 있었던 사람들은 보호되었다.
(7) 그뒤 이 세상에서 온 사람들의 상태.

54. (1) 바빌론이 의미하는 바와 바빌론의 됨됨이에 관하여.

바빌론이 뜻하는 것은 종교에 의한 통치권(統治權·dominion)을 가지기를 원하는 사람 모두를 가리킵니다. 종교에 의한 통치권을 갖는다는 것은 사람의 영혼을 지배하는 권력을 갖는 것을 가리킵니다. 즉 바로 그들의 영적 삶을 지배하려는 것이고 그들의 종교적인 신령한 것을 한 수단으로써 사용하려는 것을 뜻합니다. 어떤 한 목적을 위해서 통치권을 가지고 또 수단을 위해서 종교를 가지는 모든 사람을 가리켜 일반적으로 바빌론에 속해 있다고 합니다. 그들이 바빌론이라고 불리우는 이유는 이같은 지배권은 고대시대들에서 시작되었고 또 그것은 고대 초기에 멸망되었기 때문입니다. 그것의 시작은 하늘 꼭대기까지 닿게 하겠다는 도시와 탑에 의해서 설명되는데 그것의 멸망은 말(lips)의 혼돈(混沌·confision)이 뜻하는 것으로, 이로부터 그의 이름 바벨(Babel)에서 연유되었습니다(창세기 11:1-9). 말씀의 속뜻 또는 영의가 뜻하는 바 이것들과 관계되는 개별적인 것들은 저서 「천계비의」의 설명에서 잘 읽을 수 있습니다(천계비의, 1283-1328항 참조). 더욱이 이 지배권의 시작과 바벨의 건설에 관해서는 다니엘서에 나타나 있는데, 느부갓네살에 관해서 언급된 즉 그는 모든 백성들이 예배하게 하기 위해서 우상(偶像·image)을 세웠습니다(다니엘 3장). 그리고 또한 이것은 벨사살 왕과 그의 각료들이, 그 임금이 예루살렘에서 가지고 온 금·은의 제기로 술을 마셨다는 것이 뜻하는 바입니다. 동시에 그들은 금·은·구리·철로 만든 우상들(gods)을 예배하였습니다. 그러므로 벽에 쓰여진 것은—.

> 그 글자를 해석하면 이러합니다. 메네는 하나님이 이미 임금님의 나라의 시대를 계산하셔서, 그것이 끝나게 하셨다는 것이고 데겔은 임금이 저울에 달리셨는데 무게가 부족함이 드러났다는 것이고, 바르신은 임금님의 왕국이 둘로 나뉘어 메대와 페르시아 사람에게 넘어갔다는 뜻입니다. ……바로 그 날 밤에 바빌로니아의 베사살 왕은 살해되었다.
> (다니엘 5:26-30)

예루살렘 성전의 "금과 은의 그릇"은 교회에 속한 선과 진리를 가리키고 "그것들을 가지고 마셨다" 또 동시에 금·은·구리·철로 만든 신상들을 예배했다, 또 "벽에 글씨가 쓰여졌다" 또 "임금의 죽음" 등은 모두가 수단으로서 신령선과 진리를 사용한 사람들에 대한 천벌(天罰·visitation)과 끝이 났음을 고발하는 파괴를 가리킵니다. 바빌론이라 일컫는 무리들의 성품에 관해서는 예언서에 여러번 기술하고 있는데 이사야에서는—.

> 너희는 바빌론 왕을 조롱하는 이런 노래를 부를 것이다.
> 웬일이냐, 폭군이 꼬꾸라지다니!
> 그의 분노가 그치다니!

주께서 악한 통치자의 권세를 꺾으셨구나.
악한 통치자의 홀을 꺾으셨구나.
웬일이냐, 너, 아침의 아들, 새벽별아,
네가 하늘에서 떨어지다니!
민족들을 짓밟아 맥도 못추게 하던 네가,
통나무처럼 찍혀서 땅바닥에 나뒹굴다니!
네가 평소에 늘 장담하더니,
내가 가장 높은 하늘로 올라가겠다.
하나님의 별들보다 더 높은 곳에
나의 보좌를 두고,
저 멀리 북쪽 끝에 있는 산 위에,
신들이 모여 있는 그 산 위에
자리잡고 앉겠다.
내가 저 구름 위에 올라가서,
가장 높으신 분과 같아지겠다 하더니,
그렇게 말하던 네가 스올로,
땅 밑 구덩이에서도
맨 밑바닥으로 떨어졌구나.
만군의 주께서 말씀하신다.
"내가 일어나 바빌론을 치겠다.
내가 바빌론을 멸하겠다.
그 명성도 없애고,
살아 남아서 바빌론의 이름을 이어갈 자도,
하나도 남기지 않고 멸종시키겠다."
주께서 하신 말씀이다.
"또 내가 그 도성 바빌론을
고슴도치의 거처가 되게 하고,
물웅덩이로 만들며,
멸망의 빗자루로 말끔히 쓸어 버리겠다."
만군의 주의 말이다.
(이사야 14:4, 5, 12-15, 22, 23)

또 다른 곳에서는—.

> 아, 온다!
> 한 사람이 병거를 타고 오고,
> 기마병들이 무리를 지어 온다.
> 파수꾼이 보고한다.
> "바빌론이 함락되었다.
> 바빌론이 함락되었다.
> 조각한 신상들이
> 모두 땅에 떨어져서 박살났다.
> (이사야 21:9)

이 외에도 여럿 볼 수 있습니다(이사야 47장, 48:14-20; 예레미야 1:1-3 참조). 이 귀절들에서 바빌로니아가 무엇을 뜻하는지를 확실히 알 수 있습니다. 즉 교회는 인애와 믿음이 죽고, 자아애(自我愛·love of self)가 그들의 모든 것을 지배하기 시작할 때 그 교회는 바빌로니아가 되었다는 것을 알 수 있습니다. 왜냐하면 이 자아애가 억제되지 않고, 돌진하는 것에 비례해서 자아애는 지상에 있는 것은 말할 것 없고 천계에 있는 것까지 지배하려고 의도하기 때문입니다. 그것도 끝 간 데가 없이 하나님의 보좌까지 기어 오르려고 하고 하나님의 신령 권능까지 자기의 것으로 만들어 버리려고 합니다. 그것이 이렇게 되었다는 것은 주님께서 오시기 전 위에 증거로 제시한 성경말씀의 여러 귀절에 잘 표현되어 있습니다. 그러나 바빌로니아는 주님께서 세상에 계실 때 주님에 의해서 멸망되었습니다. 즉 그들이 모두 우상숭배자(偶像崇拜者·idolatrous)가 되었다는 것과 영계에서 그들 위에 최후심판이 이행되었다는 것에 의해서 바빌로니아는 멸망되었습니다. 이것은 또한 예언서의 말씀이 뜻하는 것이기도 합니다. 즉 바빌론에 있는 "루시퍼"(Lucifer)가 지옥으로 쫓겨나고 "바빌론이 함락되고" 더욱이 "벽에 쓰여진 것"과 "벨사살의 죽음" 또 "바위에서 떨어진 돌"이 신상을 파괴한다는 느부갓네살 임금의 꿈이 그것들입니다.

55. 그러나 묵시록에서 언급된 바빌론이 주님 강림 이후 오늘의 바빌론이라는 것을 교황들로 더불어 잘 알 수 있습니다. 이 바빌론은 주님 강림 이전에 있었던 바빌론보다 더 사악하고 가증한 것입니다. 왜냐하면 그것은 주님 자신을 계시하셨을 때 주님께서 세상에 계시한 교회의 내적인 선과 진리를 모독하였기 때문입니다. 얼마나 사악하고 그 얼마나 내적으로 가증한 것인지는 아래의 요약에서 잘 엿볼 수 있습니다. 그들은 구원의 모든 능력을 별문제로 하고 주님을 시인하고 예배합니다. 즉 그들은 전적으로 주님의 인성에서 그분의 신성을 갈라 놓고 그분에게 속한 그분의 신령권능을 자기 자신에 전가(轉嫁)시킵니다.* 왜냐하면 그들이 죄를 사해주기 때문이고 또 그들이 천계로 올리고, 지옥에 보내는 즉 그들의 의중에 맞는 사람들을 구원하기 때문입니다. 그들은 구원을 돈으로 팔았습니다. 따라서 그들은 오직 주님의 신령권능에 속한 것을 자신이 가로채어 사칭(詐稱)하였습니다. 그들이 이 권한을 행사한 이래 그것은 그들 자신들에 속한 신들(gods)을 만들었고 그들이 일컫는 이른바 주님의 대행에 의해서 고위의 자리에서 낮은 자리에로의 전가에 의해서 그 자신의 위(位)에 따라서 각자가 신이 되었습니다. 따라서 그들은 자신을 주님으로 생각하였고 주님의 목적이 아니라 자신들의 목적을 위해서 주님을 존경하였을 뿐입니다. 그들은 주님의 말씀을 간음(姦淫·adulterate)하였을 뿐만 아니라 위화(僞化·falsify)시켰습니다. 그리고 또 말씀을 사람들에게서 멀리 옮기우고 심지

---

* 교회에서 귀인(歸因)시키는 주님에게 속한 두 본성 즉 주님의 인성에서부터 주님의 신성의 분리는 교황의 목적 때문에 공의회(council)에서 교황은 주님의 대리(Lord's vicar)로 시인되어야 했다(천계비의, 4738항 참조).

어 그들은 진리의 아주 작은 빛에 들어가는 것까지 막았습니다. 그들은 이에 만족하지 않고 더욱이 그들은 그것마저 멸절(滅絶)시키고 로마의 교령(敎令·decree of Rome)의 신령이 성경말씀에 있는 신령 보다 우위에 있음을 주지시켰습니다. 그래서 그들은 천계에 오르는 길에서부터 모두를 몰아냈습니다. 왜냐하면 주님의 시인과 주님을 믿는 신앙, 주님을 우러르는 신앙은 천계에 오르는 길이기 때문입니다. 또 성경말씀은 이 길을 가르치고 있습니다. 따라서 주님 없이, 주님 말씀에 의하지 않고 구원은 존재하지 않습니다. 그들은 천계의 빛 즉 신령진리에서 비롯된 빛을 가리우기 위하여 열심히 노력하였습니다. 무지하게 하기 위해서 그들은 그 대신에 거기에다 형편 없이 더 무식하게 만들어 더욱 그것을 그들에게 수용하게 하였습니다. 그들은 말씀을 읽는 것을 금지하였고 그 말씀에서 비롯된 가르침 조차 읽는 것이 금지되어 온전히 천계의 빛을 차단시켰고, 단순한 사람들은 무슨 뜻인지 조차 알 수 없는 말에 의한 미사로 예배드리기를 제정하였습니다. 여기에 무슨 신령진리가 있겠습니까? 뿐만 아니라 그 외에도 그들은 빛을 옮기고 없애버리는 흑암 자체인 거짓으로 그들의 세계를 채웠습니다. 이와 같이 그들은 일반대중에게 그들의 사제(司祭)의 신앙에 생명이 있으며, 따라서 자신들에 속한 것이 아닌 다른 것을 믿는 것이라는 것을 설득하였습니다. 그들은 모든 예배를 내적으로는 텅 빈 즉 내적인 것이 없는 외적 거룩함에 두었습니다. 왜냐하면 그것은 선과 진리의 지식이 없기 때문에 신령예배는 속뜻과는 거리가 먼 겉꾸밈이기 때문입니다. 더욱이 외적인 것은 내적인 것에서 비롯되기 때문입니다. 이 외에도 그들은 사악한 우상숭배를 소개하였습니다. 그들은 무수한 성인(聖人)을 만들었습니다. 그들은 이 성인을 우러르고 숭배하는 것을 용인하고 허용하였습니다. 또 그들을 거의 신(神)으로서 그들에게 기도하게 하였습니다. 그들은 곳곳에 그들의 우상을 세웠습니다. 또 그들은 이 성인들이 자행한 헤아릴 수 없이 많은 기적을 자랑했습니다. 그리고 그들을 곳곳의 도시들, 성전, 수도원에 건립하였습니다. 또 그들의 무덤에서 그들의 유해를 가져다가 그것들이 거룩하다고 하는 가장 비열한 짓을 저질렀습니다. 이와 같이 그들은 주님을 예배하는 사람들의 마음을 사람 섬기는 것으로 바꾸어 놓았습니다. 더욱이 그들은 사람이 만든(artful) 예방조치까지 사용하면서 어느 누구도 흑암에 밝은 빛으로 들어가지 못하게 하였고 또 우상숭배에서 신령예배를 드리지 못하게 하였습니다. 왜냐하면 그들은 수많은 수도원을 지었으며 그들은 곳곳에 첩자와 문지기를 두었기 때문입니다. 그들은 또 심령 깊은 데서의 고백(告白·confession)을 강요하였습니다. 사실은 고백은 사상과 의지에 속한 것입니다. 만약 그 누구가 의식적으로 고백하지 않는다면 그들은 그 사람을 영원한 불못에 던지거나 연옥(煉獄·purgatory)의 고통 속에 있다는 것을 강요하였습니다. 교황의 왕좌나 그들의 통치에 거스리는 말을 하는 사람이 있으면 그들은 그들을 무시무시한 감옥 즉 종교재판소(宗敎裁判所·inquisition)라고 부르는 감옥에 투옥시켰습니다. 그들이 온 세상을 지배하고 온갖 재물과 부귀영화를 누리고 위대하게 되겠다는 유일한 목적을 위해서 자행하였고 나머지는 모두가 노예에 불과하였습니다. 그러나 이같은 지배는 하늘에 속한 것이 아니라 지옥에 속한 것이며, 지옥에 속한 것은 하늘에 속할 수가 없습니다. 왜냐하면 지배욕에 속한 사랑이 사람에게 있다면 있는 만큼, 특히 교회에 속한 사람에게 있으면 있는 만큼, 지옥은 기승을 부립니다. 이 지배욕에서 비롯된 사랑이 지옥에서 힘을 떨치고 또 지옥을 꾸려나가는 것은 저서「천계와 지옥」에서 잘 읽을 수 있습니다(천계와 지옥, 551-565항 참조).

이 요약에서 알 수 있는 것은 그들은 교회를 가지고 있지 못하고 다만 바빌론만 가지고 있을 뿐입니다. 왜냐하면 주님을 예배하는 곳과 말씀이 읽혀지는 곳에 주님의 교회는 있기 때문입니다.

56. (2) 바빌론에 속한 사람들의 저 세상에서의 성품에 관해서.
 바빌론에 속한 사람들의 저 세상에서의 성품이 영계에 있는 사람들과 더불어 주님에 의해서 나타나게 되었습니다. 이것이 나에게 주어졌기 때문에 나는 내 경험으로 말할 수 있는데 그것을 내가 직접 보았기 때문입니다. 모든 사람은 사후에 이 세상에 있었던 그의 삶과 유사한 삶에 있는데 이 삶은 변하지 않고 대응으로 바뀌는 즉 오직 사랑의 기쁨으로서 남게 되는데 이것에 관해서는 저서「천계와 지옥」의 두 내용(천계와 지옥, 470-484항과 485-490항 참조)에서 잘 읽을 수 있습니다. 여기서도 똑같은 삶에 관해서 언급하고자 하는데 그것은 이 세상의 것으로 이루어진다는 것입니다. 다만 다른 것이 있다면 마음에 숨겨진 것들이 드러날 뿐입니다. 왜냐하면 그들은 영계에 있기 때문인데 영계에는 사상이나 의향(意向·intention)의 내적인 것들만이 살 수 있기 때문입니다. 이러한 것들은 모두가 이 세상에서는 가리워져 있고 또 거룩한 것들도 외적인 것들로 가리워져 있습니다. 따라서 숨기워졌던 것이 낱낱이 알려지기 때문에 하늘을 열고 닫는 권세를 가진 그 누구 보다도 더 잘 자세하게 깨달을 수 있습니다. 그러나 이 세상에서 그들의 마음에 지배욕이 살아 있고 또 그 지배욕이 이 주요원리 즉 아버지께서 주님 자신에게 준 모든 권능이, 베드로에게 전가되었고, 계속되는 연결에 의해서 교회의 대주교에게 전가되었으므로, 그러므로 주님에 관한 입술의 고백은 그들의 무신론(無神論·atheism)에 영합되어 남았기 때문에 그들은 모두가 무신론자들입니다. 그러나 이것은 그것의 수단으로 어떤 지배력을 즐기는 만큼만 남아 있을 뿐입니다. 그러나 그들의 나머지 즉 무신론자가 아닌 사람들은 사람의 영적 삶에 관해서 아무것도 모르는 완전 무지의 상태이기 때문에 구원의 방법 즉 신령진리가 천계로 인도한다는 것에 관해서 백치(白痴)입니다. 그들은 천국적인 믿음과 사랑에 관해서 아무것도 모르며 다만 하늘 나라는 교황의 은전(恩典·favor)으로 누구에게 주어지면 그렇게 된다고 믿고 있을 뿐 입니다. 자, 그렇지만 모든 사람은 영계에서 이 세상에서의 그의 삶과 유사한 삶으로, 그 어떤 차이도 없이 그대로 있기 때문에 천계가 아니면 지옥에 있게 됩니다(이것에 관한 자세한 내용은 천계와 지옥, 453-480항 참조). 영계에도 외형적인 현현(顯現)은 모두가 자연계와 똑 같습니다(천계와 지옥, 170-176항 참조). 그러므로 그들은 또한 도덕적 또는 시민적 삶을 살고 또 누구나 유사한 예배를 드립니다. 왜냐하면 이것은 사람의 가장 극내적(極內的)인 곳에 뿌리 박고 있는 것이고 또 사람에게 나타나는 것이기 때문입니다. 사후 진리에서 비롯된 선이나 선에서 비롯된 진리에 있는 사람을 제외하고는 그 누구도 그것에서 취하될(be withdrawn) 사람은 없습니다. 그러나 다른 민족과 달리 그들대로 예배해온 민족들을 취하한다는 것은 매우 어려운 일입니다. 왜냐하면 진리에서 비롯된 선에 있지 않았고 더욱이 선에서 비롯된 진리에 있지 않았기 때문입니다. 왜냐하면 그들의 진리는 몇몇을 제외하면 말씀에서 온 것이 아니고, 또 그 진리들도 그들의 지배욕의 의도에 의해서 위화되었기 때문입니다. 따라서 사이비선(似而非善·spurious good) 이외는 아무 선을 가지고 있지 못했습니다. 왜냐하면 이 같은 진리가 동류의 선을 이루기 때문입니다.

앞서 말한 바와 같이 영계에서 이 민족의 예배가 이 세상에서의 예배와 유사한 것을 말씀드리고자 합니다. 이런 전제들에 관해서 나는 영계에서의 교황들의 삶과 예배의 특별한 것 몇 가지를 말씀드리겠습니다. 그들은 로마에 있는 공의회나 추기경회의(樞機卿會議·consistory) 대신에 한 공의회(公議會·council)를 가지고 있는데, 거기에서 나는 수좌대주교(首座大主敎·primate)를 만났으며 그들과 더불어 그들의 종교에 관한 여러 가지 일들을 이야기하였습니다. 특히 맹목적 복종(盲目的 服從·blind obedience)인 일반대중을 휘어잡는 수단들과 지배력 확장에 관한 것이었습니다. 이 공의회는 남쪽의 동쪽 가까운 곳에 자리하고 있었으나, 그러나 거기에 이 세상에서의 교황은 아무도 없었고 추기경 정도가 그 회의에 들어왔습니다. 왜냐하면 주님께서 이 세상의 그들 자신에게 주님의 권능을 부여하였다는 식의 신령권위(神靈權威·Divine authority)를 마음 속에 품고 있었기 때문입니다. 그러므로 거기에 그들이 나타나자마자 곧 그들은 사막으로 옮기워져 쫓겨났습니다. 그러나 그들 가운데 마음 속에 똑바름(upright)을 가지고 있는 사람은 이같은 찬탈한 권위를 확신하지 않았기 때문에 그들은 이 공의회의 한 어두운 구석진 곳에 있었습니다. 남쪽 가까운 서쪽에 또 다른 무리가 있었는데 그 곳의 주요 업무는 천계에 오른 남의 말에 쉽게 잘 속는 일반대중(the credulous common people)의 가입허가 업무였습니다. 거기에서 그들은 여러 종류의 외적 희열에 살았던 사회들에 속한 구성원 주위에 배치되었습니다. 그 사회들 속에서 그들은 놀고 춤도 추었고, 거기서 그들은 여러가지의 흥겨움과 즐거움을 나타내는 얼굴의 조화를 이루었고, 또 우정 어린 담화나 시민적인 일이나, 종교적인 문제들에 관해서 대화를 나누었습니다. 또 다른 사회에서 그들은 음담패설 같은 말도 했습니다. 그들은 그들이 원하는 사회에 허입되었고 그들은 그곳을 천국이라고 하였습니다. 그러나 그곳에서 약간의 시간이 지난 뒤 그들 중의 대부분은 서로 흩어졌습니다. 왜냐하면 그들의 기쁨은 외적인 것이고 내적인 것이 아니었기 때문입니다. 이렇게 해서 그들의 대부분은 천국에 들어오는 허가에 관한 그들의 교리에 관한 신조에서부터 모두 추방되었습니다. 개별적인 그들의 예배에 관해서는 이 세상에서의 그들의 예배와 거의 흡사하였습니다. 이 세상에서 그들의 예배는 미사들로 구성되었지 영들의 일반 언어가 아닌 즉 하나의 높은 음성의 낱말들로 수행되었는데 그것은 외적인 거룩함을 유발할 뿐 전적으로 지성적이지는 못했습니다. 이같은 방법으로 그들은 성인들을 존경하였고, 성인들을 보이기 위한 우상들을 진열하였습니다. 그러나 그들의 성인들은 어디에서도 보이지 않았습니다.

신격(神格)으로 추앙된 그들은 모두 지옥에 있었고, 추앙되기 위해서 발견되지 않은 나머지들은 일반 영들과 같이 있었기 때문입니다. 이같은 것을 그들의 고위 성직자(高位聖職者·prelate)들은 잘 알고 있습니다. 왜냐하면 그들은 그것을 찾았기 때문인데 그들이 그것을 찾았을 때 그들은 그들을 경멸하였습니다. 그들은 성인들을 수호신으로 예배하며 수좌대주교들은 백성들을 보살피고, 천계의 주님들(lords)로서 예배한다는 등을 대중에게서부터 비밀로 숨기고 있습니다. 이와 마찬가지로 더욱이 그들은 이 세상에서 그들이 한 것과 똑같이 성당과 수도원을 증가시켰습니다. 그들은 부자들과 싸워, 값진 물건들을 긁어 모았고 그것들을 그들은 지하실에 감추었습니다. 왜냐하면 값진 물건은 이 세상에서 아니 그것보다 더 많이, 영계에 있기 때문입니다. 이와 같은 방법으로 그들은 그들의 법칙에 종속시키기 위하고 또 그들의 종교적 종지(宗敎的 宗旨·persuasion)에 대해서 이방인들을 꾀어내기 위하여 승려들을 파견하였습니다. 그들은 대개가 그들의 무리 중앙에 있는 건축된 탑 위에서 살폈습니다. 이 위에서 그들은 주위의 지역을 멀리 보살피는 것을 즐길 수 있었습니다. 더욱이 멀리 또는 가까이 있는 사람과 자신들이 대화하고, 그들을 끌어들이고 동맹을 맺는 여러가지 수단과 방법들을 강구하고 있었습니다. 이같은 것은 개별적으로 보아서도 아주 보편적인 것인데, 그 종파의 많은 고위 성직자들은 주님에게서 모든 능력을 얻었고 또 당연히 자신들을 위해서 그것을 요구하였습니다. 왜냐하면 그들은 이렇게 하면서도 어떤 신령도 시인하지 않았기 때문입니다. 그들은 외적으로는 거룩함을 위조하지만 사실 그 자신의 이같은 거룩함은 신성모독(神聖冒瀆)된 것입니다. 왜냐하면 그들의 내면에서 그 어떤 신령도 시인하지 않기 때문입니다. 따라서 그것은 외적인 거룩함에 있는 제일 낮은 천계에 있는 어떤 사회들이나, 내적인 신성모독의 지옥들과 즉 이들 양쪽에 있는 사람들과 대화한 것입니다. 더욱이 이 때문에 그들은 단순한 선한 영들을 유혹하며, 그들 주위에 거처를 제공하였고 또 사악한 영들과 합치게 하여, 모든 방면에서 그 사회 주위를 천계적인 단순한 선한 영들과 또 지옥적인 악령들과의 결합으로 그들을 배치하였습니다. 따라서 그들은 지옥으로부터 과오를 저지르게 하는 가증한 일들을 꾸밀 수 있게 되었습니다. 왜냐하면 가장 낮은 천계에 있는 단순히 선한 사람들은 그들의 외적인 거룩함과 또 그들의 외적인 주님을 거룩히 우러르고 섬기는 것을 볼 뿐이고, 그들은 내적으로 그들의 사악함을 보지 못합니다. 그러므로 그들은 그들에게 호감을 가지는데 이것이 그들 자신의 커다란 보호막입니다.

　시간이 흐름에 따라서 그들은 모두 그들의 외적 거룩함에서 물러나고 따라서 천계로부터 분리되어 종국에는 그들은 지옥에 던지워졌습니다.

　이런 사실에서 바빌론에서 비롯된 저 세상의 사람들의 성품이 어떠한지는 정도에 따라 알 수 있습니다. 그러나 나는 이 세상에서 사후 사람의 상태나 천계 또는 지옥에 관해서 전혀 아는 바가 없는 사람들을 알았는데, 이상한 것은 영들의 세계(the world of spirits)에 이같은 부류의 존재가 있다는 사실입니다. 그러나 그 사람은 사후의 사람과 똑같고, 이 세상에 있었을 때와 같은 우정으로 살고 또 집에서 생활하며, 성전에서 설교를 듣고, 의무를 이행하고 그들이 떠나온 이 세상의 것과 똑같은 생활을 하고 있다는 것은 저서「천계와 지옥」에 기술한 내가 듣고 본 사실들에서 잘 알 수 있습니다.

57. 나는 베드로에게 주었다는 열쇠에 관해서 즉 주님의 권능이 하늘에서와 땅에서 그에게 주워졌는지에 관해서 그들이 어떻게 믿고 있는지에 관해서 이야기 한 적이 있습니다. 왜냐하면 이 문제는 그들의 종교의 기초가 되고 또 그들이 열렬히 그것에 관해서 주장하고 또 말하기를 그것에 관해서는 앞서 설명한 바와 같이 의심의 여지가 없다고 하기 때문입니다. 그래서 내가 그들에게 그들이 말씀의 모든 표현에는 영적인 뜻 즉 하늘에서 통용되는 성언의 뜻을 아는지를 물었을 때 그들은 처음에는 그것을 알지 못한다고 말했고 뒤에 가서 그들은 알아 보겠다고 대답했는데 검토하는 과정에서 그들은 성언의 매 말씀의 표현에는 문자적인 뜻과 전혀 다른, 마치 영적인 것이 자연적인 것과 차이가 있듯이, 영적인 뜻이 있다는 것을 배우게 되었습니다. 또 그들은 성언에 나오는 명명된 사람이 천계에는 없고 그 사람 대신에 어떤 영적 사물이 있다는 것도 배우고 이해하게 되었습니다. 종국에 그들이 확인한 사실은 성경말씀에 있는 "베드로" 대신에 교회에 속한 믿음의 진리를 그리고 인애의 선에서 비롯된 믿음의 진리로서 베드로와 더불어 "반석"(磐石·rock)이 뜻하는 것이라는 등을 깨달았습니다. 말씀하시기를—.

> 나도 너에게 말한다. 너는 베드로다. 나는 이 반석 위에다 내 교회를 세우겠다. 죽음의 세력이 그것을 이기지 못할 것이다.
> (마태 16:18)

여기서 알 수 있는 것은 베드로에게는 그 어떤 권능도 주지 않고 선에서 비롯된 진리에 관한 것임을 알 수 있습니다. 왜냐하면 천계에서 모든 권능은 선에서 비롯된 진리에 속하고 또 진리를 통한 선에서 비롯되기 때문입니다. 따라서 모든 선과 진리는 모두가 주님에게서 비롯되며 사람에게서 비롯되는 것은 아무 것도 없고, 모든 권능은 오직 주님의 것일 뿐 입니다. 이 말을 들었을 때 분개하여 대답하기를 그들은 이들 성경말씀에 영의가 있는지 여부를 알고 싶다고 하자 천계에 있는 성언이 그들에게 주어졌고 그 말씀에는 영적 뜻 외에 문자적인 뜻은 전혀 없었습니다. 왜냐하면 그것들은 영적 존재인 천사들을 위한 것이기 때문입니다.

천계에 있는 이같은 성언에 관해서는 저서「천계와 지옥」에서 잘 알 수 있습니다(천계와 지옥, 259-261항 참조). 그리고 그들이 그것을 읽었을 때 그들은 거기에 베드로라는 이름은 없고 오직 주님에게서 비롯된 선에서 온 진리가 그를 대신해 있음을 잘 보았습니다.* 그들이 이것을 보고 있을 때 그들이 분노 때문

---

*주님의 열두 제자는 선과 진리로서 또는 믿음과 사랑으로서의 교회를 상징하며 마찬가지로 이스라엘 열두 지파도 같은 뜻이다(천계비, 2179·3354·3488·3858·6397항 참조). 베드로·야고보·요한은 각각 믿음·인애·인애의 선을 상징한다(같은 책, 3750). 베드로는 믿음을 뜻한다(같은 책, 4738·6000·6073·6344·10087·10587항 참조). 베드로에게 수여된 천국의 열쇠는 주님에게서 온 선에서 비롯된 진리와 인애에서 비롯된 믿음에 대한 모든 권능을 가리킨다. 따라서 모든 권능은 주님에게만 속할 뿐이다(같은 책, 6344항 참조). "열쇠"는 열고 닫는 능력을 가리킨다(같은 책, 9410항 참조). 모든 능력은 주님에게서 비롯된 진리에 의한 선 안에 있는 또는 선에서 비롯된 진리 안에 있다(같은 책, 3·91·3563·6344·6413·6948·8200·8304·9327·9410·9639·9643·10019·10812항 참조). 말씀 안에 있는 "반석"은 신령진리로서의 주님을 뜻한다(같은 책, 8581·10580항 참조). 성경의 모든 인명과 지명은 사물(事物·thing)이나 상태(狀態·state)를 가리킨다(같은 책, 768·1888·4310·4442·10329항 참조). 그들의 이름은 천계에 있지 않고 그것들이 뜻하는 사물로 바뀌일 뿐이다. 그리고 그들 이름은 불리워지지 않는다(같은 책, 1878·5225·6516·10216·10282). 천계에서 그 어떤 이름이 나타나도 말씀의 영의는 얼마나 우아한지, 예를 들어 설명하고 있다(같은 책, 1224·1264·1888항 참조).

에 그들은 이를 갈며 그것을 거절하자 얼마 안가서 그것은 사라졌습니다. 따라서 그들은 비록 억지로(unwilling)로 확신한 것이지만, 그것은 신령능력이기 때문에 주님만이 홀로 그 권능을 가지셨고, 사람에게 속한 그 어떤 수단으로는 아무것도 할 수 없다는 것이었습니다.

58. (3) 영계의 주거자는 지금까지 어디에 있는가?

위에서(48항 참조) 말씀드린 바와 같이 영계의 모든 민족과 백성들은 아래와 같이 보였습니다. 중앙에 집합된 사람은 개혁교도들이었고, 이 중앙 주위에는 교황교도들이었고 그들 뒤에는 마호메트 교도들이었고 끝으로는 다량한 여러 이방인들이었습니다. 따라서 중앙에 있는 개혁교도 주위에, 가장 가까운 주변에는 교황교도들이 형성되어 나타났습니다. 이와 같이 배치된 이유는 중앙에 있는 성언으로부터 발하는 진리의 빛 안에 있기 때문입니다. 성언에서 비롯된 진리의 빛 안에 있는 사람은 또한 천계의 빛 안에 있는 것입니다. 왜냐하면 천계의 빛은 신령진리에서 발해진 것이고 성언은 이것 안에 있기 때문입니다. 천계의 빛이 신령진리에서 발해지고 있다는 것은 저서 「천계와 지옥」에서 잘 읽을 수 있고(천계와 지옥, 126-140항 참조), 또 그것이 바로 신령진리라는 것도 잘 읽을 수 있습니다(같은 책, 303-310항 참조). 더욱이 빛은 중앙에서부터 주변으로 발산되어 비추었습니다. 따라서 교황들이 중앙 주변 가까이 있다는 것은 그들이 성언을 가지고 있고 또 비록 일반 신도들은 읽지 못하지만 성직자계급에 속하는 그룹들에 의해서 읽혀지기 때문입니다. 이것이 영계에서 교황 국가가 성언으로부터 발해지는 빛 안에 있는 사람들의 주변에 거주지를 점유한 이유인 것입니다. 그들의 사는 모습은 전에는 그들의 주거지가 거의 파괴되어서 사막으로 바뀌었으나 지금은 이 정도라고 하였습니다. 그들의 대부분은 남쪽과 서쪽에 살았으며 더러는 북쪽과 동쪽에 있었습니다. 남쪽에 사는 사람들은 재능에 있어서 탁월하며 또 그들의 종교에 있어서도 스스로 굳은 신앙을 가지고 있었습니다. 귀족이나 부자의 대부분이 거기에 살았습니다. 그들은 거기의 땅 위에 사는 것이 아니라 도둑들의 두려움 때문에 입구에는 문지기를 세우고, 땅 아래에 살고 있었습니다. 그쪽에는 더욱이 큰 도시가 있었고 그 도시에는 거의 동쪽에서 서쪽으로 펼쳐져 있었습니다. 서쪽의 도시는 개혁교도들이 있는 중앙에 근접해 있었습니다. 수많은 영들이 그 도시에 체재하였습니다. 성당과 수도원도 꽉 채웠습니다. 성직자 계급은 긁어 모으는 그들의 묘한 기술에 의해서 가능한 모든 값진 것들을 성당과 수도원으로 옮겨 지하실 방들에다 그것들을 숨겼습니다. 그 지하 방들은 정교하고 복잡하게 이루어졌기 때문에 그들 자신을 제외하고는 그 누구도 들어갈 수 없었습니다. 왜냐하면 그 방들은 미로(迷路)로 둘러 싸여 있었기 때문입니다. 거기에 축적된 보물들은 그들이 결코 부수어뜨릴 수 없는 충분한 확신 안에 있는 그들의 마음 상태를 가리킵니다. 내가 이들 방들을 보았을 때 나는 그것을 나열한 진열기술과 끝없는 확장술에 매우 놀랐습니다. 예수회(society of Jesus) 회원이라고 불리우는 사람들의 대부분은 그곳에 있었는데 그들 주위에 살고 있는 부자들과 우호적 관계를 형성하고 있었습니다. 남쪽에서 동쪽을 향한 곳에는 그들의 지배력의 확장을 논의 즉 무조건 복종하게 하는 방법에 관한 공의회가 있었습니다(56항 참조). 이것은 남쪽에 있는 그들의 주거에 관한 것입니다. 북쪽에 살고 있는 사람들은 재능적으로 월등하지는 못했습니다. 왜냐하면 그들은 우둔한 분별력을 가지고 있어서 그들은 맹목적 신앙(blind faith)을 가지고 있었기 때문입니다. 남쪽에 있는 사람 같이 그렇게 많지는 않았습니다. 그들은 대부분은 동쪽 모퉁이에서부터 서쪽 약간까지 길게 펼쳐져 있는 큰 도시에 있었습니다. 여기도 역시 성당과 수도원은 만원이었습니다. 동쪽 가까이에 있는 그 도시 저쪽의 적지 않은 곳은 교황들이 점유하고 있었습니다. 이곳의 동쪽에 있는 사람들은 세상에서 지배하는 것에 큰 희열을 가지고 있었고 또 동시에 자연적 빛 안에 있었습니다. 그들은 산 위에 나타났으나 북쪽을 대면한 동쪽에 있었고 남쪽을 대면한 곳에는 아무도 없었습니다. 북쪽 극단에는 산이 있었고 그 산 꼭대기에는 마음이 깨끗하지 않은(unsound mind) 한 사람이 자리잡고 있었는데 그와 더불어 사상적인 교류에 의해서, 이것은 자연계에서는 불가능하지만 영계에서는 잘 알려져 있는 것인데, 그들은 그들이 선택한 것들에 대해서 어떤 평가를 하도록 영감을 받았습니다. 그리고 그들은 그가 바로 사람의 형태로 나타난 천국의 그 하나님이므로 그들은 그에게 신령으로 예배드린다고 발설했습니다. 그들은 그렇게 하였습니다. 왜냐하면 그 사람들은 그들의 예배에 빠져들기를 바라고 있기 때문입니다. 그러므로 그들은 복종시키는 방법들을 궁리하였습니다. 그 산은 이사야서 14장 13절의 "저 멀리 북쪽 끝에 있는 산 위에"의 산을 가리키며 그 산 꼭대기에 있는 무리는 이사야 14장 12절의 "루시퍼"(Lucifer)를 가리킵니다. 왜냐하면 이같은 동쪽에 사는 바빌론의 무리들은 다른 어떤 사람들 보다도 큰 빛 안에 있었고 또 그들은 빛이었는데 그들은 교묘한 기교로 자신들을 그렇게 꾸미었습니다. 거기에는 천사들이 있는 하늘까지 닿는 탑을 건축하는 사람들로 나타났습니다. 그러나 이것은 그들의 음모를 표징하는 것 뿐입니다. 왜냐하면 음모는 영계에서 이렇게 나타납니다. 즉 음모를 꾸미는 사람과 더불어 실제로는 그렇게 존재하지 않는 여러가지 일들에 의해서, 먼 거리에 있는 사람들이 눈에는 그렇게 나타나기 때문입니다. 이같은 현상은 영계에서 아주 일반적인 일들입니다. 이같은 현현은 나에게 다음의 말씀의 뜻을 알게 하였습니다. 즉—.

탑 꼭대기가 하늘에 닿게 하여 우리의 이름을 날리고 온 땅에 흩어
지지 않게 하자…… 사람들은 그곳의 이름을 바벨(Babel)이라고
불렀다.
(창세기 11:1-9)

이것들이 동쪽에 거주한 사람들에 관한 것입니다. 앞쪽 즉 서쪽
에는 암흑시대(the dark age)의 종교에 살았던 사람들이 살았습
니다. 왜냐하면 대부분 다른이들 밑에 있는 후손들로 지하에 있
기 때문입니다. 북쪽을 향한 정면의 전 면적은 온통 구멍으로 뚫
려 있었으며 구멍들은 수도승으로 가득 채워져 있었습니다. 그
곳의 입구는 지붕으로 덮은 동굴들을 통해서 들고 날 수 있었습
니다. 그 뒤에 이어지는 세대에 살았던 사람들은 서로 다르게 배
치 되었는데 그들은 악한 사람은 아니었으나 그들과는 거의 대
화를 하지 않았습니다. 왜냐하면 그들이 살았던 시대의 사람들은
개혁교도와 더불어 논쟁이 전혀 없었으므로 증오하고 복수하려
는 술책(術策) 같은 악의는 거의 없었습니다. 그 넓은 면적 뒤
편, 서쪽편에는 많은 산들이 있었고 그 산에는 그 나라의 가장
사악한 사람들이 살았는데 그들은 마음 속으로는 신령을 부인하
고 입술로는 신령을 믿는 신앙을 가지고 있다고 하면서 다른 누
구들 보다도 더 경건된 몸짓으로 주님을 경배하였습니다. 거기에
있는 사람들은 그들의 통치의 멍에 아래 일반대중을 구속하는
흉악한 술책을 고안해 내었고 또 다른 사람들까지 그 멍에에 예
속시키는 강압의 술책을 창안하였습니다. 이들 술책은 너무나 가
증한 것이어서 여기에 기술할 수는 없습니다. 이것들에 관한 일
반적인 것들은 저서「천계와 지옥」에 기술하였습니다(천계와 지
옥, 580항 참조). 그들이 살고 있는 산은 묵시록의 "일곱 산들"
이 뜻하는 것이고 여기에 사는 사람들은 빨간 짐승 위에 탄 여인
이 뜻하는 것입니다.

나는 한 여자가 빨간 짐승을 타고 앉아 있는 것을 보았는데 그 짐승은 하나님을 모독하는 이름들로 가득하였고 머리 일곱과 뿔 열 개가 달려 있었습니다. ……이마에는 "땅의 음녀들과 가증한 물건들의 어머니, 큰 바빌론"이라는 비밀의 이름이 적혀 있었습니다. ……여기에 지혜를 가진 마음이 필요하다. 머리 일곱은 그 여자가 타고 앉은 일곱 산이요, 또한 일곱 왕이다.
(묵시록 17:3, 5, 9)

속뜻으로 "여인"은 교회를 뜻합니다. 여기서는 반대의 뜻으로 모독되고 위화된 종교를, "빨간 짐승"은 천적 사랑의 모독을, "일곱 산들"은 모독된 지배애를 뜻합니다. 이것들이 서쪽에 있는 사람들의 주거에 관한 것입니다. 방위(方位)에 따라 구분되어 그들이 생활하는 이유는 영계에서는 모두가 방위에 따라 처신하기 때문입니다. 이 방위는 장소와는 아무런 관련이 없고 그 사람들의 정동과 사랑에 대응되는 것입니다. 이 네 방위에 관해서는 저서 「천계와 지옥」에서 기술하였습니다(천계와 지옥, 141-153항 참조). 일반적으로 바빌론 족속의 모든 생각은 이런 경향이 있었는데 즉 천계는 물론 온 땅을 지배하려는 것이었습니다. 따라서 그들은 다른 수단으로 각각 천계와 땅을 소유하였습니다. 이것을 성취하기 위해서 그들은 계속적으로 새로운 우상과 교리들을 창안하고 꾸미었습니다. 그들은 이 세상에서 만들었던 것과 똑같은 것들을 저 세상에서 만들기를 노력하였습니다. 왜냐하면 사후 모든 사람들은 이 세상에 있었던 것과 같기 때문인데 특히 종교적으로는 더욱 그러합니다. 나는 사람들을 다스리는 것으로서 교리에 관해서 대주교들이 의논하는 것을 들은 적이 있습니다. 그것은 많은 조항들로 구성되어 있었는데 모두가 천계와 땅을 지배하려는 것들과, 주님은 무시하고 오로지 그들 자신만이 모든 권능을 가진 그런 내용들이었습니다. 이런 교리들은 뒤에 방관자들 앞에서 읽혀졌으며 그 음성은 하늘에서부터 들려오는 것 같았는데, 언명하기를, 비록 청중은 그것을 알지 못했지만, 그것들은 가장 깊은 지옥에서 받아 쓴 것이었습니다. 지옥으로부터의 악한 영들의 무리들은 가장 검고 더러운 모양을 하였고, 지옥 아래에서 위로 올라와 그것들을 손으로 하지 않고 이빨로 갈기갈기 찢고서는 그들의 지옥으로 그것들을 던졌습니다. 이것을 본 사람들은 무척 놀랐습니다.

59. (4) 그들이 최후심판의 날까지 거기에 허용되어 있는 이유.

그 이유는 신령질서에 의한 것인데 즉 선한 사람들 가운데 더 이상 선한 사람이 아닐 때까지 보호받을 수 있고, 보호되어야 하기 때문입니다. 그러므로 보호된 사람들은 모두가 외적으로 영적 삶을 흉내낼 수 있고, 도덕적 삶에서 그 삶을 나타내며 마치 그들이 내적으로 믿음과 사랑으로서 그런양, 그래서 그들은 비록 내적 거룩함은 아니지만 외적 거룩함에 보호되었습니다. 그 나라의 많은 사람이 그러했습니다. 왜냐하면 그들은 일반 대중과도 경건하게 말을 하였고 그들의 마음에 종교심을 불어넣기 위하여 거룩한 자세로 주님을 섬겼으며 또 천계와 지옥에 관해서 생각하게 하였고 설교하는 일로 선한 일을 하게 하였습니다. 따라서 그들은 많은 사람들을 선의 생활로 인도하였고, 그러므로 천계로 향하는 길에 들어서게 하였는데 이 때문에, 그 종교에 속한 많은 사람이 구원을 받았습니다. 그렇지만 그들의 지도자는 거의 구원을 받지 못했습니다. 왜냐하면 이들은 주님께서 말씀하신 바와 같습니다.

> 거짓 예언자들을 삼가라. 그들은 양의 탈을 쓰고 너희에게 오지만 속은 굶주린 이리들이다.
> (마태 7:15)

이 말씀에서 말씀의 속뜻으로 "예언자"는 진리를 가르치는 사람을 가리키는데 그것에 의해서 사람들은 선으로 인도됩니다. "거짓 예언자"는 거짓을 가르치는 사람으로 거짓을 부추깁니다. 그들은 서기관과 바리새파 사람과 같습니다. 아래 말씀에서 주님은 그들에 관해서 기술하였습니다.

> 율법학자들과 바리새파 사람들은 모세의 자리에 앉은 사람들이다. 그러므로 그들이 너희에게 말하는 것은 무엇이든지 다 실행하고 지켜라. 그러나 그들의 행실은 따르지 말아라. 그들은 말만 하고 실행하지는 않는다. 그들이 하는 행실은 모두 사람들에게 보이려고 한다. 율법학자들과 바리새파 사람들아, 위선자들아, 너희에게 화가 있다. 너희는 사람들 앞에서 하늘 나라의 문을 닫기 때문이다. 너희는 자기도 들어가지 않고 들어가려고 하는 사람도 들어가지 못하게 한다. 율법학자들과 바리새파 사람들아, 위선자들아, 너희에게 화가 있다! 너희는 잔과 접시의 겉은 깨끗이 하지만 그 안은 탐욕과 방종으로 가득 채우기 때문이다. 눈먼 바리새파 사람들아! 먼저 잔 속을 깨끗이 하여라. 그러면 그 겉도 깨끗하게 될 것이다. 율법학자들과 바리새파 사람들아, 위선자들아, 너희에게 화가 있다. 너희가 회칠한 무덤과 같기 때문이다. 그것은 겉으로는 아름답게 보이지만, 그 안에는 죽은 사람의 뼈와 온갖 더러운 것이 가득하다. 이와 같이 너희는 겉으로는 사람들에게 의롭게 보이지만, 속에는 위선과 불법이 가득하다. 그러므로 내가 예언자들과 지혜 있는 자들과 율법학자들을 너희에게 보낸다. 너는 그 가운데서 더러는 죽이고, 더러는 십자가에 못박고 더러는 회당에서 채찍질하고, 이 동네 저 동네로 뒤쫓으며 박해할 것이다.
> (마태 23:1-34)

그들이 허용된 또다른 이유는 사후 모든 사람들은 더구나 이 세상에서 자신이 배우고 익혀온 그의 종교적 원리들을 보유하기 때문입니다. 그러므로 그는 그가 처음으로 저 세상에 오게 되면 그 원리들에 소개됩니다. 지금 이 나라와 더불어 그 종교적 원리는 신성에 대한 구두 선택권(口頭選擇權·oral preference)을 주는 사람들에 의해서 또 거룩한 몸짓을 가장하고, 더욱이 그것들을 통해서 그들이 구원 받을 수 있는 신념을 사람들 마음에 심는 사람들에 의해서 마음에 뿌리박게 되었습니다. 따라서 그들은 옮겨졌지만 그러나 그들 자신 가운데 보호되었습니다. 그러나 한 판단에서 다른 판단으로 보호되는 주요 원인은 외적으로는 영적 삶과 유사한 삶을 살고, 말하자면 내적으로는 경건하고 거룩한 체 흉내를 내었고 그들에 의해서 단순한 사람들은 교훈과 안내를 받았기 때문입니다. 왜냐하면 믿음과 마음으로 단순한 사람은 눈 앞에 보여지는 즉 외적인 것 이상을 볼 수 없기 때문입니다. 이런 까닭으로 이같은 사람들은 기독교회의 시작에서부터 심판의 날까지 묶인되었습니다.

최후심판은 앞서 두 번 있었고 지금은 세 번째 있는 것인데 이에 관해서는 앞서 설명하였습니다. "옛 하늘"은 이들로 이루어졌는데, 그들은 묵시록 20장 5, 6절의 "첫째 부활에 참여하지 못한 사람들"이 뜻하는 것입니다. 그러나 그들은 위에 기술한 바와 같기 때문에 그 하늘은 멸망되었고 둘째 부활에 속한 사람들은 모두 내던져졌습니다. 그러나 시민법과 영적인 법에 금고(禁錮·in bonds)되어 있는 것을 자신이 겪은 사람들은 보호된다는 것을 알아야 합니다. 왜냐하면 그들은 한 사회에서 함께 살 수 있기 때문입니다. 그러나 이들 법에 묶여 있지 않은 사람은 보호될 수 없고 최후심판 오랜 전에 지옥에 던져졌습니다. 왜냐하면 사회들은 계속해서 이런 상태에서부터 정화되고 깨끗해지기 때문입니다. 따라서 사악한 삶을 살고 일반대중을 꾀어서 악행을 자행하도록 하고, 지독한 술책에 빠지게 한 사람들, 이같은 사람들은 지옥의 영들 가운데 있는데(천계와 지옥, 580항 참조), 모두 그 사회들에서 쫓겨났는데 이것이 그들의 차례였습니다. 이와 같은 방법으로 내면적으로 선한 사람은 악한 사회들로부터 옮기워져서 내면적으로 악한 사람들에 의해서 더러워짐을 막았습니다. 왜냐하면 선한 사람은 내적인 것을 깨달으므로 내적인 것에 동의하는 것 만큼을 제외하고는 외적인 것에 관심을 가지지 않기 때문입니다. 그들은 자신들의 차례에 따라서 교육의 장소에 보내졌는데(이것에 관해서는 천계와 지옥, 512-520항 참조) 그리고 천계로 옮겨졌습니다. 왜냐하면 "새 하늘"은 그들로 이루어졌고 그들이 바로 "첫째 부활에 속한 사람들"을 뜻하기 때문입니다. 이런 사실들은 이미 알 수 있도록 설명한 것에서 교황 종교가 최후심판의 날까지 묵인되고 보호되는 그 많은 이유를 알 수 있을 것입니다. 그러나 이것에 관한 설명을 아래에서 사라지게 될 "처음 하늘"에 관해서 언급할 때 좀더 부언하겠습니다.

60. (5) 어떻게 그들이 멸망되었고 어떻게 그들의 삶이 사막에서 행해졌는가?

나는 저서「묵시록 해설」(*Explanation of the Apocalypse*)에서 충분히 설명하였지만, 여기서 몇가지를 기술하겠습니다. 그것은 멸망하게 되는 바빌론에 관한 것입니다. 사실 그것을 본 사람을 제외하고는 그 누구도 알 수 없습니다. 그리고 최후심판이 어떻게 이행되어, 완성되었는지에 관한 모든 것을 나는 볼 수 있었는데 특히 바빌론에 속한 것들에 행해지는 것을 볼 수 있었습니다. 그러므로 나는 그것을 기술하고자 합니다. 이것이 나에게 주어졌는데 근본적인 것은 묵시록에 예언된 모든 것은 성령의 감동으로 된 것이며, 묵시록은 성언 중 예언서라는 것을 세상에 계시하기 위한 것입니다. 왜냐하면 만약 이것이 이 세상에 계시되지 않는다면, 즉 구약의 예언서의 표현과 똑 같이 이 책에 있는 각각의 속뜻을 동시에 계시되지 않는다면, 이해할 수 없다는 이유 때문에 이 성경말씀은 거부될 것이기 때문입니다. 그 성경책은 많은 의심을 자아내고, 그 사실들은 믿을 가치가 전혀 없다고 말하고 또 최후심판도 역시 있지 않을 것이라고 할 것입니다. 거기에서 바빌론에 속한 것을 믿지 않는 사람들은 자신들을 확신할 것입니다. 이렇게 하지 않으면 안되니까 주님은 나로 하여금 눈으로 직접 증거(an eye-witness)하게 하셨습니다. 그러나 바빌론에 속한 사람들에게 행해진 최후심판에 관해서 그리고 바빌론의 멸망에 관해서 내가 본 모든 내용들을 충분하게 기술한다는 것은 여기서는 불가능합니다. 다만 여기서는 지극히 일반적인 것을 기술하고 개별적인 것들은 저서「묵시록 해설」로 미루겠습니다.

바빌론 국가가 창건된 것과 마찬가지로 영계에서도 매우 넓게 점유하여 모든 방위에 있는 여러 사회들로 구성되었습니다(58항 참조). 나는 그들이 어떻게 멸망되었는지, 각 방위 별로 구별하여 기술하겠습니다.

61. 파괴는 재난(災難·visitaion) 뒤에 있었습니다. 왜냐하면 재난은 언제나 앞서 오기 때문입니다. 사람의 성품을 조사하는 행위, 더욱이 악한 사람에게서 선한 사람을 식별, 분리하는 것은 재난입니다. 그 때 선한 사람은 옮기워지고 악한 사람은 뒤에 그대로 남습니다. 이 일이 마치어지면 지진이 있게 되고 이것에서 사람들은 최후심판이 가까이 왔음을 깨닫게 됩니다. 전율(戰慄·trembling)이 모든 것들을 사로잡습니다. 그 때 남쪽 방위에 살던 사람들, 특히 큰 도시에 있던 사람들(58항 참조)은 이리 저리(to and fro)로 날뛰게 되는데 몇몇은 도망하고, 몇몇은 토굴 속에 숨고, 남어지들은 그들의 보물이 숨겨져 있는 지하실 속에 숨을 것입니다. 이러는 동안에 몇몇은 그들의 손에 들어온 것들을 취할 것입니다. 그러나 지진이 있은 뒤 아래로부터 폭발이 있었는데 이로 인해서 그 도시와 도시 주변에 있던 모든 것들은 뒤집혀졌습니다. 이 폭발 뒤 매우 강한 바람이 동쪽에서 불어 왔는데

그 바람은 기초되는 것들을 모두 뒤흔들어 쑥대 밭을 만들었습니다. 그 때 사람들은 숨어 있던 곳은 물론 모든 곳에서 끌어내어졌으며 그들은 검은 물의 바다(a sea of the black water)에 던져졌습니다. 그 바다에 던져진 사람은 헤아릴수 없이 많았습니다. 한참 뒤 전지역에 연기가 내려왔습니다. 좀 뒤에는 큰 불이, 나중에는 짙은 먼지가 밀려 왔는데 이것들은 동풍에 의해서 바다로 쓸쓸려 가 거기서 흩날려졌습니다. 왜냐하면 그들의 보물은 먼지로 변했는데 그들이 보물들을 가지고 있었고 또 그들이 거룩하다고 불렀기 때문입니다. 이 먼지들은 바다에 뿌려졌습니다. 왜냐하면 이들 먼지는 곧 영벌(永罰)을 뜻하기 때문입니다. 드디어 흑암(黑暗·blackness)이 온 지역을 휩쓰는 것이 보였습니다. 그것은 한 마리의 용처럼 나타나 보여졌습니다. 이 징조는 그 큰 도시와 지역이 모두 황무지가 되었다는 증표입니다. 이처럼 보인 것은 예레미야서에 잘 기록되어 있는 것과 같이(예레미야 9:11; 10:22; 49:33; 말라기 1:3) "용"이 한 종교의 거짓을 뜻하고, "용들의 거처"는 그들이 쫓겨난 뒤의 황무지를 뜻하기 때문입니다. 또 몇몇은 왼쪽 팔에 연자맷돌을 가지고 있는 것이 보였는데 그들은 그들이 확신을 가지고 있는 말씀에서 비롯된 그들의 지독한 정통교리(正統敎理·abominable dogma)를 뜻합니다. 연자맷돌이 뜻하는 것은 이와 같습니다. 즉 묵시록에서 이들 말씀이 뜻하는 것으로 명백히 알 수 있습니다.

> 또 힘센 천사가 큰 맷돌과 같은 돌을 들어 바다에 던지고 말하였습니다.
> "그 큰 도시 바빌론이 이렇게
> 큰 힘으로 던져질 것이니,
> 다시는 그 흔적도 찾을 수 없을 것이다."
> (묵시록 18:21)

그러나 그들의 지배력 확장과 사람들을 무지하게 하여 맹목적인 복종을 계속 유지하려는 것을 의논하고 있는 동쪽 가까이에 위치한 공의회에 속한 사람들은 흑해(黑海·black sea)에 던져지지 않고 깊고 깊은 심연(深淵·gulf)에 던져졌습니다. 이로써 남쪽에 있는 바빌론 사람의 최후심판은 끝이 났습니다. 그러나 서쪽 정면과 북쪽에 있는 그 큰 도시의 최후심판도 이어서 행해졌습니다. 큰 지진 뒤 기초까지 이쪽, 서쪽과 북쪽에 있는 모든 것들은 갈기갈기 찢겨졌는데 그 지진은 이 세상에 있는 지진이 아니라 성경말씀에 기술된 바로 그 지진들이고(마태 24:7; 누가 21:11; 묵시록 6:12; 8:5; 11:13; 16:18) 구약 예언서에 기록된 지진을 가리킵니다. 동풍은 남쪽으로부터 서쪽을 거쳐 북쪽으로 불어왔는데 그 지역의 모든 것을 쑥대 밭으로 만들었습니다.

암흑시대의 사람들이 지하에서 살고 있는 서쪽의 정면 첫부분이 쑥대 밭이 되었고 뒤이어 서쪽에서 북쪽을 거쳐 동쪽에까지 펼쳐 있는 그 큰 도시가 쑥대 밭이 되었습니다. 거기에 있는 모든 것들이 모두 다 들어내졌습니다. 그러나 그곳에는 많은 재물이 없었기 때문에 폭발이나, 재물을 태우는 지옥 같은 유황불은 보이지 않았습니다. 그러나 파괴와 파멸이 있었는데 종국에는 전체가 연기로 변하여 연기만 올라 왔습니다. 왜냐하면 동풍이 이리 저리로 불었는데 동풍은 모든 것들을 파괴시키고 싹쓸어 버리기 때문입니다. 수도승과 일반대중이 수많은 사람들에게 인도되었는데, 그 중에 얼마는 남쪽에 있는 큰 심연에 던져졌으며 또 얼마는 서쪽 심연에, 암흑기에 있었던 이들의 일부는 이방인들과 같은 우상숭배자들이기 때문에 그 중 얼마는 이방인의 지옥에 던져졌습니다. 연기가 그 지역에서부터 올라와 바다 멀리까지 확장되어 퍼져 나갔습니다. 그 연기는 저 끝까지 날아가 검은 층을 이루었습니다. 왜냐하면 그들이 던지워진 바다는 먼지와 연기로 뒤덮였기 때문입니다. 그리고 그들의 집과 재물들은 모두가 먼지와 연기로 바뀌었습니다.

그래서 바다는 더 이상 보이지 않았고 보이는 것은 모두가 마치 흑토(黑土 · black soil) 같이 보였습니다. 그 아래가 바로 그들의 지옥입니다.

최후심판은 동쪽에 있는 산 위에 사는 사람들에게도 행해졌습니다(58항 참조). 그들의 산들은 깊은 적막 속에 잠겨 있는 것 같이 보였고, 그들은 깊이 갈아 앉은 것 같이 보였습니다. 산들 중 한 산에 있는 어떤 이를 향해서 그들은 하나님(god)이라고 외쳤는데, 그는 처음에는 검게 보였고 뒤에는 화염 같이 보였고, 산들과 같이 지옥으로 급히 내던져졌습니다. 왜냐하면 그 산 위에 있는 여러 계급의 수도승은 그들의 하나님이고 그들 자신은 그리스도라고 말하였고 단 그들이 가는 곳에서는 그들 자신이 그리스도라는 지극히 잘못된 종지(the abominable persuasion)를 가지고 그들을 현혹시켰기 때문입니다.

마지막으로 서쪽 먼 곳 산 위에 사는 사람들에게 심판이 행해졌습니다. 이들은 "일곱 산인 일곱 머리를 가진 빨간 짐승 위에 올라 앉은 여인"(묵시록 17:3, 5, 9)이 가리키는 것인데 그들에 관한 것은 앞서에서 기술하였습니다(58항 참조). 그들의 산들이 보였는데, 어떤 산은 중앙에 큰 틈이 나 있었는데 그 틈은 매우 넓은 것이고 또 나선형으로 빙글빙글 돌게 되어 있는데 산들 위에 있는 사람들이 그 넓은 틈 속으로 내던져졌습니다. 다른 산들은 산 위에서 산 아래 밑동까지 갈기갈기 흩어졌습니다. 그래서 산 꼭대기가 밑동이 되었습니다.

평야에 살았던 사람들은 홍수(deluge)로 범람되고, 평야는 홍수로 뒤덮혔으며 다른 방위에서 온 사람들 가운데 몇몇은 심연에 던져졌습니다. 그러나 이것들은 내가 목격한 일중에 지극히 작은 부분에 불과합니다. 더 자세한 내용은 저서「묵시록 해설」

에서 잘 읽을 수 있습니다.

이 최후심판은 1757년 초에 시작되어 그 해에 끝이 났습니다.

흑해에 던져진 사람들을 제외하고, 심연에 던져진 사람도 부지기수 입니다. 심연 네 개가 내게 보여졌습니다. 남쪽에 있는 큰 심연은 동쪽을 향해 있었고, 서쪽에 있는 다른 심연은 남쪽을 향해 있었습니다. 세번째가 서쪽에 있었는데 그것은 북쪽을 향해 있었습니다. 네번째 것은 서쪽과 북쪽 사이의 약간 모퉁이에 있었습니다. 이 심연과 흑해는 그들의 지옥입니다. 이것들이 보여진 것이지만 이외에도 보지 못한 더 많은 것들이 있습니다. 왜냐하면 바빌론 사람들의 지옥들은 영적인 것들 즉 교회의 선과 진리의 여러 모독과 위화에 따라서 분별되기 때문입니다.

62. 이리하여 영계는 영적인 것들로부터 자유롭게 되었고 천사들은 이 때문에 영계의 자유를 만끽하였습니다. 왜냐하면 바빌론에 속한 사람들은 이 세상에서 보다도 더 저 세상에서 그들의 간교가 매우 악질적이기 때문에 그들이 할 수 있는 한 모든 사람들을 해치고, 타락시키려고 하였기 때문입니다. 왜냐하면 그들은 영들이고 또 사람의 영은 생각하고, 의도하고 꾸미는 것들이 바로 그 사람이기 때문에 그들이 사악함을 모두가 감추어진 그런 영들이기 때문입니다. 그들의 대부분은 조사 검토되었고 또 그들이 믿는 것은 전혀 아무것도 없다는 것과 남을 해치고 타락시키려는 가증한 정욕 뿐이라는 것이 판명되었습니다. 그들 자신을 위한 부(富)와 지배욕으로 목적한 가난이 그들 마음 속에 깊이 둥지를 틀고 있었습니다. 이 같은 목적 때문에 그들은 가장 형편없는 무지(the densest ignorance)에 갇혀야만 했고, 따라서 광명 즉 천계로 가는 길이 차단되었습니다. 왜냐하면 영적인 것들에 관한 지식들이 우상숭배적인 것들에 의해서 압도당하고 또 말씀이 음란스럽고 힘이 없이 무기력하고 소멸될 때 광명이나 천계

에 오르는 길은 막아져야 하기 때문입니다.

63. (6) 선에서 비롯된 진리의 정동 안에 있었던 사람들은 보호되었다.

경건함과 그리고 비록 진리는 모르고, 진리를 알려는 바람에서 비롯된 선한 삶을 산 교황국가에 속한 사람들은 북쪽 가까이 서쪽 앞면에 위치한 한 지역으로 옮기워져서 거기에 그들이 살 수 있는 주거지가 주어져서 그들의 사회가 이루어졌습니다. 그 때 개혁교회에서 온 사제들이 그들에게 파견되었는데 그들은 그들에게 말씀을 가르쳤습니다. 그들은 말씀을 배웠을 때 그들은 천계로 올리워졌습니다.

64. (7) 그후 지상에서 올라온 사람들의 상태.

최후심판이 완료되었기 때문에 그 심판에 의해서 모든 것들은 주님에 의해서 질서정연하게 되었습니다. 즉 내면적으로 선한 사람은 하늘에 올리워졌고 내면적으로 악한 사람은 지옥으로 떨어졌습니다. 그러므로 종전까지 또는 지금 이후부터는 그들이 천계 아래나 지옥 위의 사회를 형성하는 것이 그들에게 허락되지 않을 것이고, 또 다른 사람들과 더불어 공동의 그 어떤 것을 가지는 것도 허락되지 않을 것입니다. 그러나 사후에 그들이 거기에 오면 곧 그들은 서로 분리되어 영들의 세계에서 일정 기간이 경과된 후 그들은 그들의 적소(適所)에 옮기워질 것입니다. 그러므로 거룩한 것을 모독한 사람이나 오직 주님에게 속한 권능인데도, 자신들이 천계를 열고 닫을 수 있고, 죄를 사해주는 권한을 가지고 있다고 호언장담하는 사람이나, 성언과 동등히 교황의 교서(敎書)를 만드는 사람, 또 오직 지배만을 목적으로 통치권을 가진 사람은 모두 지금 이후부터는 신성모독자의 지옥인 흑해(黑海)나 심연(深淵)으로 즉시 보내질 것입니다. 그러나 천계로부터 나에게 말씀이 있었습니다. 그것은 이같은 종지(宗旨)에 속한 사람들은 사후 삶에 관해서 전혀 생각한 것이 없다는 것입니다. 왜냐하면 이 세상에 있을 때 그들은 마음으로부터 부인하고 이 세상의 삶만을 생각하였습니다. 따라서 그들은 사후 그들에게 속한 것 즉 영원히 산다는 것에 관해서, 그런 것은 아무것도 아니라고 여겼고 또 그것을 조소하였기 때문에 사후 그들의 몫은 아무것도 없었습니다.

10.
처음 하늘과 그 하늘의 종식

65. 묵시록에 말씀하시기를 -.

> 나는 크고 흰 보좌와 그 위에 앉으신 분을 보았습니다. 땅과 하늘이 그 앞에서 사라지고, 그 자리마저 찾아볼 수 없었습니다.
> (묵시록 20:11)

뒤 이어서 하신 말씀은 -.

> 나는 새 하늘과 새 땅을 보았습니다. 이전의 하늘과 이전의 땅이 사라지고 바다도 없어졌습니다.
> (묵시록 21:1)

이 말씀의 "새 하늘과 새 땅" 그리고 처음 하늘과 처음 땅의 사라짐이 뜻하는 것은 가시적 하늘이나 우리가 살고 있는 땅을 뜻하는 것이 아니고 영계적 하늘과 교회를 가리키는 것입니다. 이것에 관해서는 앞서 첫번째 글과 뒤이어지는 데서 말씀드렸습니다. 왜냐하면 성경말씀은 영적인 것이며 그러므로 성경말씀은 영적 사물에 관한 것을 언급하고 있습니다. 그런데 영적 사물은 천계와 교회에 속한 것들입니다. 이것들은 문자적인 뜻으로의 자연적 사물에 의해서 표현되었습니다. 왜냐하면 자연적인 사물은 영적 사물에 대해서 기초를 제공하고 있기 때문입니다. 만약 이같은 기초가 없다면 말씀은 거룩한 사역(事役·Divine work)이 될 수 없습니다. 왜냐하면 그것은 완전하지 않기 때문입니다. 그 이유는 자연적인 것은 신령질서에서 보면 가장 궁극적인 것이기 때문에 자연적인 것은, 집이 기초 위에 세워지듯이, 그것 위에 생존할 수 있는 천적이고 영적인 내적인 것들을 완성고 이룩하기 때문입니다. 그렇지만 오늘날의 사람은 영적으로부터가 아니라 자연적인 것에서부터 말씀에 속한 것들을 생각하기 때문에, 여기서나 또는 다른 곳에 기술된 "하늘과 땅"이 뜻하는 바를 그들은 오직 자연계 안에 존재하는 하늘과 땅 이외의 그 어떤 것을 이해하지 못하고 있습니다. 이와 마찬가지로 모든 사람들은 이들의 사라짐이나 소멸 또는 새로운 그것들의 창조만을 생각할 뿐입니다. 그러나 만약 그들이 공연히 이것이 영원히 영원히 계속되지 않는 것이라고 기대하지 않는다면 그들은 말씀의 영적 뜻을 깨닫게 되고 따라서 말씀 안에 기록된 많은 사물들이 뜻하는 바가 무엇인지를 알게 될 것이고 그들이 자연적으로 그것을 생각할 때 그 이해에 들어갈 수 없으며 동시에 "사라질 하늘과 땅"이 뜻하는 바도 알 수 없을 것입니다.

66. 그러나 "처음 하늘과 처음 땅"이 뜻하는 것을 펼쳐 보이기에 앞서 먼저 알아야 할 것이 있습니다. 즉 "처음 하늘"은 이 세상 창조 아래 지금까지 천사들이 된 그 사람들에 의하여 이루어진 천계를 뜻하는 것이 아닙니다. 왜냐하면 천계는 영속하는 것을 영원히 보존하는 것이기 때문입니다. 왜냐하면 천계에 오른 사람들은 주님의 보호 아래 있고 또 주님에 의하여 한번 영접된

사람은 주님에게서부터 결코 끌어내려질 수 없기 때문입니다. 그러나 "처음 하늘"은 천사들이 된 그들 이외의 사람들로 구성된 천계를 가리킵니다. 왜냐하면 그들의 대부분은 천사가 될 수 없었기 때문입니다. 그들이 누구인지, 그들의 성품이 어떤지는 다음에 이어서 말씀드리겠습니다. 이 하늘은 말하였듯이 "사라질" 것입니다. 이 하늘은 그들이 바위와 산들 위에 있는 사회를 형성하고 또 자연계에서와 유사한 희열 속에 살기 때문에 "하늘"이라고 부르지만 아직은 영적인 것에 있지는 않습니다. 왜냐하면 이 세상에서 영계에 들어온 사람들 대부분은 그들 자신이 하늘에 있다고 믿기 때문입니다. 즉 그들은 높은 곳에 있고 또 천국적인 기쁨을 향유하며 또 이 세상에 있을 때와 똑 같은 기쁨을 누리고 있기 때문이지요. 그래서 하늘이라고 하였지만 그러나 "처음 하늘은 사라질" 것입니다.

67. 더 알아야 할 것이 있습니다. "처음"(the first)라고 불리운 이 하늘은 주님께서 세상에 강림하시기 전에 살았던 사람들로 구성된 것이 아니고, 주님의 강림 이후의 사람들로 구성되었다는 것입니다. 왜냐하면 앞서 설명하였듯이(33-38항 참조) 최후심판은 모든 교회의 마지막에 단행되었고 그때 전(前) 하늘은 종식되고 새 하늘이 형성되었기 때문입니다. 왜냐하면 외적으로 자비스럽고 경건되게 살고 비록 내적인 삶을 살지 못한, 외적인 도덕적 삶을 산 사람들은 교회의 시작부터 끝까지 묵인되었고, 또 그들은 사회적인 시민법이나 도덕률에 의해서 구속되는 사상이나 취지에 속한 내적인 것을 미리 대비하여 두었습니다. 그러나 교회의 마지막 때에는 그들의 내적인 것들은 모두 드러나졌으며 또 심판은 그들 위에 행하여졌습니다. 따라서 최후심판은 이 지구상의 주민에게는 벌써 두 번씩이나 행해졌고 지금은 그 세 번째입니다(46항 참조). 그러므로 하늘과 땅은 벌써 두 번 사라졌

고 새 하늘과 새 땅이 창조되었습니다. 왜냐하면 앞서 설명하였듯이 하늘과 땅은 이 세상과 저 세상 양계(兩界)의 교회를 가리키기 때문입니다(1-5항 참조). 따라서 명확한 것은 구약성서의 예언서에 "새 하늘과 새 땅"은 묵시록에 기술된 "새 하늘과 새 땅"은 아니라는 것입니다. 그러므로 전자는 주님께서 이 세상에 계실 때 주님에게서 비롯된 것이고, 후자는 지금 주님에게서 비롯된 것입니다. 구약성서의 예언서에서 이것들에 관한 말씀을 살펴보겠습니다.

> 내가 새 하늘과 새 땅을 창조할 것이니,
> 이전 것들은
> 기억되거나 마음에 떠오르거나
> 하지 않을 것이다.
> (이사야 65:7)

또 다른 곳에 ㅡ.

> 내가 지을 새 하늘과 새 땅이
> 내 앞에 늘 있듯이
> 너희 자손과 너희 이름이 늘 있을 것이다.
> (이사야 66:22)

이 외에 다니엘서에도 언급되었습니다.

68. 따라서 지금 언급하여 사라질 처음 하늘에 관하여 그 누구도 모르기 때문에 나는 다음 순서에 따라서 설명하고자 합니다.
  (1) 처음 하늘을 구성하는 사람들에 관하여.
  (2) 처음 하늘에 속한 사람의 성품(性稟)에 관하여.
  (3) 처음 하늘이 어떻게 사라지는가에 관하여.

69. (1) **처음 하늘을 구성하는 사람들에 관하여.**
  처음 하늘은 최후심판이 단행될 사람들로 이루어졌습니다. 왜냐하면 최후심판은 지옥에 있는 사람이나 하늘 나라에 있는 사람들이나 영들의 세계에 있는 사람들에게 단행되지 않기 때문입니다. 이것에 관해서는 저서 「천계와 지옥」을 참조하시기 바랍니다(천계와 지옥, 421-520항 참조). 또 아직까지 살아 있는 사람에게는 단행되지 않고 다만 자신들이 커다란 산 위나 바위 같은 데 있어서 하늘에 속한다고 여기는 사람들에게 행해지는데 이들이 바로 주님께서 왼쪽에 세웠던 "염소"라고 뜻하는 사람들입니다(마태 25:32, 33). 따라서 처음 하늘은 기독교인이 아닌 마호메트 교도나 이방인들로 나타나는데, 이들이 있는 곳에 그들로 이루어진 이같은 하늘이 생겨지기 때문입니다. 그들의 성품은 몇 마디로 말할 수 있겠습니다. 그들은 이 세상에 있을 때 내적으로 거룩하게 살지 않고 외적으로만 살았고 또 시민법과 도덕률의 목적만으로 의롭고 진실되게 살았을 뿐, 신령한 율법에 목적을 두고 살지는 않았습니다. 그러므로 그들은 외적 또는 자연적일 뿐 내적 또는 영적 사람은 아닙니다. 그들은 또한 교회의 교리 안에 있고 또 그것들을 가르칠 수 있지만 그러나 그 가르침에 따라 살지 않고, 그들은 직업적인 것을 위해서 또는 그런 필요에 의해서 행했을 뿐 선용을 목적으로 행하지는 않았습니다. 주님 강림 이후에 태어나 살았던 이들과 유사한 모든 사람들로 "처음 하늘"은 형성되었습니다. 그러므로 이 하늘은 한 세상이었고 또 이 세상에 있는 바로 교회였습니다. 이들 가운데는 선 자체가 목적이지만 법의 두려움 때문에 또는 명성과 명예 또는 재물을 잃을 두려움 때문에 선행을 행한 사람도 있습니다. 그들은 다른 목적으로 선을 행한 것도 아니고 또 하나님을 경외(敬畏)해서 선을 행한 것도 아닙니다. 처음 하늘에는 개혁교도에 속하는 사람들이 주류를 이루었는데 그들은 사람은 믿음만으로 구원을 받으며, 인애인 믿음의 삶을 살지 않는 것을 믿으며 또 사람들에게 보이는 것만을 사랑한 사람입니다. 이들에게는 그들이 서로 합치면 합치는 만큼 내면적인 것들은 닫혀집니다. 그러나 최후심판이 임박했을 때 그들은 내면적인 것이 열려져서 그들은 자신들이 거짓과 모든 악한 것에 의해서 망상에 사로잡혀 있다는 것을 깨닫게 되었고, 그들이 신령에 대항하는 일을 자행하였고 따라서 실질적으로 지옥에 있다는 것을 깨닫게 되었습니다. 왜냐하면 모든 사람은 누구나 사후 즉시 그와 유사한 것 끼리 합쳐지기 때문에 선한 사람은 천계에서 그들의 동류끼리, 악한 사람은 지옥에서 그들의 동류끼리 합치게 됩니다. 그렇지만 그들은 내면적인 것들이 열려 알려지기 전까지는 그들끼리 합쳐지지 않습니다. 그러는 동안 그들은 외적인 것들에서 서로 유사한 사람들끼리 뭉쳐지게 됩니다. 그러나 알 수 있는 것은 내면적으로 선 안에 있는 즉 영적인 사람들은 외적인 사람들과 분리되어 천계로 올리우고, 내면적으로 악한 만큼 외적인 사람들은 영적인 사람들과 분리되어 지옥으로 떨어집니다. 이것은 그 때부터 주님 강림 이후 마지막 때 즉 심판 때 줄곧 계속되었습니다. 그들 가운데 사회들을 형성하기 위하여 떠난 그들로 처음 하늘은 이루어집니다. 그들에 관해서는 앞서 설명하였습니다.

70. 이같은 사회들이나 하늘을 관대히 다루는데는 많은 이유가 있지만 그 주된 이유는 그들의 외적 거룩함이나 외적인 진실이나 정의에 이해서 그들이 낮은 천계와 또 아직 천계에 오르지 못하고 영들의 세계(the world of spirits)에 머무르고 있는 단순한 선한 영들과 더불어 결합되기 때문입니다. 왜냐하면 영들의 세계에서 하나의 의사소통이 있고, 따라서 그들과 유사한 끼리끼리의 결합이 있기 때문인데 낮은 천계나 영들의 세계에 있는 단순한 선한 사람들은 내면적으로 악하지 않다면 거의가 외적인 것에 의존되기 때문입니다. 만약 이같은 영들이 정해진 기간 전에 우격다짐으로 그들에게서 옮기워진다면 천계는 낮은 부분에서 고

통을 겪게 될 것입니다. 낮은 하늘 위에 높은 하늘이 그것을 기초로 지탱되기 때문입니다. 이런 이유로 해서 마지막까지 그들은 관대하게 묵인되는 것입니다. 주님은 다음과 같이 말씀하셨습니다.

> 주인의 종들이 와서 그에게 말하였다. "주인 어른, 어른께서 밭에 좋은 씨를 뿌리지 않으셨습니까? 그런데 가라지가 어디에서 생겼습니까?" 주인이 종들에게 말하기를 "원수가 그렇게 하였구나" 하였다. 종들이 주인에게 말하기를 "그러면 우리가 가서 그것들을 뽑아 버릴까요?" 하였다. 그러나 주인은 이렇게 대답하였다. "아니다. 가라지를 뽑다가 그것과 함께 밀까지 뽑으면 어떻게 하겠느냐? 거둘 때가 될 때까지 둘 다 함께 자라게 내버려 두어라. 거둘 때에, 내가 일꾼에게, 먼저 가라지를 뽑아 단으로 묶어서 불태워 버리고 밀은 내 곳간에 거두어들이라고 하겠다.
> 예수께서 이렇게 말씀하셨습니다. "좋은 씨를 뿌리는 이는 인자요, 밭은 세상이다. 좋은 씨는 그 나라의 자녀들이요, 가라지는 악한 자의 자녀들이다. 가라지를 뿌린 원수는 악마요, 추수 때는 세상 끝 날이요, 추수꾼은 천사들이다. 가라지를 모아다가 불에 태워 버리는 것 같이 세상 끝 날에도 그렇게 할 것이다.
> (마태 13:27-30, 37-40)

이 말씀에서 "이 시대의 마지막"은 교회의 마지막 때를 가리키고 "가라지"는 내면적으로 악한 사람을, "밀"은 내면적으로는 선한 사람을 뜻하며, "가라지를 뽑아 단으로 묶어 불태워 버린다"는 것은 최후심판을 가리킵니다.* 이와 유사한 뜻으로 같은

---

*성경 말씀에서 "단" 또는 "묶음"은 사람들로 하여금 유사한 것끼리 즉 진리와 거짓의 정열을 뜻한다. 따라서 진리와 거짓 안에 있는 사람의 정열을 뜻한다(천계비의, 4681·4687·5339·5530·7408·10303항 참조). "인자"는 신령진리로서의 주님을 뜻하고(같은 책, 1729·1733·2159·2628·2803·2813·3373·3704·7499·8897·9807항 참조) "아들들"은 선에서 비롯된 진리의 정동(같은 책, 489·491·533·2623·3373·4257·8649·9807항 참조)을 뜻한다. 그러므로 "그 나라의 아들들"은 선에서 비롯된 진리의 정동 안에 있는

장에서 주님은 고기잡는 비유를 말씀하셨습니다. 즉 좋은 것은 그릇에 담고 나쁜 것은 내버린다고 하셨습니다. 이에 관한 말씀은―.

> 하늘 나라는 바다에 그물을 던져서 온갖 고기를 잡아 올리는 것과 같다. 그물이 가득 차면 해변에 끌어올려 놓고 앉아서 좋은 것들은 그릇에 담고, 나쁜 것들은 내버린다. 세상 끝 날에도 이렇게 할 것이다. 천사들이 와서 의인들 사이에서 악한 자들을 가려 내서 그들을 불 아궁이 속에 던질 것이니, 그들은 거기에서 울며 이를 갈 것이다.
> (마태 13:47-50)

사람들이 물고기에 비유되었는데 왜냐하면 말씀의 영적인 뜻으로 "물고기"는 선하고 악한 사람으로서의 자연적 또는 외적 사람을 뜻하기 때문입니다. "의인들"이 뜻하는 바는 아래에서 설명하겠습니다.*

71. (2) 처음 하늘에 속한 사람의 성품에 관하여.

사람을, "악한 자의 아들들"은 악에서 비롯된 거짓의 정동 안에 있는 사람을 뜻한다. 후자를 "가라지"라고 불렀고, 전자를 "좋은 씨"라고 하였는데, 그 이유는 "가라지"는 악에서 비롯된 거짓을, "좋은 씨"는 선에서 비롯된 진리를 뜻하기 때문이다. "밭의 좋은 씨"는 사람 안에 있는 주님에게서 비롯된 선에서 온 진리를 뜻한다(같은 책, 1940·3038·3310·3373·10248·10249항 참조). 나쁜 뜻으로 "씨"는 악에서 비롯된 거짓을 뜻한다(같은 책, 10249항 참조). "밭의 씨"는 또한 말씀에서 비롯된 신령진리에 의한 마음의 양식을 뜻하고 "씨를 뿌린다"는 것은 가르침을 뜻한다(같은 책, 6158·9272항 참조). "세상 끝 날"은 교회의 마지막 때를 가리킨다(같은 책 4535·10622항 참조).

*성경 말씀에서 영의로 "물고기"는 자연적 외적 사람에 속한 과학적인 것을 가리킨다. 따라서 선한 또는 악한 사람으로서의 자연적 또는 외적인 사람을 뜻한다(천계비의, 40·991항 참조). 모든 종류의 동물들은 사람 안에 있는 성품에 대응된다(같은 책, 45·46·246·714·716·719·2179·2180·3519·9280·10609항 참조). 말씀에서 자신의 의와 공로를 주님의 의와 공로로 돌리는 사람은 "의인"이라고 불렀고 의와 공로를 자신에게 돌리는 사람을 "불의한 사람"이라고 하였다(같은 책, 3686·5069·9263항 참조).

아에 관하여 이미 말씀드린 것에서 결론을 얻을 수 있겠습니다. 즉 그들의 성품은 신령의 시인, 선한 삶 또는 진리의 정동에 의해서 보면 영적 사람이 아니지만 다만 외적인 거룩함, 신령한 것에 관한 논설, 자신과 세상적인 목적에 따른 진실성 때문에 영적 사람 같이 보이지만 그들이 자신들의 내적인 것에만 머무를 때면 그들은 그들의 정욕(情欲·lust)에 합일된 추행에 돌진할 뿐입니다. 왜냐하면 그들에게 하나님의 경외심이나 믿음이나 양심 같은 것에 대한 두려움 같은 것은 전혀 없기 때문입니다. 따라서 처음 하늘에 속한 사람들이 그들의 내면에 인도되면 즉시로 그들은 지옥과 결합하는 것으로 나타납니다.

72. (3) **처음 하늘이 어떻게 사라지는가에 관하여.**

이에 관해서는 앞서 마호메트 교도와 이방인들과(50·51항 참조) 교황들 위에 행해진 최후심판(61−63항 참조)에서 설명드렸습니다. 왜냐하면 그들이 처해 있는 적소(適所)에 따라 처음 하늘이 이루어지기 때문입니다. 프로테스탄트와 복음주의자들이라고 불리우는 개혁교도들에 행해진 최후심판에 관해서 그리고 이들로 이루어진 처음 하늘이 어떻게 소멸되었는지에 관해서 이야기할 것이 조금 있습니다. 왜냐하면 앞에서도 말하였지만 심판은 처음 하늘을 구성하고 있는 사람들 위에 행해졌기 때문입니다. 그들이 저 세상에 올리워지면 그들은 자신들의 내면에 따라서 인도되어, 서로 분리되게 되는데, 그들은 악과 거짓에 따라 등급이 나뉘어지고, 또 악과 거짓의 등급에 따라서 그들의 사랑에 대응된 지옥으로 던지워집니다. 그들의 지옥은 중앙 지역에 있는데 왜냐하면 개혁교도들은 중앙에, 그들 주위에는 교황 교도들이, 교황 교도들 주위에는 마호메트 교도들이 그리고 가장 변두리에는 이방인들이 자리하기 때문입니다(48항 참조). 지옥에 던지워지지 않은 무리들은 사막에 던지워집니다. 그러나 대중에는 남쪽과 북쪽에 위치한 평원에서 한 사회를 이루는 무리도 있는데 이들은 거기서 천계를 위한 교육을 받고 준비를 하기 위해서 그들은 보호됩니다. 그러나 어떻게 해서 이 모든 것들이 이루어지는지에 관해서는 여기서 자세히 기술할 수는 없습니다. 왜냐하면 개혁교도들에게 행해진 심판은 다른 무리에 비해서 더 오랜 동안 연속적인 변화에 의해서 계속되었기 때문입니다. 내가 보고 들은 것들 중에서 설명할 의미가 있는 것들은 저서 「묵시록 해설」에 그 내용에 따라서 설명하겠습니다.

11.
이후의 세상과 교회의 상태

73. 이후 세상의 상태는 지금까지의 것과 대체적으로 보아 유사할 것입니다. 왜냐하면 영계에서 일어난 큰 변화는 외적인 형태로서 자연계 안에는 그 어떤 변화도 유발하지 않았기 때문입니다. 따라서 이 뒤에도 이 세상에는 종전과 똑 같은 시민적인 일들이 있을 것입니다. 종전과 똑 같이 세상에는 평화·협약·전쟁 같은 것들이 일반적 또는 개별적인 사회에 속한 다른 사건들과 더불어 있을 것입니다. 주님은 이렇게 말씀하셨습니다.

> 또 너희는 여기저기서 전쟁이 일어난 소식과 전쟁이 일어나리라는 소문을 들을 것이다. 너희는 당황하지 않도록 주의하여라. 이런 일이 반드시 일어나야 한다. 그러나 아직 끝은 아니다. 민족이 민족을 거슬러 일어나고 나라가 나라를 거슬러 일어날 것이며 곳곳에 기근과 지진이 있을 것이다.
> (마태 24:6, 7)

이 말씀은 자연적 세상에 있을 일들을 뜻하는 것이 아니라 그 자연적 일에 대응되는 영계에 있을 일들을 뜻합니다. 왜냐하면 성경말씀의 예언서에 나오는 말씀들은 이 땅에 있는 나라들을 언급한 것이 아니고 또 역시 민족이나 또는 그들의 전쟁이나 기근·질병·지진에 관한 것을 언급한 것이 아니라 이것들에 대응되는 영계에 있을 일들을 뜻하는 것입니다. 이런 것에 관해서는 저서 「천계비의」에서 설명하였습니다. 이 주제에 관한 몇가지 내용들을 아래에서 말씀드리겠습니다.* 그러나 교회의 상태에 관한한 그 교회는 지금 이후부터 과거와는 같지 않은 상태입니다. 그 교회는 외적 표현에 관해서는 유사할 것이지만 내적 면에서는 과거와 전혀 다른 교회일 것입니다. 외적 표현으로서의 교회는 분열된 교회들이 종전과 똑같이 존재할 것이며 그들의 가르침도 종전과 똑같은 것을 가르칠 것입니다. 지금과 똑같은 동일한 종교들이 이방인들 사이에도 존재할 것입니다. 그러나 금후 교회에 속한 사람들은 믿음에 속한 문제들에 관해서 보다 자유스럽게 생각하는 상태에 있을 것이고 따라서 천계와 관계되는 영적인 일들에 관해서도 매우 자유스럽게 생각하는 상태가 될 것입니다. 왜냐하면 영적 자유의지가 사람들에게 회복되었기 때문입니다. 왜냐하면 천계들과 지옥들 안에 있는 모든 것들이 질서정

---

* 성경말씀에서의 "전쟁"은 쟁투(爭鬪·combat)를 뜻한다(천계비의, 1659·1664·8295·10455항 참조). 따라서 "전쟁의 병기들" "활" "칼" "방패"들은 영적 쟁투에 속한 것들을 뜻한다(같은 책, 1788·2686항 참조). "나라"는 진리로서 또는 거짓으로서의 교회를 뜻한다(같은 책, 1672·2546). "민족"은 선 안에 있는 교회에 속한 사람이나 악 안에 있는 교회에 속한 사람을 뜻한다(같은 책, 1059·1159·1205·1260·1416·1849·4574·6005·6306·6858·8054·8317·9320·9327항 참조). "기근"은 선과 진리에 관한 지식의 결여를 뜻한다(같은 책, 1460·3364·5277·5279·5281·5300·5360·5376·5893항 참조). 이것은 또한 교회의 황폐(荒廢·desolation)을 뜻한다(같은 책, 5279·5415·5576·6110·6144·7102항 참조). "역병"(疫病·pestilence)은 선과 진리의 황폐와 종말을 뜻한다(같은 책, 7102·7505·7507·7511항 참조). "지진"은 교회의 상태의 변화를 뜻한다(같은 책, 3355항 참조).

연하게 되었고, 신령한 것의 사상이나 또는 신령에 반대되는 사상이나, 모두 그것들에서 비롯되기 때문입니다. 천계에서 비롯된 모든 사상은 신령한 것들과 더불어 조화를 이루고 지옥들에서 비롯된 모든 사상들은 신령한 것과 다툼을 가져옵니다. 그러나 사람은 자기 자신의 상태의 변화를 면밀히 살피지 않습니다. 왜냐하면 사람은 곰곰히 생각하지 않기 때문입니다. 왜냐하면 사람은 영적 자유의지와 입류에 관해서 아무것도 모를 뿐만 아니라 사람이 죽은 뒤 천계에 있다는 어떤 것도 그 사람 자신의 힘으로는 지각할 수 없기 때문입니다. 그러나 영적 자유의지가 사람에게서 회복되었기 때문에, 따라서 말씀의 영적인 뜻이 지금은 열려지었고 그것에 의해서 내적 신령진리가 계시되었기 때문입니다. 왜냐하면 전 상태의 사람은 그 뜻들을 이해하지 못했으며 그것을 이해한 사람들은 아마도 그 신령진리를 모독했을 것입니다.

사람이 천계와 지옥 사이의 균형의 수단에 의해서 자유의지를 소유한 것과 사람이 자유의지의 상태 없이는 바로잡음(reform)이 불가능하다는 것에 관해서는 저서「천계와 지옥」에서 잘 읽을 수 있습니다(천계와 지옥, 597장 참조).

74. 나는 최후심판 이후 교회의 상태에 관해서 천사들과 수없이 많은 대화를 나누었습니다. 그들은 한결 같이 어떤 일이 일어날 것인지에 관해서 아무것도 아는 바가 없다고 말했습니다. 왜냐하면 앞으로 일어날 일에 관한 지식은 주님 홀로에 속한 것이기 때문입니다. 그러나 그들은 교회에 속한 사람들의 종전과 같은 노예와 사로잡힘(captivity)은 사라질 것이며 지금은 자유의지의 회복에 의해서 사람은 그가 원하기만 한다면, 내적 진리를 보다 월등히 지각할 것이지만 그러나 기독교계로부터 멀리 떨어져 있는 영적 빛을 받을 수 있는 천적-영적 사람을 형성하는 몇몇 민족은 사악한 무리들의 침노로부터 옮기워질 것이라고 말하였

습니다. 그리고 그들은 그 때에 내적 신령진리가 그 민족에게 계시될 것이며, 그 민족은 영적 믿음을 받을 것이며 그들은 심령과 삶으로 주님을 숭상할 것이라고 말했습니다.

제2부

최후심판과 영계에 관한 속편

최후심판에 관한 속편

1.
최후심판은 완료되었다

1. 최후심판(最後審判·the Last Judgement)에 관한 소책자*에서 다음의 내용들이 언급되었습니다.
   즉—.
   1) 최후심판의 날은 세상의 멸망을 뜻하지 않는다(1−5항).
   2) 인류의 출생은 멈추지 않고 계속될 것이다(6−13항).
   3) 천계와 지옥은 인류에서 비롯되었다(14−22항).
   4) 세상 창조 이후 이 세상에 태어났고 사망한 사람은 모두 다 천계 또는 지옥에 있다(23−27항).
   5) 최후심판은 그들이 있는 곳에서 있어야 한다. 그러므로 이 지구상이 아닌 영계—천계와 지옥—에서 있어야 한다(28−32항).
   6) 최후심판은 교회의 마지막 때(the end of the church)에 존재한다. 그리고 교회의 마지막 때는 바로 믿음이 없는 때를 가리킨다. 왜냐하면 믿음이 없는 때는 인애(仁愛·charity)가 없기 때문이다(33−39항).
   7) 묵시록에 예언된 모든 것들은 오늘날 실현되었다(40−44항).
   8) 최후심판은 완료되었다(45−52항).

---

*이 책 제1부임.

9) 바빌론과 그의 멸망(53-64항).
  10) 처음 하늘과 이것의 소멸(65-72항).
  11) 그 뒤의 세상과 교회의 상태(73-74항).
로 요약되겠습니다.

2. 최후심판의 내용들이 계속 이어지겠는데, 그 내용들은 뒤에서 알 수 있겠지만, 그것들은 주로 최후심판이 있기 전의 세상과 교회의 상태와 최후심판 이후 계속되는 세상과 교회의 상태에 관한 것과 그리고 최후심판이 어떻게 개혁교회(改革敎會·the reformed church)에 행해졌는지에 관한 것입니다.

3. 기독교계의 공통적인 견해는 우리들이 눈으로 볼 수 있는 하늘과 사람들이 거주하고 사는 전 지구가 최후심판의 날에 멸망할 것이며 그리고 그것들이 존재하던 곳에 새로운 하늘과 새로운 땅이 세워질 것이며 또 그 때에 사람의 영혼은 그들의 몸(肉體)을 입으며(receive), 사람은 그전과 같이 다시 세상에 있게 된다는 것입니다. 이같은 견해가 믿음의 주요 요건(要件)입니다. 왜냐하면 성언의 말씀을 문자적인 뜻(the sense of letter)에 따라서 그 외의 어떤 것도 이해할 수 없기 때문입니다. 그리고 성언의 말씀을 문자적인 뜻으로만 이해할 수밖에 없었던 것은 성언의 영적인 뜻(spiritual sense)이 아직까지 계시되지 않고 닫혀 있었기 때문입니다. 왜냐하면 많은 사람들에 의해서 배워 간직한 신조(信條·belief)는 사람의 영혼은 다만 사람에 의해서 발산하는 숨(a breath exhaled)이며, 천사와 같은 영(靈·spirit)은 바람의 실체(substance of wind)에 속한 것이라고 여겼습니다. 따라서 영혼과 영과 천사에 관한 이같은 이해의 결여(缺如)가 있는 한 최후심판은 다른 어떤 방법으로 이해되고 생각할 수 없었습니다. 그러나 사람은 사후(死後)에도 그 사람이며, 그 사람은 이 세상에서와 똑같은 사람으로 존재할 뿐이며 다만 차이가 있다면 그 때의 사람은 종전의 육체적 몸과는 다른 영

적 몸(靈體·spiritual body)을 입고 있다는 것과 영적인 몸은 종전의 자연적 몸이 육신의 몸을 입은 사람들 앞에 나타나 보이듯이 영체를 입은 영적 사람들 앞에 나타나 보인다는 것입니다. 그러므로 우리가 이해할 수 있는 것은 최후심판은 자연계에서 일어날 것이 아니라 영계에서 있어질 것이라는 사실입니다. 왜냐하면 이 세상에 출생하였다가 사망한 사람은 모두가 영계에 있기 때문입니다.

4. 최후심판을 이와 같이 이해할 때, 사후 사람의 영혼 상태와 부패한 시체와의 재결합에 관해서 그리고 창조된 우주의 멸망과 이것으로 인한 최후심판에 관한 궤변 같은 것들은 자연히 사라질 것입니다. 사후 사람의 영혼에 관해서 그들이 생각하고 있는 궤변(詭辯·paradox)은 이와 같습니다. 즉 사람의 영혼은 숨을 쉬는 발산물(發散物·exhalation)과 같고 또 바람이나 에텔(ether)같아서, 사람의 영혼은 공중에 떠 있을 뿐, 어느 특정 장소에 거주할 수 없으며 다만 Pu*라고 불리는 그 곳에만 머물 뿐이라고 생각하며 또 영혼은 눈을 가지고 있지 않기 때문에 아무것도 볼 수 없고, 귀가 없으므로 들을 수 없으며, 입을 가지고 있지 못하므로 말을 할 수 없는 장님이요, 귀머거리요, 벙어리라고 생각하고 있습니다. 그리고 또 그들은 그 기대가 슬픈 것은 아니지만 최후심판의 날에 생명의 모든 기쁨이 발출하는 영혼의 기능을 다시 입을(receiving) 것을 계속 기대하고 있습니다. 또한 처음 창조 이후 살아왔던 모든 사람들의 영혼은 육신을 입었을 때와 같은 하나의 괴로웠던 상태에 다시 있어야 하며 또 50 혹은 60세기 전에 살았던 사람들은 공중에 떠 돌아 다니거나(徘徊) Pu에 머무르면서 심판을 기다리며 또 다른 서글픈 일 외에 다른 것은 없다고 생각합니다.

5. 내가 이 궤변들에 대해서 백 보 양보한다고 해도 이와 유사하거

---

*그리스 말 pou에서 비롯된 것으로 장소(where)을 뜻함.

나 아니면 이와 동일한 생각을 가지고 있는 수많은 사람들은 즉 사람이 사후 종전과 같은 사람으로 존재한다는 것을 알지 못하는 헤아릴 수 없이 수많은 사람들은 우주의 멸망에 관해서 그렇게 믿고 있다는 것입니다. 그러나 사후의 사람이 호흡의 발산물도, 바람도 아니고 영이며 또 그는 천계의 천사와 같이 잘 산다는 것과 영과 천사는 하나의 완전한 틀(形·form)을 갖춘 사람이라는 것을 알게 될 때에 그들은 사후 사람의 상태와 최후심판에 관한 그의 바른 이해에 의해서 올바르게 생각할 수 있을 것입니다. 즉 어리석기 짝이 없는 관습(慣習·tradition)에서 비롯된 이해에서 분리된 믿음의 신조에 의한 것이 아닌 바른 이해에 의해서 성언의 말씀에 예언된 최후심판은 자연계가 아닌 영계 즉 그곳에는 자연계의 모든 것이 있는 곳인 영계에 있을 것이며 더욱이 최후심판이 있을 것은 성언의 말씀 안에 있는 가르침 때문에 최후심판이 있을 것이라는 등의 명확한 결론을 얻을 것입니다.

6. 여러분은 영혼이 호흡의 발산물과 같은 것이라는 생각을 떨쳐버리고 여러분 자신이나 여러분의 절친한 친구 또는 불행히 유아로 사망한 여러분의 귀여운 자녀에 관해서 깊이 생각해 보십시오. 그러면 여러분은 사람으로 사는 것이지 그런 것들과 같은 것으로 산다고 생각할 수 있겠습니까? 감관이 없는 생명은 생명으로 존재할 수 없기 때문에 여러분은 보지도 듣지도 말도 못하는 그 어떤 존재를 생각할 수 없을 것입니다. 따라서 이에 동의하는 예찬론자(禮讚論者·panegyrist)들은 낙원에서 흰옷을 입고 천사와 더불어 천계에 있을 고인(故人)에 대해서 다시 글을 써야 할 것입니다. 그러나 만약 여러분이 뒤에 그같은 관념 즉 사람의 영은 호흡의 숨이고 그 영은 최후심판의 날까지 아무런 감관적 생명이 없다는 그런 관념이 다시 사로잡는다면 여러분은 죽은 후 최후심판까지 중간 기간 동안 어떤 존재이며 어디에 있는 것일까를 생각한다면 아마도 이런 관념

들을 능히 떨쳐버릴 수 있을 것입니다. 공중에 배회하거나 아니면 Pu에 남아 있을 수 있을까요? 만약 내가 잘 믿고 잘 산다는 것을 믿는다면 설교자는 나에게 사후 나는 행복한 사람들과 더불어 같이 있게 될 것이다고 계속 설교할 것입니다. 여러분은 여러분 자신이 자연적인 것과 영적인 것의 차이와 더불어 여러분 자신은 죽음 뒤에도 종전과 똑 같은 사람이라는 것이 진리임을 믿을 것입니다. 따라서 영원한 생명을 믿는 사람은 누구나 모두 영혼에 관한 거짓의 궤변에 관해서 아무것도 아니라는 것을 알게 될 것입니다.

7. 앞서 언급한 것에서 알 수 있듯이 최후심판은 이 자연계에서 일어나는 것이 아니라 영계에서 일어난다는 것을 알 것입니다. 그 곳에서 최후심판이 행해진다는 것은 「최후심판」에 관한 앞서의 소책자(45-72항 참조)에서 설명한 바와 같은 관점에서 그것과 관계된 여러가지 것들에서, 또 최후심판이 개혁교회에 행해진 개별적인 것들에서 더욱이 잘 볼 수 있습니다. 주의를 가지고 살피는 사람이면 누구나 천계와 성언의 말씀 그리고 교회에 관해서 지금 계시되고 있는 새로운 것들에 의해서도 잘 알 수 있을 것입니다. 사람이 자기 자신에 의해서 무엇을 그려 보여 줄 수 있습니까?

2.
최후심판 이전의 교회와 세상의 상태와 그리고 그후의 상태에 관해서

8. 최후심판이 영계에서 행해졌다는 것은 앞서 설명한 것에서 잘 알 수 있을 것입니다. 뿐만 아니라 최후심판 이전의 세상과 교회의

상태와 또 그후의 상태에 관해서 알기 위하여 다음과 같은 단계로 살펴 볼 필요가 있겠습니다.

  (1) "처음 하늘"과 "처음 땅"이 사라졌다는 것이 뜻하는 바가 무엇인가?(묵시록 21:1)
  (2) 처음 하늘과 처음 땅에 있었던 사람은 누구이고 또 그들의 성품은 어떠하였나?
  (3) 최후심판 이전, 천계와 세상의 교류는 어떻게 이루어졌으며 또 주님과 교회의 교류는 어떻게 저지되었는가?
  (4) 최후심판 이후, 이같은 교류는 어떻게 회복되었는가?
  (5) 최후심판 전이 아니라 그뒤 새로운 교회의 설시에 관한 계시가 있었다.
  (6) 최후심판 이전의 교회와 세상의 상태는 저녁과 밤 같고, 그 이후의 상태는 아침과 낮과 같다.

9. (1) 묵시록에 언급된 바와 같이 사라져 보이지 않는 "처음 하늘"과 "처음 땅"은 무엇을 뜻하나?(묵시록 21:1)

  묵시록에 기술된 "처음 하늘"과 "처음 땅"은 이 세상의 사람들의 눈에 비쳐지는 가시적 하늘(蒼空·sky)이나 사람들이 살고 있는 땅(地球·earth)을 뜻하는 것이 아닙니다. 즉 처음 하늘은 창조 이래 선하게 산 사람들이 있는 곳을 가리키는 것도 아닙니다. 그러나 그것은 지옥과 천계 사이의 그들 자신들을 위한 천계로 보이는 영들의 집단(集團·congregations of spirits)을 뜻합니다. 왜냐하면 모든 영들이나 천사들은 사람들 처럼 살기 때문에, 그러므로 "처음 하늘"과 "처음 땅"은 이들 천계들(天界·heavens)을 뜻합니다. 그 하늘과 땅의 살아짐에 대해서는 「최후심판」제하의 책자에서 그 내용을 설명하였습니다.

10. (2) "처음 하늘"과 "처음 땅"에 있었던 사람들은 누구이고 또 그들의 성품은 어떠하였나?

이에 관한 자세한 내용은 「최후심판」 제하의 책자에 기술하였습니다. 그러나 뒤따를 이해가 그들이 누구이고, 또 그들의 성품이 어떠한가를 아는 것에 의존하기 때문에 여기서는 그들에 관해서 약간을 부언하고자 합니다. 천계 아래 모여 있는 사람들 모두는 그들 자신에게는 마치 하늘나라(天國)처럼 보이는 여러 모양의 천계들 안에 있게 되는데, 그들은 이곳을 하늘나라(天國)라고 부르는데, 이 천계는 가장 낮은 천계의 천사들로 이루어집니다. 그러나 이 천계는 겉모양 뿐이고 내적인 것은 아닙니다. 대부분 그들은, 마태복음서 24장 41-46절에 명명된 바와 같이 염소나 염소와 유사한 동류들입니다. 즉 세상에 있을 때 그들은 악을 범하지는 않았습니다. 왜냐하면 그들은 도덕적으로 착하게 살았기 때문입니다. 그러나 그들은 원천적 선(a good origin)에서 보면 선을 행하지 않았습니다. 왜냐하면 그들은 인애에서 분리된 믿음을 가졌고 따라서 그들은 죄로서 악을 생각하지 않았기 때문입니다. 그들은 외적으로는 그리스도인처럼 살았기 때문에 그들은 가장 낮은 천계의 천사들과 사귀이며 또 외모는 그들과 유사하지만 내적으로는 그들과 전혀 같지 않습니다. 즉 그들은 믿음으로는 "양"과 같지만 인애의 믿음으로는 아직 "양"과 같지 않습니다. 이런 결합 때문에 그들을 너그럽게 보아줄 필요가 있었습니다. 왜냐하면 그들을 최후심판 전에 분리한다는 것은 가장 낮은 천계에 있는 자들에게는 고통을 초래하는 것이고 또 여기에 있는 자들은 그들과 더불어 멸망할 수도 있었기 때문입니다. 이것에 대해서 주님은 마태복음서에서 미리 말씀하셨습니다.

예수께서 그들에게 또 다른 비유를 들어서 말씀하셨다. "하늘 나라는 자기 밭에다가 좋은 씨를 뿌리는 사람과 같다. 사람들이 잠자는 동안에 원수가 와서 밀 가운데 가라지를 뿌리고 갔다. 줄기가 나서 열매를 맺을 때에 가라지도 보였다. 그래서 주인의 종들이 와서 그에게 말하였다. '주인 어른, 어른께서 밭에 좋은 씨를 뿌리지 않으셨습니까? 그런데 가라지가 어디에서 생겼습니까?' 주인이 종들에게 말하기를 '원수가 그렇게 하였구나'하였다. 종들이 주인에게 말하기를 '그러면 우리가 가서 그것들을 뽑아버릴까요?'하였다. 그러나 주인은 이렇게 대답하였다. '아니다. 가라지를 뽑다가 그것과 함께 밀까지 뽑으면 어떻게 하겠느냐? 거둘 때가 될 때까지 둘 다 함께 자라게 내버려 두어라. 거둘 때에 내가 일꾼들에게 먼저 가라지를 뽑아 단으로 묶어서 불태워 버리고 밀은 내 곳간에 거두어 들이라고 하겠다'……" 예수께서 이렇게 말씀하셨다. "좋은 씨를 뿌리는 이는 인자요, 밭은 세상이다. 좋은 씨는 그 나라의 자녀들이요, 가라지는 악한 자의 자녀들이다. 가라지를 뿌린 원수는 악마요 추수 때는 세상 끝 날이요, 추수꾼은 천사들이다. 가라지를 모아다가 불에 태워 버리는 것 같이 세상 끝 날에도 그렇게 할 것이다.
(마태 13:24-30, 37-40)

"시대의 마지막"(세상 끝 날)은 교회의 마지막 때를 뜻하고 "가라지"는 내적으로 악한 사람을, "알곡"(밀)은 내적으로 선한 사람을 뜻하고 "불에 태우기 위해 단으로 묶는다"는 것은 그들에게 마지막 심판이 행해짐을, 그리고 최후심판 이전의 분리로 인해서 선한 사람에게 절대로 해를 입히지 않게 한다는 것은 "가라지를 뿌리 뽑지 않고 추수 때까지 그냥 둔다"는 것이 뜻하는 바입니다.

11. (3) 최후심판 이전, 천계와 세상의 교류는 어떻게 이루어졌으며 또 주님과 교회의 교류는 어떻게 저지되었는가?

모든 조요가 천계를 통해서 주님으로부터 사람에게 도래하였는데 이것은 내적인 방편(an internal way)에 의해서 입류된(enter) 것입니다. 천계와 세상 사이에 또는 주님과 교회 사이에 영들의 집단이 있는 만큼 사람은 조요될 수 없습니다. 그것은 마치 태양의 햇살이 검은 구름에 의해서 차단되는 것과 같고 또 태양이 어둡게 되거나 또는 태양 빛이 달이 가로막아 차단되는 것과 같습니다. 그러므로 주님에 의해서 어떤 계시가 주어지지 않는다면 그 어떤 것도 이해할 수 없으며 또한 만약 이해될 수 없다면 어떤 것도 받을 수 없고, 어떤 것도 받지 못한다면 질식되고 말 것입니다. 따라서 중간에 끼어든 집단이 최후심판에 의해서 제거되기 때문에 (4) 최후심판 이후 천계와 세상 또는 주님과 교회의 교류가 회복되었다는 것은 명백합니다.

12. (5) **따라서 최후심판이 있기 전이 아니라 단행된 이후 새로운 교회의 설시에 관한 계시가 있었다.**

최후심판에 의해서 교회는 회복되었고 또 성언의 말씀의 신령 진리를 이해할 수 있는 즉 사람이 조요되고 또 바로잡음(改革·reform)이 있었기 때문에 즉 성언을 이해했을 때 성언을 받을 수 있었고 또 성언을 받을 수 있을 때 그것을 보존할 수 있었습니다. 왜냐하면 장애물(障碍物)이 제거 되었기 때문입니다. 그러므로 처음 하늘과 처음 땅이 살아진 뒤에 요한은 다음과 같이 말하였습니다.

> 나는 새 하늘과 새 땅을 보았습니다. 이전의 하늘과 이전의 땅이 사라지고 바다도 없어졌습니다. 나는 또, 거룩한 도시 새 예루살렘이 남편을 위하여 단장한 신부와 같이 차리고, 하나님께로부터 하늘에서 내려오는 것을 보았습니다.…… 그 때에 보좌에 앉으신 분이 말씀하셨습니다. "보아라, 내가 모든 것을 새롭게 한다" 또 말씀하셨습니다. "기록하여라. 이 말은 신실하고 참되다."
> (묵시록 21:1, 2, 5)

"예루살렘"이 교회를 뜻한다는 것은 「주님에 관한 교설(敎說)」(62-64항 참조)에서 잘 알 수 있습니다. 또 "새로운 것들"에 관해서도 알 수 있습니다(같은 책, 65항 참조).

13. (6) **최후심판 이전의 교회와 세상의 상태는 저녁과 밤 같고, 그 이후의 상태는 아침과 낮과 같다.**

진리의 빛이 나타나지 않으면 진리를 받을 수 없을 때 세상에 있는 교회의 상태는 저녁과 밤과 같습니다. 즉 그것은 최후심판 전의 교회의 상태는 바로 위에 언급한(11항 참조) 것에서 잘 나타나 있습니다. 그러나 진리의 빛이 드리워졌을 때 진리를 받을 수 있고 그 때의 세상의 교회의 상태는 아침과 낮과 같습니다. 따라서 이와 같기 때문에 교회의 두 상태를 성언에서는 "저녁과 아침"과 "밤과 낮"으로 일컫고 있습니다. 다음의 인용 성귀에서 잘 알 수 있습니다.

> 다른 천사가 나에게 말하였다. "밤낮 이천삼백 일이 지나야 성소가 깨끗하게 될 것이다."
> (다니엘 8:14)
> 내가 너에게 설명한
> 아침과 저녁 제사 환상은
> 반드시 이루어진다.
> 그러나 아직 멀었으니,
> 너는 환상의 비밀을 잘 간직해 두어라.
> (다니엘 8:26)
> 낮이 따로 없고 밤도 없는
> 대낮만이 이어 간다.
> 그 때가 언제 올지는 주께서만 아신다.
> 저녁때가 되어도
> 여전히 대낮처럼 밝을 것이다.
> (스가랴 14:7)
> 세일에서 누가 나를 부른다.
> "파수꾼아, 밤이 얼마나 지났느냐?
> 파수꾼아, 날이 새려면,
> 얼마나 더 남았느냐?"
> 파수꾼이 대답한다.
> "곧 아침이 온다.
> 그러나 또다시 밤이 온다.

묻고 싶거든, 물어 보아라.
다시 와서 물어 보아라."
(이사야 21:11, 12)

교회의 마지막 때에 관해서 주님은 말씀하시기를―.

그러므로 깨어 있어라. 집주인이 언제 올른지, 저녁녘일지, 한밤중일지, 닭이 울 무렵일지, 이른 아침녘일지, 너희가 알지 못하기 때문이다.
(마가 13:35)
우리는 나를 보내신 분의 일을 낮 동안에 해야 한다. 아무도 일할 수 없는 밤이 곧 온다.
(요한 9:4)

그 외에도 이사야 17:4; 예레미야 6:4, 5; 시편 30:6; 65:9; 90:6 등이 있습니다. "저녁과 밤"이 뜻하는 것이 이런 것들이기 때문에 주님은 성언을 성취하시기 위하여 저녁에 매장되었고 아침에 부활하셨습니다.

3.
개혁교회에 단행된 최후심판

14. 전기한 「최후심판」 제하의 소책자에서 바빌론이 뜻하는 바 사람들 위에 단행된 최후심판에 관해서 기술하였습니다. 그리고 마호메트 교도와 이방인들에 단행된 최후심판에 관해서도 언급하였습니다. 그러나 개혁교회에 단행된 그 심판에 관해서는 언급하지 않았습니다. 그것은 다만 국가들에 따라서 배열되었는데 (arranged ac-

cording to countries) 개혁교회는 중앙에 자리하였다고만 말하였습니다. 그리고 교황주의자들은 그들 둘레에, 마호메트 교도들은 교황주의자들 둘레에, 그리고 이방인들과 각양의 종교 신자들이 그들 둘레에 있다고 하였습니다. 개혁교회 교도가 중앙 즉 가운데를 형성한 것은 말씀의 성언이 그들에 의해서 읽혀지고 또 주님을 예배하기 때문입니다. 따라서 그들과 더불어 거기에는 가장 큰 빛이 있는데 그 빛은 영적 빛으로 태양이신 주님에게서 비롯된 것이며, 그 태양의 본질은 신령 사랑입니다. 그것에서부터 모든 원주 측면까지 영적 빛이 발출되고 확대되며, 그 빛은 가장 밖의 변방에 있는 사람들에게까지 조요하며 또 진리의 이해의 기능을 개방합니다. 그리고 사람들은 그들의 종교에서부터의 거리 정도에 따라서 그들은 영적 빛을 받습니다. 왜냐하면 태양의 본질인 신령 사랑에서 비롯된 영적 빛은 신령 지혜이기 때문에 그것은 사람의 이해에 들어오며, 받은 바 지식의 정도에 따라서 사람은 그것을 지각하는 능력을 갖습니다. 그리고 영적 빛은 세상의 빛처럼 공간(空間·space)을 통해서 지나가지 않고, 진리의 정동과 지각을 통해서 지나갑니다. 그러므로 한 순간에 그것은 천계들의 최후 경계까지 이르게 됩니다. 이것에서 저 세상에는 공간의 외현(外現)만 있습니다. 이같은 것들에 관한 더 상세한 것은 「성경말씀에 관한 교설」에서 잘 읽을 수 있습니다(성경말씀에 관한 교설, 104-113항 참조).

15. 개혁교회에 단행된 최후심판은 아래의 순서에 따라서 기술하겠습니다.
(1) 개혁교회에 속한 교도들에게 단행된 최후심판.
(2) 최후심판에 앞서 그 징조와 재난(災難·visitation).
(3) 우주적 심판은 어떻게 단행되었나?
(4) 양들의 구원.

16. (1) 개혁교회에 속한 교도들에게 단행된 최후심판.

최후심판은 개혁교회에 속한 사람들에게 단행되었는데 그 세계에서 그들은 하나님을 고백하고, 성언의 말씀을 읽으며, 설교를 듣고, 성찬의 예전에 참여하고, 교회의 예배의 장엄한 의식을 거부하지 않았지만 그러나 그들은 음행과 각종의 도둑질·거짓말·복수·증오 기타 이와 유사한 것들을 아무런 지장이 없는 것(allowable)으로 생각했습니다. 비록 이들이 하나님을 고백하지만 죄를 무시하고 하나님을 거역하며, 그들은 성언을 읽지만 아직 그들은 그 성언 안에 생명의 교훈을 무시합니다. 그들은 설교는 듣지만, 그들은 실상 그 설교에 주의를 기우리지 않습니다. 또 그들은 성만찬 예전에는 참여하지만 그들의 전 삶의 악들을 단념하지는 않습니다. 그들은 예배의 장엄한 의식은 거부하지 않지만, 아직 그들은 그들의 삶에 그 어떤 것도 개심하지는 않습니다. 따라서 그들은 마치 겉으로는 종교에서 비롯된 삶을 사는 것 같지만 내면에서 보면 그들은 전혀 종교적인 삶을 살고 있지 않습니다. 이들이 바로 묵시록(12장)에서 "용"(龍·dragon)이 뜻하는 바의 사람들입니다. 왜냐하면 거기서 언급된 용은 천계에서 보여졌고, 또 천계에 있는 미가엘 천사와 싸웠으며 하늘의 별의 3분의 1을 떨어뜨렸다고 서술되었기 때문입니다. 이같이 언급된 것은 왜냐하면 이들이 하나님의 고백의 방편을 위해서 성경말씀을 읽고 외적 예배의 방편에 의해서 천계와 교류하기 때문입니다. 마태복음서 24장에 기술된 "염소들"도 동일한 뜻을 가리키는데 그들에게 그들이 악행을 하였다고는 말하지 않고 그들이 선행(善行)하는 것을 게을리 하였다고 말하였습니다. 선인 바 선행을 게을리 했다는 것은 죄이기 때문에 악을 멀리하지 않았기 때문에, 비록 그들이 그것을 범하지 않았다고 하더라도 아직도 그들은 죄를 대수롭지 않은 것으로 여기고 있으며 따라서 영적으로는 죄를 범하고 있는 것이며 그것이 허용될 때 육신적으로도 죄를 범하는 것이기 때문입니다.

17. 개혁교회에서 온 사람들에게 최후심판이 단행되었습니다. 그러나 하나님을 믿지 않는 사람들, 성언의 말씀을 깔보고 업수이 여기는 사람들, 또 심중으로 교회에 속한 거룩한 것들을 거부하는 사람들 위에는 최후심판이 단행되지 않았습니다. 왜냐하면 이런 류의 사람들은 자연계에서 영계에 올 때 이미 지옥으로 보내졌기 때문입니다.

18. 외형적으로 기독교인 같이 산 모든 사람은 기독교적인 삶을 무시하고 그들은 외적으로는 천계와 하나를 이루지만 내적으로는 지옥과 하나를 이룹니다. 왜냐하면 그들은 한 순간을 천계와의 결합을 뿌리쳐 떼어 버릴 수 없지만 그들은 천계와 지옥 중간에 있는 영들의 세계(the world of spirits)에 억류되기 때문입니다. 그들은 자신들이 어떤 사회들을 형성하기를 허용하고 이 세상에서와 똑 같이 서로 합해서 살기를 허용합니다. 그것에서 그들은 이 세상에서는 알지도 못했던 기묘한 기교(技巧·art)에 의해서 아주 멋진(splendid) 외현을 꾸밀 것이고, 자신과 다른 이들을 설득하는 수단에 의해서 천계에 있게 될 것입니다. 그러므로 그 겉으로 나타난 외현에만 의해서 그들은 자신들의 사회를 천계(天界·heaven)라고 일컫게 됩니다. 그들이 거주하고 있는 천계들과 땅들이 바로 사라져 버린 "처음 하늘과 처음 땅"(묵시록 21:1)이 뜻하는 바입니다.

19. 한편, 그들이 그 곳에 머무르는 동안 만큼 그들의 마음의 내면은 닫혀지고 외면은 열립니다. 이같은 방편에 의해서 그들의 악들은 지옥과 더불어 하나를 이루지만 밖으로 나타나지는 않습니다. 그러나 최후심판이 임박하자 그들의 내면은 열리어져서 그 때 그들은 그들 자신의 진정한 성품이 나타나게 됩니다. 그들은 그 때에 지옥과 더불어 하나로 행동하기 때문에 그들은 더 이상 기독교인의 삶을 가장할 수는 없습니다. 그러나 그들은 희열(喜悅) 때문에 악

들과 범죄에로 줄달음쳐 돌진해 갑니다. 그들은 악마로 변하였으며 더욱이 어떤 사람들은 검게, 또는 화염빛으로, 또는 주검 같은 검푸른 납색 같이 되었습니다. 즉 자기 자신의 총명의 자만에 빠진 사람들은 검게 나타났고, 모든 것을 지배하겠다는 광기의 사랑에 빠진 사람들은 화염빛으로 나타났고, 진리를 부정하고 깔보고 모욕한 사람들은 주검과 같은 검푸른 납색깔로 나타났습니다. 이같은 것은 마치 그들의 극장의 한 무대장면 같이 바뀌었습니다.

20. 개혁교회는 천계와 지옥 중간에 있는 영들의 세계의 가장 극내적(極內的·the inmost) 즉 중앙에 나라별로 정돈되어 자리를 잡습니다. 가운데 영역의 중앙에는 영국 사람들이, 이들 남쪽과 동쪽에는 네델란드 사람이, 그 북쪽에는 독일 사람이, 서쪽과 북쪽은 스웨덴 사람이, 서쪽에는 덴마크 사람이 자리를 점합니다. 그러나 인애와 인애의 믿음의 삶을 산 사람들은 중앙 영역에 있습니다. 즉 그들의 많은 사회들이 거기에 있습니다. 그들 둘레에는 인애와 믿음의 삶을 살지 않은 개혁교회의 교도들이 있는데 말하자면 그들은 자신들의 천계를 형성한 사람들입니다. 그러나 거기에는 천계의 모든 배열이나 또는 지옥의 배열과는 차이가 있습니다. 개혁교회가 그 곳 중앙을 형성하는 이유는 그들이 성언의 말씀을 읽고 또 그들이 주님을 예배하는데 그것에서부터 매우 큰 빛이 있기 때문입니다. 따라서 중앙에서부터 이 빛은 변방의 모든 곳까지 전달하고 조요하기 때문입니다. 왜냐하면 영이나 천사에게 있어서 빛은 태양이신 주님에게서 발출되기 때문인데, 이 태양은 본질에 있어서 신령 사랑이고 이 신령 사랑에서 발출된 빛은 신령 지혜입니다. 영계의 모든 것은 이것에서 연유됩니다. 영계에서 태양이신 주님에 관해서 그리고 그 태양의 빛과 별에 관해서는 「천계와 지옥」에 자세히 언급하였습니다(천계와 지옥, 116-140항 참조).

21. 영들의 세계의 사회의 각각의 배열은 사랑의 등차(等差·the

difference of love)에 따른 배열입니다. 그 이유인즉슨 그 사랑이 바로 사람의 생명이고, 신령 사랑 자체이신 주님은 주님의 신령 사랑의 수용에 따라서 사람을 배열합니다. 이들의 사랑의 차이는 헤아릴 수 없을 정도로 다양한데, 주님 이외에는 그 누구도 그것을 알 수는 없습니다. 사람은 사람의 한 생명을 인도하는 사회들과 결합하는데 천계의 사회들은 곧 천상적(天上的·celestial)영적 사랑의 한 생명인 것입니다. 그리고 사람이 천계와 결합하듯이, 그 반대에 의해서 지옥과도 결합합니다. 왜냐하면 거기에는 이와 같은 배열이 있기 때문입니다. 즉 모든 사람은 사후 자기 자신의 사랑에 속한 사회에 보내지는데 그 누구도 자기 사회가 아닌 다른 사회에 갈 수는 없습니다. 왜냐하면 그의 사랑은 그것에 맞는 사회를 차지하고 있기 때문입니다. 따라서 영적 사랑 안에 있는 사람은 천계에 있으나 그러나 자연적 사랑 안에 있는 사람은 지옥에 있습니다. 영적 사랑은 오로지 인애의 삶에 의해서 심어지게 되고 만약 인애의 삶이 등한히 된다면 자연적 사랑은 자연적으로 남으며, 자연적 사랑이 영적 사랑에 종속되지 않는다면 자연적 사랑은 영적 사랑에 반대가 됩니다.

22. 이상에서 볼 수 있는 것은 최후심판이 단행된 개혁교회의 교도는 중앙에 있는 사람들이었습니다. 그들은 외적인 도덕에서, 다시 말하면 겉모양의 기독교도들 같이 보일 뿐 내적으로는 기독교도들이 아니었습니다. 왜냐하면 그들은 영적 생명을 가지고 있지 못해기 때문입니다.

23. **(2) 최후심판에 앞서 그 징조(徵兆·sign)와 재난(災難·visitation).**

우리는 위에서 자신들에게는 천계 같은 그러나 매우 짙은 비구름 같은 것을 형성하는 사람들에 관해서 살펴 보았는데 그 나타남은 그들 위에 있는 천사적 천계에 있는 주님의 임재(臨在·presence)

에 비롯된 것인데, 결합 때문에 그들 중 누구도 휩쓸여 가거나 그들 때문에 소멸되지 않게 하기 위하여 특히 가장 낮은 천계에서의 주님의 임재에서 비롯된 것입니다. 보다 높은 천계는 더욱이 그들에게 점점 더 가까이 내려오는데, 그것에 의해서 심판이 단행된 그들의 내면들은 막 노출되기 시작하였습니다. 이 노출로 인해서 그들은 더 이상 종전과 같이 도덕적 기독교인이 아니고 악마로 현현(顯現·appearence)되었습니다. 그들은 상호간에 하나님·주님·성언·믿음 그리고 교회에 관해서 격심한 소란과 다툼이 일어났습니다. 왜냐하면 악에 대한 그들의 정욕(情慾·lust)은 그 때 아주 자유분망(自由奔忙)하게 되었기 때문에 그들은 그런 모든 것들을 깔봄과 경멸 그리고 조롱을 가지고 거부하고 극악의 범죄에로 돌진하였습니다. 이와 같이 천계에 있는 주거자들의 상태는 변하였습니다. 그 때에 이 세상에서는 전혀 알 수 없는 기교로 자신들이 꾸미었던 그들의 멋진 현란한 외모는 동시에 사라져 버렸습니다. 그들의 궁전은 아주 보기 흉물스러운 오두막으로 변하였고 그들의 멋진 정원은 물이 흐르지 않고 괴여서 썩은 못으로 변하였으며, 그들의 장엄했던 성전은 잡동산이 쓰레기 더미로 변하였습니다. 또 그들이 거주하던 언덕은 자갈더미나 이와 비슷한 것들로 바뀌었는데 이러한 모든 것들은 그들의 사악한 마음 상태나 정욕에 대응되는 것입니다. 왜냐하면 영계에서 보이는 가시적인 것들은 영들이나 천사들의 정동에 대응되기 때문입니다. 이런 모든 것들이 닥쳐올 심판의 징조들이었습니다.

24. 내면적인 것들이 점차 들어나면서 그곳의 주민들 사이의 위치 또한 바뀌어 이동하기 시작하였습니다. 교회의 거룩한 것에 반항하는 가장 강력한 추론력을 가졌던 사람들은 중앙으로 모여들어 통치하는 권력을 장악하였고, 그러한 추론력이 약한 나머지 사람들은 가장자리로 밀려나서, 중앙에 있는 자들을 자신들의 후견인 천사

(後見人天使·tutor-angel)로 시인하였습니다. 이와 같이 그들 자신들이 지옥의 한 형태로 이합집산(離合集散)이 이루어졌습니다.

25. 그들 상태의 이같은 변화는 그들의 주거와 주거지의 다양한 격동에 의하여 이루어졌습니다. 그런 변화는 지진 뒤에 이어지는 것이었고, 그들의 악용에 따른 권력 같은 것이었습니다. 역시 여기 저기에, 그들 바로 밑에 있는 지옥을 향한 구멍들(chasms)이 생겨났으며, 따라서 그 곳에 있는 자들과 더불은 의사소통도 일어나기 시작하였습니다. 그 때에 불꽃과 뒤엉킨 연기 같은 것이 그곳으로 올라 오는 것이 보였습니다. 이것들은 모두가 앞서 일어난 징조들이었는데, 이러한 징조들은 말세와 최후심판에 관해서 주님의 말씀이 뜻하는 바로 그것들이었습니다. 복음서에 -.

> 그 때에 예수께서 말씀하셨다. "민족과 민족이 맞서 일어나고, 나라와 나라가 맞서 일어날 것이며, 큰 지진이 나고, 곳곳에 기근과 역병이 생기고, 하늘로부터 무서운 일과 큰 징조가 나타날 것이다. ……그리고 해와 달과 별들에서 징조들이 나타나고, 땅에서는 민족들이 바다의 태풍 소리와 성난 파도 때문에 어쩔 줄을 몰라서 괴로워 할 것이다.
> (누가 21:10, 11, 25)
> 민족이 민족을 거슬러 일어나고, 나라가 나라를 거슬러 일어날 것이며, 곳곳에 기근과 지진이 있을 것이다.
> (마태 24:7)
> 민족과 민족이 맞서 일어나고, 나라와 나라가 맞서 일어날 것이며, 지진이 곳곳에서 일어나고, 기근이 들 것이다. 이런 일들은 진통의 시작이다.
> (마가 13:8)

26. 재난 또한 천사들에 의해서 주어졌습니다. 왜냐하면 사악한 사회의 멸망에 앞서 재난은 의례 일어나기 때문입니다. 천사들은 만약 그들이 하는 일을 멈추지 않는다면 그들에게 재난이 임할 것을

알려주었고 또 그들이 그런 짓을 단념하고 멈출 것을 계속 강권하였습니다. 그 때마다 천사들은 그들과 뒤섞여 있는 선한 영을 분리하여 구하려고 하였습니다. 그러나 그들의 지도자들에 의해서 선동(煽動)된 군중은 천사들에게 욕설을 퍼붓고 그들에게 대들었습니다. 그들의 토론의 광장으로 쓸 데 없이 끌어드리고, 아주 못된 태도로 그들을 취급하는 것은 마치도 옛날 소돔 땅에서 있었던 것과 매우 흡사하였습니다. 그들의 대부분은 인애에서 분리된 믿음을 간직하고, 그것을 추종하고 있었으며 또 거기에 있었던 몇몇은 비록 인애는 가지고 있기는 했지만 아직도 고약스러운 삶을 살았습니다.

27. (3) 우주적 심판은 어떻게 단행되었나?

닥쳐 올 심판의 재난과 예고의 징조가 있은 뒤에도 그들의 마음은 천지의 하나님으로서 주님을 시인하고, 성언의 말씀을 거룩히 간직하고, 인애의 삶을 사는 사람들에게 대항하여 갖은 범죄를 저지르고, 선동적인 음모를 꾀하는 일에서부터 돌이키려고 하지 않았으므로, 최후심판은 그들 위에 단행되었습니다. 심판은 이렇게 단행된 것입니다.

28. 천사와 더불어 해맑은 구름 속에 주님께서 나타나시고, 거기로부터 나팔소리가 들려 왔습니다. 이 징조는 주님에 의해서 천계의 천사들을 보호하고 또 모든 방향에서부터 선한 사람을 모으시는 표징입니다. 왜냐하면 주님께서는 그 누구에게도 파멸을 자행하시지 않으실 뿐만 아니라 자기 자신을 보호하심은 물론, 사람들로 하여금 악령들과 사귀는 것 조차도 멀리하게 하시기 때문입니다. 만약 주님께서 그들에게서 물러서면 그 때 악령들은 그들 자신의 정욕에 파고 들어 갖은 사악한 것에 그들을 몰고 갈 것입니다. 그 때에 영벌(永罰)을 받게 된 사람들은 하늘을 찌를 것 같은 긴 꼬리를 가진 커다란 용 같이 보이는데, 그 용은 꼬리를 여러 방향으로 내저었으며 마치 그것은 하늘을 일시에 부수어 뜨려 멸망시킬 것 같았습니

다. 그러나 그러한 짓은 허사였습니다. 왜냐하면 그 꼬리는 짤리워 졌고, 하늘을 오를 것 같은 그 용은 기운을 잃고 떨어지고 말았기 때문입니다. 나는 이 표징을 이해할 수 있는 은혜를 받았는데 그것은 묵시록에 기술된 "용"(龍·dragon)이 뜻하는 바라는 것을 확인할 수 있었습니다. 즉 "그 용"은 성언의 말씀을 읽고, 설교를 들으며, 교회에 속한 거룩한 것들에 참여하기는 하지만 악의 정욕 때문에 유혹을 물리칠 수 없고, 또 내적으로는 도둑과 사기꾼·음란과 외설·증오와 복수·거짓과 사기 등을 동경하는 사람들을 뜻합니다. 즉 그들은 영적으로 악마와 같으나 겉모양은 천사와 같은 사람을 뜻합니다. 이들은 용의 몸통을 형성합니다. 그러나 그 꼬리는 세상에 있을 때 인애에서 분리한 믿음만 가진 사람들로 형성되는데, 전자는 사상과 의도를 뜻하기 때문입니다.

29. 그 때 나는 그들 몇몇이 있는 바위들을 보았는데, 바위들은 가장 낮은 곳으로 가라 앉았습니다. 또 더러는 멀리 옮기워졌고 더러는 한가운데에 드러났으며 그것들 위에 앉아 있던 자들은 구멍 아래로 빠져 들어 갔습니다. 또 더러는 홍수에 의해서 범람되었습니다. 그리고 나는 많은 사람들이 모여 있는 무리들을 보았는데 그들은 악의 류와 종(類·種·the genera and species)에 따라서 끼리끼리 무리를 지었으며 또 여기 저기에 있는 소용돌이 속으로, 또는 소택지, 썩은 물이 고인 연못 또는 사막으로 보여졌는데, 바로 그곳에는 수많은 지옥들이 있었습니다. 바위에 있지 않고 여기 저기 흩어져 있었던 나머지들도 거의가 악령들과 비슷하였는데, 교황주의자들, 마호메트 교도나 나름대로 종교를 가지고 있었던 이방인들 사이로 놀라웁게도 숨어 버렸습니다. 이들은 마음의 고통(苦痛·disturbance) 없이는 어떤 일도 할 수 없었는데 왜냐하면 그들은 종교를 가지고 있지 않았고 더욱이 그들은 유혹을 받아 타락하였기 때문에 그들은 쫓겨나서, 지옥에 있는 그들의 동료들에게 억지로 보

내져야 했습니다. 이것이 그들의 멸망에 관한 일반적인 서술이고 내가 본 개별적인 내용은 여기에 서술하기에는 지면이 모자라겠습니다.

30. 양의 구원.

최후심판이 단행된 이후 천계에는 기쁨과, 영계에는 광명이 있었습니다. 이같은 것은 이것이 있기 전에는 없었습니다. 천계의 기쁨과 그 기쁨의 내용은 묵시록 12장(묵시록 12:10-12)에 용들이 쫓겨난 뒤에 있는 내용과 같습니다. 그리고 영계에는 광명이 있었는데 왜냐하면 지옥적 사회는 땅을 어둡게 하는 구름 같은 것이 중간에 끼어 있기 때문입니다. 그 때에 세상에 있는 사람들에게는 이와 유사한 빛이 있었는데 이것에서부터 사람들은 새로운 조요를 받았습니다.

31. 나는 그 때 밑에서부터 매우 많은 수의 천사적 영들이 살아나 (rising) 천계로 올리워지는 것을 보았습니다. 그들은 바로 양들이었는데, 암흑기간 동안 용 추종주의자들에게서 오는 악한 영기에 해를 입지 않게 하기 위해서 주님에 의해 보호되었던 것인데, 그렇게 하지 않으면 그들의 인애는 질식되어 죽어 버렸을 것입니다. 이들들 즉 하나는 성경에서 뜻하는 바 "무덤(sepulchers)에서 올라온 자"이고 또 다른 하나는 "예수의 증거 때문에 죽임을 당한 영들"입니다. 이들은 보호되고 돌보아졌는데 "첫째 부활에 속한 사람"을 뜻하였습니다.

영계(靈界)에 관한 속편

4.
영계(靈界·the spiritual world)

32. 영계에 관해서 특히 사후 사람들이 그곳에 들어오는데 그 때의 사람의 상태에 관해서는 자세하게 「천계와 지옥」(*Heaven and Hell*)이라는 제하의 책에 기술하였습니다. 주님께서 당신의 성언에서 가르치신 것과 같이 사람은 하나님의 형상으로 창조되었고 또 사람으로 태어났기 때문에 사후에도 죽지 않고 계속 산다는 것을 누가 모르겠습니까? 그러나 사후 사람의 생명(the future life)이 어떨 것인지는 지금까지 알려지지 않았습니다. 다만 그 때에는 사람은 하나의 영혼일 것이며, 그 영혼에 대한 관념은 눈에 속한 시각도, 귀에 속한 들음도, 입에 속한 언어도 없는 사고의 능력을 가진 한낱 공기(空氣·air)나 에텔(ether)같은 것으로 믿어 왔습니다. 그럼에도 불구하고 사람은 사후에도 그의 인간성을 완전히 소유하며 그 때문에 다만 예전 세상에 아직 산다는 것 이외에는 아무것도 알 수 없습니다. 즉 그는 이전 세상에서와 같이 걷고·뛰고·앉고 또 먹고·마시고·잠자고·깨어나고·혼인의 기쁨을 만끽한다고 여기고 있습니다. 한마디로 개별적이든 전체적이든 사람으로 존재한다고 여깁니다. 이것에서 확실히 알 수 있는 것은 죽음은 생명의 연속이 단절되는 것이 아니라 다른 생명에로의 이행(移行·transition)일 뿐이라는 것입니다.

33. 사람이 사후 사람의 상태에 관해서 알지 못하는 데는 여러가지 원인이 있습니다. 그 중의 하나는 사람은 진리의 빛의 조요를 받지 못했기 때문에 영혼불멸(靈魂不滅·the immortality)에 관해서 거의 믿음을 가지고 있지 않으며, 이른바 유식한 사람들에게서 볼 수 있는 것 같이, 사람들은 인간은 한낱 육축과 같으나, 그것들 보다 좀 완전해서 말할 수 있는 것 뿐이라고 믿고 있습니다. 그러므로 비록 입으로는 생명이 있다고 하지만 마음 속 깊은 곳에서는 사람의 사후 삶이나 생명은 부인합니다. 이런 이유로 해서 그들이 가지고 있는 사상은 모두가 감관적이 되어버려서 그들은 사후 사람의 존재를 믿을 수 없습니다. 그 이유인즉슨 그들이 그들의 눈으로 볼 수 없는데 어떻게 사람의 영혼이 사람으로 존재한다고 말할 수 있는가고 말하기 때문입니다. 사람들이 사후에 소멸되지 않고 산다는 것을 믿는 사람들 즉 하늘나라에 가면 천사와 더불어 희열을 만끽하고, 낙원을 즐기며, 흰 옷을 입고 주님과 상면하고, 그 외의 여러가지 일들을 즐기게 된다는 것은 다만 그들의 내면적 상상일 뿐이라는 것입니다. 이러한 생각은 상상일 뿐 그들의 외적인 생각은 그런 것들을 의심하고 오직 그런 것들은 유식한 사람들이 지어 만든 허위에서 비롯된 영혼에 관한 생각이라는 것입니다.

34. 사람이 사후에, 육체의 눈에는 보이지 않으나 전과 꼭 같은 사람이라는 것은 아브라함·기드온·다니엘 그리고 몇몇의 예언자들에게 보여진 천사들에 의해서 명백하며 또 주님의 무덤에서 보여진 천사들, 그 뒤 여러번 보여진 천사들과 그리고 묵시록에서 요한에 의해 보여진 천사들에서 명확합니다. 특별히 주님 자신 스스로 제자들에게 그분이 사람(a Man)으로 나타나 보여 주셨고 또 주님께서 후에 그들의 시야에서 사라졌지만, 제자들과 잡수시고 촉수(觸手·touch)하시기까지 하셨던 것으로 더욱 명백합니다. 제자들이 주님을 볼 수 있었던 이유는 그들의 영의 눈(the eyes of spirit)이 열

렸기 때문인데, 이같이 영의 눈이 열리면 영계에 있는 모든 것들은 자연계에 있는 것과 똑같이 뚜렷하게 나타나게 됩니다.

35. 주님께서는 나의 영의 눈을 열어 주시기를 좋아 하셔서 19년 동안 이 일을 계속하셨습니다. 그래서 나는 영계에 있는 것들을 친히 볼 수 있었고 또 그래서 이런 사실들을 기술할 수 있습니다. 그러므로 나는 이러한 내용들이 환상이 아니라 모든 지각이 깨어 있는(in all wakefulness) 상태에서 본 것들(things seen)입니다.

36. 자연계에 있는 사람과 영계에 있는 사람의 차이는, 영계의 사람은 영적 몸(a spiritual body)을 입었고(clothe) 자연계의 사람은 자연적 몸(a natural body)을 입었습니다. 또 영적 사람은 자연적 사람이 자연적인 사람을 보는 것과 같이 또렷하게 영적 사람을 보지만 그러나 자연적 사람은 영적 사람을 볼 수 없으나 영적 사람은 영적 사람과 자연적 사람의 차이에 따라서 자연적 사람을 볼 수 있습니다. 그러나 이것의 차이가 어떠한지는 몇 줄의 글로 표현할 수는 없습니다.

37. 몇년 동안 내가 보아온 사실에서 나는 다음의 사실들을 말할 수 있겠습니다. 즉 영계에는 자연계와 똑같은 땅들이 있고 또 언덕과 산·들판과 골짜기·샘과 강들·호수와 바다 등이 있으며 낙원과 동산(garden)·숲과 살림·궁궐과 가옥 등이 또한 있으며, 저작물과 책들·관청과 교역이 있는가 하면 보석·금·은 등이 있습니다. 한마디로 이 세상에 존재하는 것은 무엇이든, 개별적이든 전체적이든, 모든 것들이 영계에 있습니다. 다만 영계의 것들은 보다 완전하고 완벽할 뿐 입니다.

38. 그러나 이것들의 일반적 차이는 이렀습니다. 즉 영계에 있는 모든 것들은 영적 기원(a spiritual origin)에서 비롯되었고, 따라서 그것들의 본질(本質·essence)이 영적이지만, 자연계에 있는 모든

것들은 자연적 기원에서 비롯되었고, 따라서 그것들의 본질은 자연적입니다. 왜냐하면 자연적인 것들은 순수한 불인 태양에서 비롯된 것이기 때문입니다. 이와 같이 영적 사람은 영적 기원에서 비롯된 양식으로 보양되어야 합니다. 마치 자연적 사람이 자연적 기원에서 비롯된 양식으로 보양되듯이 말입니다. 그 이외의 더 상세한 것들은 「천계와 지옥」에 상술되어 있습니다.

5.
영계에서 만난 영국 사람들

39. 사람의 사상에는 두 상태가 있는데 그 하나는 외적 상태이고 다른 하나는 내적 상태입니다. 사람은 자연계에 있을 때에는 외적 상태에 있으나 영계에 있을 때에는 내적 상태에 있습니다. 즉 이러한 상태는 선한 사람과는 하나를 이루지만 악한 사람과는 하나를 이루지 않습니다. 사람이 그 자신의 내적에 관해서 어떤 성품이냐 하는 것은 자연계에서는 거의 나타나지 않습니다. 왜냐하면 그는 유아적부터 도덕적인 사람이 되기를 원했고 또 그렇게 보이는 것을 배워서 터득하였기 때문입니다. 그러나 영계에서는 그의 본성 그대로 나타나 보여집니다. 왜냐하면 영계의 빛은 그의 본성을 열어 보여주기 때문입니다. 또한 그 때에 그 사람은 영이며, 영은 내적 사람이기 때문입니다. 그러므로 나는 영적 빛 안에 있으며 또 그 빛에 의해서 볼 수 있게 되었으므로, 천사와 영들과 수년 동안 교류(交流·intercourse)에 의해서 여러 천계의 왕국들의 사람 안에 있는 내적인 것들을 볼 수 있었습니다. 이것은 매우 중요한 사실들이므로 나는 이것들을 기술하여 보여 주어야 할 의무가 있습니다.

40. 영국 사람 가운데 매우 우수한 사람은 기독교인들 중앙에 있었습니다(20항 참조). 그들이 중앙에 자리한 이유는 그들이 내적 총명의 빛을 가졌기 때문입니다. 이 빛은 자연계 안에 있는 사람들에게는 명확하지 않지만 영계에 있는 사람들에게는 아주 명백합니다. 영국 사람들은 이 빛을 말하고(言論) 쓰는 것(著述) 즉 생각하는 것의 자유(思想自由·the liberty of thinking)에서 얻습니다. 이같은 자유를 향유하지 못한 사람들에게 이 총명의 빛은 그 빛이 출구를 가지지 못하였기 때문에 밝지가 못하고 어둡습니다. 그러나 이 빛은 그 자체가 능동적이지는 못하지만 특별히 그들 국민들 가운데 평판이 좋고 권위 있는 사람들에 의해서 능동적이 되게 합니다.

이런 사람들에 의해서 말하여지고 또 이들에 의하여 좋다고 인정된 것들이 읽혀지면 이 빛은 곧 전에 없이 빛을 발합니다. 이런 이유 때문에 영계에서는 그곳의 사람들을 다스리는 통치자의 자리에 있게 되는데, 그들은 학문적으로나 능력면에서 대단한 명성을 지닌 사제들로서, 그들의 이러한 자연적인 기질에 의해서 그들의 명령이나 의견에 많은 사람들은 즐겁게 순종합니다.

41. 그들은 그들 자신의 사회에서 밖으로 쫓겨나는 일이 거의 없는데 그것은 그들이 이 세상에서와 마찬가지로 자기 나라를 매우 사랑하기 때문입니다. 그들 국민들 가운데는 이와 유사한 마음의 특성을 지니고 있어서 그들은 자국 국민들 끼리는 서로 친밀하게 지내지마는 타국민들과는 거의가 그렇지 못합니다. 또 그들은 상호 서로 도우며 진실을 숭상하고 사랑합니다.

42. 영계에는 영국 사람들이 사후에 오는 런던과 유사한 두 개의 큰 도시가 있는데 이들 도시들을 나는 걸어서 이곳 저곳을 살필 수 있는 기회가 있었습니다. 한 도시의 중앙은 영국 런던의 것과 유사했는데, 그 곳의 중앙에는 상인들이 회합하는 런던 거래소(去來所·

the Exchange) 같은 것이 있었는데 그 바로 아래쪽에 통치자들이 살고 있었습니다. 그 중앙의 위쪽이 동쪽이고, 그 바로 아래쪽이 서쪽이고, 그 오른쪽이 남쪽이고, 그 왼쪽이 북쪽이었습니다. 다른 사람들에 비해서 더 충실히 인애의 삶을 산 사람들은 동쪽에 거주하였는데, 그 곳에는 아주 장엄한 궁전이 있었습니다. 남쪽에 사는 사람들은 아주 훌륭한 지혜의 사람들이었습니다. 다른 사람들에 비해서 더욱 언론과 저술의 자유를 사랑한 사람들은 북쪽에 살고 있었습니다. 믿음의 서약을 한 사람들은 서쪽에 살았는데 이 곳의 오른쪽에는 그 도시를 들고 날 수 있는 출입구가 있었습니다. 그래서 사악하게 사는 사람들은 이곳을 통해서 이 도시에서 쫓겨났습니다. 서쪽에 살고 있는 교직자(敎職者·presbyter)들은, 앞서 말한 것 같이, 믿음만으로 구원을 얻는다(依唯信得義)는 교리를 가르쳤는데, 그들은 넓은 대로를 통해서 이 도시를 드나들려고 하지 않고 오직 좁은 골목길로 다니려고 했습니다. 왜냐하면 인애의 믿음 안에 있는 사람들은 그 도시에 사는 너그럽고 관대한 사람들이기 때문입니다. 나는 서쪽에 사는 설교자들의 불평불만을 들은 적이 있는데 즉 그들은 훌륭한 저작술로 설교문을 작성하고 또 잘 모르는 사람들에게 믿음만의 구원(依唯信得義)의 교리를 혼합해서 달변으로 설교하였으나 그들의 청중은 선을 행하여야 할 것인지 아닌지를 알 수 없다고 불평하였습니다. 그들은 본질적 선(本質的 善·intrinsic good)을 설교하였을 뿐 부대적 선(附帶的 善·extrinsic good)과는 분리하여서 설교하였습니다. 그들은 이것들을 가치 있는 칭찬할만한 것이라고 때때로 말하였을 뿐 하나님에게는 용납될 수 없는 것이라고 설교하였습니다. 그래서 그들은 다만 유용한 것이기 때문에 선이라고 부를 뿐이라고 했습니다. 그러나 그 도시의 동쪽 영역과 남쪽 영역에 살고 있는 사람들이 그러한 설교를 들었을 때에는 그들은 교회를 떠났으며 그 설교자는 후에 그 교직이 박탈당하였습니다.

43. 런던과 유사한 또하나의 큰 도시는 기독교인들 중앙에 있지 않았습니다(20항 참조). 그러나 그 아래쪽인 북쪽에 자리잡고 있었습니다. 그곳에는 내면적으로 악한 사람들이 사후에 들어오는 곳입니다. 그곳의 중앙에는 지옥과 교류할 수 있는 구멍이 있었는데 이것에 의해서 그들을 삼켜 버리고는 했습니다.

44. 나는 한번 믿음만에 의한 이른바 의유신득의 교리에 관해서 서로 대화하는 영국에서 온 교직자들의 의견을 들을 수 있었고 또 그 교리가 뜻하는 바들에 의해서 형성된 하나의 확실한 형상(image)을 본적도 있습니다. 그것은 거무칙칙한 불빛 속에 장대한 거인 같이 나타났으나 그들의 눈에는 아주 멋진 사람으로 보였습니다. 그러나 천계의 밝은 빛이 비추어지자 그 거인의 상체 부분은 괴물 같았고, 하체 부분은 뱀 같았는데 불레셋 사람들의 우상인 다곤에 관해서 기술한 것과 같았습니다. 그들이 이 신상을 보자 그들은 모두 떠나갔지만 주위에 있던 구경꾼들은 썩은 물이 고여 있는 연못에 그 신상을 던져 버렸습니다.

45. 영계에 있는 영국에서 온 사람들로부터 그들은 이중적 신학을 가지고 있다는 것을 알게 되었습니다. 즉 그 하나는 믿음만의 교리(依唯信得義)에 기초한 것이었고 다른 하나는 인애의 삶에 기초를 둔 것이었습니다. 전자의 교설은 사제직으로 불리우는 사람들에 의해서 품어지고 있었고 후자의 교리는 교직자들이 아닌 일반적으로 평신도들이라고 호칭되는 사람들에 의해서 품어지고 있었습니다. 인애의 삶의 교설은 안식일에 성전에서 읽혀진 권면(勸勉·exhortation)에서 밝히 설명되는 것이며 또 성만찬 예배에 참여하는 사람들에게도 행해지는 권면이기도 합니다. 이 권면에서 공개적으로 선포되는 것은 만약 사람들이 죄이기 때문에 악을 멀리하지 않는다면 그들 자신은 영벌(永罰)에 처해진다는 것과 또 그들이 그 때 거룩한 성물에 가까이 하면 악마가 그들 속

에 들어오는데 그것은 마치 가롯 유다 속에 들어왔던 것과 같습니다. 나는 수차에 걸쳐서 믿음만의 교리에 동의할 수 없는 인애의 삶의 교리에 관해서 사제들과 의견을 나눈 적이 있습니다. 그들은 아무런 답을 하지 않았지만 그들은 다만 그렇게 생각은 하지만 말을 할 수 없을 뿐이었습니다. 이 권면에 관한 것은 「새 예루살렘 교회의 생활에 관한 교설」(같은 책, 5-7항 참조)에서 잘 읽을 수 있습니다.

46. 나는 아주 자주 한 영국 사람을 만났는데 그는 몇년 전에 성령의 내적 역사(役事·interior operation of the Holy Spirit)와 입류에 의해서 믿음과 인애의 결합이 성취된다는 것을 목적으로 한 책을 출판해서 유명해진 사람이었습니다. 그는 주장하기를 이 입류는 그것에 대한 어떤 느낌도 없이 표현할 수 없는 방법으로 사람에게 영향을 주지만 그러나 접촉되는 것은 없이, 더욱이 자의적인 허락 없이 자신에 관한 어떤 일을 이행할 그의 의지를 움직이게 하거나 그의 사상을 명백하게 자극하는데 그 이유는 사람에 속한 것은 어떤 것이든 그 자신의 것으로서는 신령 섭리(神靈攝理·the Dvine Providence)에 들어 올 수 없으며 따라서 악 역시 하나님 안전에 나타날 수 없기 때문이다는 것을 지적, 설명하였습니다. 이와 같이 그는 개인적 구원을 목적으로 한 인애의 외적인 실천을 배제하였으나 그러나 공적인 선(公的 善·the public good)을 목적으로 행한 것은 바람직하다고 하였습니다. 그의 이같은 결론은 매우 독창적인 것이었기 때문에 그의 출판물은 숲풀 속에 감추어진 뱀과 같이, 가장 이단적인 교설로 받아드려졌습니다. 이 저자는 그의 사후에도 그의 주장에 물러섬이 없이 동일한 정론을 유지하였는데 그 이유는 그것은 그 자신 안에서 확인된 것이기 때문입니다. 천사들은 그와 더불어 이야기하면서 말하기를 그것은 다만 능변적으로 정교히 창안된 이론이라는 점

에서는 진리가 아니지만, 사람은 자기 자신으로서부터는(as from himself) 악을 멀리하고 선이 주님에게서 비롯된 것임을 시인하고 그 선을 행하여야 한다는 것과 이 이전에 믿음은 있을 수 없으며 그것은 다만 믿음이라고 일컫는 하나의 사상에 불과하다고 한 것은 천고(千古)의 진리입니다. 그의 정론의 반대 때문에 그는 사람에게 주어진 사람의 외적인 활동에서 알 수 없는 입류나 내적 활동이 분리된 것이지 아닌지에 관해서 장차 더 연구하여야 할 가치가 있다는 그의 영득함이 허용되었을 뿐입니다. 그 뒤 그는 사람은 어느 누구도 재생되고(renew) 구원 받을 수 없다는 종지(宗旨·persuasion)로서 여러 방법에 따라서 그의 사상과 마음을 검토·의심하고, 왜곡하는 것을 직시하였습니다. 그러나 그의 생의 만년에 이르러, 아주 자주, 당시에 있었던 사람들이 고백하고 의심하는 것들을 그의 눈은 열려 보게 되었습니다. 나는 2년 동안 그가 정신 없이 배회하는 것을 보았는데 그는 말년에 사람은 마치 자기 자신에 의한 것처럼 죄로서 악을 멀리하는 것에 의하지 않고서는 겉사람 안에 내재한 악이 제거되지 않을 때 그 어떤 입류도 그 사람에게 주어질 수 없다고 고백하는 것도 보았습니다. 나는 또 그가 드디어 허위 안에서 자기 자신을 확신하는 사람은 누구나 그 자신의 총명의 자만으로 인해서 미치광이(insane)가 될 것이라고 말하는 것을 들었습니다.

47. 나는 멜랑히톤과 대화한 적이 있는데 그 때 나는 그에게 그의 형편에 관해서 물어 보았습니다. 그는 대답하려고 하지 않았습니다. 다른 사람들에 의해서 들은 바에 의하면 그는 번갈아 가면서 격자(格子·fretted) 석실(石室·stone chamber)에 있었다 또는 지옥에 있었다 하고 있으며 석실에 있을 때는 추위 때문에 곰 가죽 옷을 입고 나타나고는 하였는데 왜냐하면 부정(不淨) 때문에 이 세상에서 온 신참자(新參者·newcomer)가 그의 명성 때문

에 그를 만나기를 원해서 그를 찾았을 때 그 신참자 만나는 것을 허락하지 않는다는 것입니다. 그는 아직까지 믿음만의 구원을 주장하고 있었는데 이것은 이 세상에서 그가 그 누구 보다도 강하게 주창한 바 입니다.

6.
영계에서 만난 네델란드 사람들

48. 위에서 언급한 바와 같이(20항 참조) 성언의 말씀을 읽고 주님을 예배하는 기독교인들은 영계의 중앙의 백성들과 더불어 함께 있습니다. 그 이유는 매우 큰 영적 빛이 그들과 함께 있기 때문인데 그 빛은 중앙에서부터 모든 주변 심지어 가장 변방에까지 비춰지기 때문인데 「성서에 관한 새 예루살렘 교설」에서 언급한 바와 같이(같은 책, 104-113항 참조) 그 빛은 조요합니다. 이 중앙에 있는 개혁교회의 기독교인들은 주님으로부터 오는 영적 빛의 수용(受容·reception)에 따라서 거처를 할당 받습니다. 즉 영국 사람들은 총명으로 그 빛을 수용하기 때문에 그들은 중앙의 한가운데에 있고, 그리고 네델란드 사람들은 그 빛을 자연적인 빛에다 아주 가깝게 결합시키기 때문에 그들에게서는 밝은 빛은 비추지 않습니다. 그러나 그들이 접하고 있는 장소의 어떤 것도, 영적 빛으로부터 합리성을 받는데 또는 동시에 영적 볕을 받지만 투명하지는 않았습니다. 중앙에 있는 기독교도들은 동쪽과 남쪽의 거처를 가졌습니다. 왜냐하면 동쪽에 있는 사람들은 인애가 자리하는 영적 볕을 수용하는 능력(能力·faculty) 때문이고, 남쪽에 있는 사람들은 믿음이 자리한 영적 빛을 수용하는 능

력 때문입니다. 영계의 방위(方位)들은 자연계의 방위와 다르게 그 방위에 따라서 거처가 주어지는데 그 거처는 믿음과 사랑의 수용에 따라서 정해집니다. 즉 사랑 또는 인애 면에 탁월한 사람들은 동쪽에, 총명 또는 믿음에 탁월한 사람들은 남쪽에 그 거처가 각각 있다는 것은 「천계와 지옥」에서 잘 읽을 수 있습니다(같은 책, 141-153). 기독교도들 중앙 영역의 방위에 따라서 그들이 각각 있는 또다른 이유는 교역(交易·trade)이 그들의 목적적 사랑(目的的 愛·the final love)이고 돈(金錢·money)은 그것의 중간적 종속적 사랑(the mediate subservient love)이기 때문이고, 이 때 목적적 사랑(主導愛)은 영적입니다. 그러나 돈이 목적적 사랑이 되고 교역이 중간적 종속적 사랑이 되면 그 사랑은 영적 사랑이 아니라 자연적 사랑이 됩니다. 그 때 그 사랑은 탐욕을 이어 받습니다. 앞서 말한 영적 사랑은 그 자체가 공공의 선을 중요시 여기며, 여기에는 또 이것에서부터 국가의 이익(國家 利益·the good of the country)이 비롯되는데 네델란드 사람들은 그 어느 국민보다 이 점이 탁월하였습니다.

49. 네델란드 사람들은 그들의 종교적 원리에 그 어떤 국민들 보다 강하게 집착하였으므로 그 누구도 그들의 원리에서 멀리 떨어져 나가는 일은 없습니다. 만약 그들이 그들 중 누구가 그 원리들에 동의 할 수 없다는 것을 깨닫게 되면 그들은 그것을 용납하거나 허용하지 않고 오히려 그들을 다시 본래의 처지로 되돌아 서게 하여 그들로 하여금 그것에서 떠나지 못하게 합니다. 이와 같이 그들은 자신들을 진리의 내면적 직관(內面的 直觀·an interior intuition of truth)을 떠나려고 하는데 그것은 그들이 그들의 합리성을 영적 사물의 복종 아래 두려고 하기 때문입니다. 왜냐하면 그들이 사후 영계에 들어 왔을 때에도 이와 똑 같았습니다. 즉 그들은 신령 진리인 천계의 영적인 것들을 수용할 준비를

하였습니다. 그들은 받아들이지 않았기 때문에 가르침을 받지 못하였지만 그러나 천계가 어떤 것인지 그들에게 설명되었으며, 그 뒤에 그들에게 천계가 하강하였고 그들은 천계를 깨닫게 되었습니다. 그들의 성품에 동의한다는 것은 그들에게는, 그들이 지금까지 해 오던 바와 같이, 그것들에 푹 빠져 들게 하였으며 따라서 그들은 천계에 대한 간절한 소망을 가지고 그들의 동료들에게 돌아 왔습니다. 만약 그 때 그들이 이 진리를 받지 않는다면, 즉 하나님은 한 인격으로 한 분(One in Person)이시며, 또 본질적으로 한 분이고, 이 한 분 하나님이 주님이시며 그분 안에 신령 삼일성이 있다는 것과 또 다른 진리는 지식이나 설교(說敎·discourse)로서의 믿음이나 인애는 믿음과 인애의 삶을 떠난 것이면 아무런 쓸모가 없는 것이라는 것과 또 믿음과 인애는 죄이기 때문에 악을 멀리할 때 주님께서 주시는 것이라는 것입니다. 만약 그들이 이 진리에 관해서 가르침을 받았을 때 그들이 자신의 생각을 바꾸지 않고 계속해서 종교적으로 세 분 인격의 하나님의 존재로서 하나님을 생각하고, 그들의 이같은 일로 인해서 그들은 그들의 교역이 소멸되지나 않을까 하는 고통에 빠지게 합니다. 이같은 것은 그들이 최후수단(最後手段·the greatest extremity)까지 이어갈 것입니다. 그들이 모든 분야에서 또 교역에서 풍요로움을 누리게 되었을 때 그들의 사상은 천계적인 것에서부터 그것들에게 배어들게 되어 이렇게 되었을 때 그들은 또한 동시에 주님에 관한 복수 신관이나 죄이기 때문에 악을 멀리하는 그들의 삶에 관해서까지 영향을 입게 되었습니다. 한동안 그들은 의문을 제기하였고 그 뒤 그들은 자신들의 사상과 소견(所見·reflection)의 일치를 깨닫게 되었습니다. 이런 일은 반복적으로 계속되었습니다. 그들은 자신에 관해서 깊이 숙고하였는데 드디어 그들은 그들의 고뇌에서 구출하기 위해서 그들은 믿고 동시에 행하기로 하였습니다. 그 때 그들은 믿음을 가지게 되었고 또 인애의 삶을 살므로 해서 그들에게는 삶의 여유(餘裕·opulence)와 기쁨(enjoyment)이 주어졌습니다. 이와 같은 방법으로 영계에서 인애의 삶에 인도된 네델란드 사람들은 다른 사람들이 아니라 자신에 의해서 교정되어서 천계를 준비하게 되었습니다. 그 뒤 그들은 다른 누구보다도 더 불변의 신앙을 가지게 되어, 그래서 그들은 지조가 굳은 사람들(constancies)이라고 불리웠습니다. 즉 그들은 추론이나 허위 또는 궤변론자들이나 독단으로 확인한 비상식적인 관점에 의해서 자신들이 끌려가는 것을 허용하지 않았습니다.

50. 네덜란드 사람들은 영계에서 다른 사람들에 비해서 쉽게 구분됩니다. 왜냐하면, 자연계에서의 의상과는 다르지만, 믿음과 영적 삶을 가진 사람들은 그들의 옷이 매우 빛나게 나타나기 때문입니다. 그들은 유사한 의상을 착용하고 나타나는데 그것은 그들이 그들의 종교원리에 변함이 없기 때문입니다. 즉 영계에서 사람들은 모두가 그들의 종교적 원리에 따라서 자신의 옷을 입기 때문입니다. 이 때 신령 진리 안에 있는 사람들은 희고 고운 세마포 옷을 착용합니다.

51. 네델란드 사람들이 살고 있는 도시들은 매우 특이한 방법으로 보호되고 있는데 그 도시의 거리는 문들이 설치되어 있고 또 지붕을 덮고 있어서 도시 주위에 있는 언덕이나 바위에서는 그 곳을 볼 수 없게 되어 있습니다. 이것은 그들의 의도(意圖·intenstion)를 숨기고 노출시키지 않으려는 생득적인 조심성(prudence)에서 비롯된 것입니다. 왜냐하면 영계에 있는 것들은 감찰(監察·inspection)에 의해서 노출되기 때문입니다. 어떤 사람이 그들의 형편을 탐색할 목적으로 한 도시에 들어 오거나 또 그 곳을 떠나려고 하면 그에게 문들이 닫쳐지고, 또 그가 여러 문으로 왔다 갔다 하게 해서 짜증이 극도에 달하게 한 뒤에 나가게 하는

데 이것은 그가 다시 들어오지 못하게 하려는 것이기 때문입니다. 남편을 다스리려고 하는 부인들은 도시의 한 외곽에 살고 있는데 남편의 초대에 의해서 정규적으로 만날 뿐입니다. 그리고 남편들은 그 때 부인을 집으로 인도하는데 그 집은 혼인한 남녀 한 쌍이 거주하는 곳으로서, 다른 사람을 지배하려는 그런 것이 없는 곳으로, 그들에게 그들의 집이 얼마나 정결하고 깨끗한지 그리고 그들의 삶이 얼마나 즐거운지를 보여 줍니다. 이런 것들은 모두가 상호적 사랑 또는 혼인애의 결과들입니다. 이런 곳에 참여하였던 사람들은 이런 것들에 영향을 입게 되어 다른 사람을 지배하려는 지배욕을 단념하고 오히려 그들과 더불어 살며, 그 때 그들은 천사들이라고 불리우는 중앙에 있는 무리에 점점 근접한 주거지를 얻게 됩니다. 그 이유는 혼인애(婚姻愛・conjugial love)가 천사적 사랑이고, 이 사랑에는 지배욕이 있을 수 없기 때문입니다.

53. 최후심판의 때에 나는 그 곳의 도시와 마을 그리고 주변에 있는 동네에서 쫓겨나는 수많은 사람들을 보았습니다. 이 세상에 있을 때 종교나 양심에 의해서 그 어떤 선행을 수행하지 않고 다만 명성을 얻기 위한 일념으로 선행을 이행한 사람들로 어떤 이득을 얻으려는 데는 신실하게 보였습니다. 왜냐하면 명성이나 이득이 사라졌을 때, 마치 영계의 경우와 마찬가지로, 그 때 그들은 모든 추행(醜行・abomination)으로 줄달음치기 때문입니다. 그들이 도시밖 들판으로 쫓겨났을 때 그들은 서로 싸우고 서로 약탈을 자행하였습니다. 나는 그들이 동쪽 지역에 있는 불 붙는 심연(深淵・gulf)에 끌어당겨 그 구멍 속으로 빨려들어가는 것을 보았습니다. 내가 본 이같은 쫓겨남은 1957년 1월 9일에 있었습니다. 이들 무리들이 다 떠나버리자 그들 가운데에는 종교 또는 종교에서 비롯된 양심적인 사람들만이 그 곳에 있었습니다.

54. 나는 단지 한번 캘빈과 대화한 적이 있습니다 그는 천계의 한 사회에 있었는데 그는 내 앞쪽 머리 위에 나타났습니다. 그는 말하기를 믿음만의 교리에 관해서 루터나 멜랑히톤의 의견에 동의할 수 없다고 했습니다. 왜냐하면 성언의 말씀에서 흔히 명명된 선행들은 그것들을 행할 것을 명령하였고 또 믿음과 선행은 결합되어야만 하기 때문이다고 주장하였습니다. 나는 그 사회의 통치자 중의 하나에게서 캘빈이 그의 합당한 사회에 받아드려졌는데 그 이유는 정직(正直·upright)하고 그 어떤 불안이나 근심(disturbance)이 없기 때문이다는 말을 들었습니다.

55. 루터에 관한 대부분은 여러 곳에서 말할 것입니다. 왜냐하면 나는 그를 자주 보고 만나서 이야기하였기 때문입니다. 여기서 단 하나만 이야기 하겠습니다. 그는 그의 의유신득의(依唯信得義·faith alone)에서 손을 떼기(recede from)를 소원했지만 그러나 헛수고일 뿐 그러므로 그는 아직까지도 영들의 세계에 머물러 있는데 그 세계는 천계와 지옥 중간에 있습니다. 이 곳에서 그는 이따끔씩 어려운 일들을 겪고는 합니다.

7.
영계에서 만난 교황주의자들

56. 최후심판이 단행된 교황주의자들에 관해서는 「최후심판」 소책자에서 언급하였습니다(본서 1부, 53-64항 참조). 영계에서 교황주의자들은 개혁교도들 주위에 나타나는데 그들은 넘나들 수 없는 영역에 의해서 그들과 나뉘어져 있습니다. 그렇지만 예수회

(Jesuit)에 속한 무리들 중에는 그들을 유혹하여 꾀어낼 목적으로 비밀통로를 통해서 밀사를 보내기도 하고 또는 그들과 정보교환을 위해서 비밀스러운 술책을 부리기도 합니다. 그러나 그들이 발각이 되면 처벌을 받게 되며, 그뒤 그들은 동료들에게 보내지거나 아니면 지옥으로 쫓겨났습니다.

57. 최후심판 이후 그들의 상태는 바뀌어졌습니다. 즉 그들은 예전 같이 한 떼로 뭉치는 것이 허락되지 않았습니다. 이 세상에서 새로 들어오는 자들은 즉시 그들의 사랑 즉 선하든지 악하든지 각자의 사랑에 대응되는 사회에 보내지는 방법에 의해서 각자에게 맞는 사회에 보내집니다. 이와 같이 악한 사람들은 지옥과 결합된 한 사회로 보내지고, 선한 사람들은 천계와 결합된 한 사회로 보내집니다. 이같은 경계조처는 전과 같이 그들 자신을 위한 거짓의 천계(擬似天界·artificial heaven)를 형성하지 못하기 위한 것입니다. 천계와 지옥 중간에 있는 영들의 세계(the world of spirits)에는 이같은 유사천계가 수도 없이 많이 있는데 그 수효는 선과 악의 정동의 류(類·genera)와 종(種·species)만큼 많습니다. 영들의 세계에서는 천계에 올리워지거나 또는 지옥으로 쫓겨나게 되는데 그렇게 되기 전 한 동안은 지상의 세계에 있는 사람들과 영적인 결합이 있게 됩니다. 왜냐하면 그들 역시 천계와 지옥 중간에 있기 때문입니다.

58. 교황주의자들 중에서 온전한 우상숭배자가 아니고 다만 그 자신의 종교적 종지(宗旨·religious persuasion)에 의해서 진실된 마음 없이 선을 행하고, 또 주님을 우러르는 사람들은 개혁교도에 가장 가까이 있는 변방에 위치한 사회로 인도되고, 거기서 교육을 받게 되며 또 성언의 말씀이 읽혀지고, 주님께서 그들에게 설교말씀을 합니다. 그리고 그들이 진리를 받아드려 그것들을 삶에 적용한 사람들은 천계로 올리워져 거기서 천사가 됩니다. 각

방위(方位)에는 그들이 속한 이같은 수많은 사회가 있는데 그들은 수도승들의 변절과 교활한 술책 그리고 바벨론적인 영향력(影響力·leaven)에서부터 보호되고 지켜지고 있습니다. 더욱이 천계에 있는 유아들은 주님의 지도 아래, 천사들에 의해서 교육받기 때문에 그들은 자신들의 부모의 종교적 거짓에 대해서 아는 바가 전혀 없습니다.

59. 이 지상에서 영계에 들어온 사람들은 누구나 처음에는 자신의 믿음의 고백이나 자기 나라의 국교(國敎)를 고수하는데 교황주의자들도 예외는 아닙니다. 이런 이유로 해서 그들은 항상 자신들을 감독하는 몇몇의 대표적인 교황(representative Pontiff)을 모시는데, 그들은 이 세상에서와 똑같은 예식으로 그들을 숭배합니다. 그러나 거기에는 교황으로 행동한 그 어떤 교황(敎皇·Pope)도 없었습니다. 20년 전* 로마에서 교황(敎皇·Pope)으로 임직했던 분이 교황주의자들의 교황으로 임명되었는데 그 이유는 그분은 성언의 말씀은 매우 거룩한 것이고 그렇기 때문에 거룩이 모셔져야 하고 또 주님만이 예배되어야 한다는 것 등을 마음 속 깊이 간직하고 있었기 때문입니다. 그러나 수년간 교황 직무를 수행한 뒤 그분은 그 자리를 퇴위하고 개신교도로 개종하여 지금까지 그들과 함께 있으면서 그분은 행복한 삶을 살고 있습니다. 그분과 대화할 수 있는 기회가 주어졌는데, 그분은 주님만을 우러러 섬긴다고 말하였는데 이유인즉슨 주님만이 하나님이시고, 또 주님만이 천지(天地·heven and earth)를 다스릴 능력을 가지셨으며 성인들에게 드리는 기도(invocation) 또는 그들의 미사는 희롱적(trifle)인 무가치한 것이기 때문이라고 하였습니다. 또 그는 그가 세상에 있을 때 교회를 혁신(革新·restore)하려

---

*이 책이 발간된 해가 1763년이다.

고 했으나 그가 말한 바 있는 몇몇 이유들 때문에 그렇게 하는 것이 불가능했다고 말했습니다. 교황주의자들이 속해 있는 북쪽의 가장 큰 도시가 최후심판의 날 때에 파멸되었는데 나는 그분이 안전한 곳으로 피신되어 편안히 있는 것을 보았습니다.

60. 여기에서 나는 몇가지 기억해야 할 영계 체험을 더 부언하고자 합니다. 그것은 불란서의 루이 14세에 관한 이야기로 그 사람은 불란서에서 막강한 세도를 부린 왕 중의 시조(始祖·grand-father)로 그가 세상에 있을 때 그는 주님을 예배하였고, 성경말씀을 읽었고 또 교회의 가장 높은 분으로 교황을 시인하였기 때문에 이런 결과로 해서 그 왕은 영계에서 큰 위엄을 누리며 불란서 국가의 최상의 사회를 다스리고 있습니다. 나는 그가 사다리를 타고 내려오는 것을 본 적이 있는데, 내려온 뒤 그가 말하는 것을 들었습니다. 그런데 그는 마치 파리의 베르사이궁전에 있는 것 같이 보였는데 그 때 그는 묵묵히 한 시간 반 동안 주위를 돌아 보다가 끝에 가서 그는 말하였습니다. 그는 불란서의 역대 왕들, 그리고 그들의 후손들과 불 유니제니투스(the Bull Unigenitus)에 관해서 서로 대화했다는 것과 또 그에게 그의 전 계획(前 計劃·the former design) 추진을 멈출 것을 조언하였으나 그것은 불란서 국가에게는 별 이익이 없는 것이기 때문에 그 조언을 받아드리지 않았다고 말했습니다. 그는 또 그는 자기의 생각을 겸손하게 넌즈시 말하였다고 했습니다. 이같은 일은 1759년 12월 13일 저녁 8시경에 일어났습니다.

8.
영계에서 만난 교황주의 성자들

61. 사람은 누구나 그의 부모로부터 악을 상속받거나 악이 마음에 심어진다는 것을 잘 알고 있으나 그것이 어떤 것 안에 둥지를 틀고 있는지는 거의가 모르고 있습니다. 그것은 지배애(支配愛·the love of ruling) 안에 있는데 이 유전악은 억제하고 견제하는 한에는 지배애 안에 있지만 그렇지만 그것은 어느 순간 돌발적으로 나타납니다. 그것은 모두를 지배하려는 정욕으로 최후에는 자신이 하나님으로서 예배받고 또 그렇게 되기를 염원하는 정욕으로 불태웁니다. 이 사랑이 아담과 이브를 속인 뱀입니다. 왜냐하면 뱀은 여인에게 ㅡ.

> 너희는 절대로 죽지 않는다. 하나님은 너희가 그 나무 열매를 먹으면 너희의 눈이 밝아지고 하나님처럼 되어서 선과 악을 알게 된다는 것을 아시고 그렇게 말씀하신 것이다.
> (창세기 3:4, 5)

그러므로 사람이 그 어떤 견제나 억제 없이 이 사랑으로 빠져들면 그 빠져든 만큼 그 자신은 하나님에게서부터 멀어지는 것이고, 자기 자신에게 더 가까이 가게 되는 것인데 종국에는 무신론자(無神論者·atheist)가 됩니다. 즉 성언의 말씀인 신령 진리를 하나의 수단으로 여기고 간직할 뿐입니다. 그러나 그것의 궁극적 목적은 남을 지배하려는 것이기 때문에 이 수단마저도 마음 속으로는 오직 다른 사람들이 자신을 우러르고 섬기는 방법으로 여길 뿐입니다. 이것이 바로 지배애의 정도가 중간적이든 극도의 것이든 그 안에 있는 사람들이 모두 지옥에 있게 되는 이유입니다. 왜냐하면 그 사랑이 지옥에서는 악마적이기 때문입니다. 지옥에 있는 사람들의 성품이 모두 이와 같기 때문에 하나님에 관한 그 누구의 말도 들을 수가 없습니다.

62. 지배애의 희열에서 비롯된 발광으로 통치하기를 일삼는 지배욕을 가지고 있는 교황 국가에 속한 어떤 사람들은 성언의 말씀을 경멸하고, 또 성언의 말씀 보다는 교황의 지시(指示·dictate)를 더 좋아 합니다. 그들은 교회에 속한 그 어떤 것도 더 이상 알 수 없는 데까지 교회의 외적인 것까지도 완전히 황폐화시켰습니다. 그렇게 되었을 때 그들은 지옥으로 쫓겨나서 지옥의 자식이 되고 맙니다. 지옥에는 하나님으로 추앙되기를 바라는 사람들을 위한 분별된 또하나의 지옥이 있습니다. 그 곳은 바로 그들의 환상일 뿐, 그것이 있는지 또는 없는지 조차 보지를 못합니다. 그들의 이러한 정신적 착란 상태는 악의에 찬 발광 상태에 있는 사람들에게 있게 되는데 그들은 공중이나 방 안에서 떠도는 것들을 보며, 또는 실제는 있지도 않은 침대 위에서 그런 것들을 봅니다. 이 가장 사악한 악마를 뜻하는 말씀으로—.

> 여자의 자손은
> 너의 머리를 상하게 하고
> 너는
> 여자의 자손의 발꿈치를 상하게 할 것이다.
> (창세기 3:15)

주님의 "발꿈치"(the heel) 또는 "여자의 자손"(the Seed of the woman)은 문자적인 뜻으로의 성언의 말씀의 가장 외적인 것 안에 나타난 신령한 것을 뜻합니다.

63. 왜냐하면 유전적인 악에서 비롯된 사람은 다른 사람들을 통치하기를 소망하기 때문에 어떤 제재가 느슨해지면 계속해서 더

욱 더 많은 사람을 지배하려고 하며 종국에는 모든 것 위에 군림하여 다스리기를 바랄 것입니다. 자신이 하나님으로서 추앙되고 예배받기를 갈망하는 소원은 지배애의 가장 깊숙한 곳에 자리잡고 있기 때문에 그러므로 교황의 교서(敎書·the Papal bull)에 의해서 그들을 성자로 정해진 사람들은 모두가 그들의 시야에서 사라져 가리워졌으며 또 그들에게서부터 그들의 예배의 결합을 모두 박탈하였습니다. 이렇게 모든 것이 행하여졌지만 가장 사악한 악의 뿌리는 그들에게서 뽑히워 지지 않았으므로 그들은 앞서 설명한 지옥의 우월한 환상적인 착란에 서둘러 빠져 들어 갔습니다. 이러한 착란에 빠져 있는 자들은 그들이 이 세상에 있을 때 추앙받을 목적 때문에 사후 성자가 되기 위해서 맹렬히 애쓰고 노력하였을 뿐입니다.

64. 교황 국가의 많은 사람들 특히 수도승들이 영계에 들어 왔을 때 그들은 성자(聖者·saint)들이나 자기와 같은 종단의 성자를 찾아다니지만 그들은 그들을 찾을 수 없자 그들은 매우 놀라와 합니다. 그러나 뒤에 가서 그들은 다른 사람들에 의해서 배우게 되는데 즉 사람들이 저 세상에 오면 이 세상에서의 자신의 삶에 따라서 천계의 영과 또는 지옥의 영과 결합된다(intermingle with)는 것과 또 그들이 이런 상태에 있을 때에는 자신들의 예배나 기원에 관해서는 전혀 아는 바가 없다는 것 그리고 그들이 아는 것은 자신들이 하나님으로 추앙되기를 바라는 사람은 분리되어 미쳐 날뛰는 지옥에 있다는 것 등을 깨닫게 되었습니다. 성자숭배는 천계에서는 매우 추악한 것이며, 그들이 성자 숭배에 관한 것을 들었을 때 그들은 소름 끼칠 정도로 반감을 가졌습니다. 왜냐하면 어떤 사람에게 드려지는 예배는 그 정도 만큼 주님에게서부터 멀리 떼놓는 것이고 이것은 주님 홀로 예배받으실 수 없게 하는 것이기 때문입니다. 만약 주님께서 홀로 예배 받지 않

으신다면 이것은 차별을 만드는 것이므로 이러한 차별은 주님과의 결합을 파괴하며 또 인생 삶의 지복(至福·the felicity of life)의 원천인 주님과의 결합을 파괴하는 것입니다.

65. 다른 교황주의 성자들의 성품에 관해서 다른 사람들을 깨우쳐주기 위한 목적을 위해서 자신들이 시성(諡聖·anonization)이 된 사실을 아는 약 백명의 성자들이 낮은 땅으로부터 불리워졌습니다. 그들의 대부분은 뒤로부터 왔고 적은 수만이 앞으로 왔는데 나는 그들 중의 하나와 대화를 하였습니다. 그들은 말하기를 자비에르(Xavier)라고 하였습니다. 그가 나와 대화하고 있는 동안 그는 정말 바보 같았는데, 그는 자기가 갇혀 있는 그 곳에서는 바보가 아니지만 그가 한 성자로서 생각하면 그 때마다 자신이 바보가 된다고 나에게는 말할 수 있었습니다. 나는 뒤에 있는 자들에게서도 똑같은 중얼거림을 들었습니다.

66. 그러나 천계 안에 있는 소위 성자들의 경우는 다릅니다. 그들은 지상에서 어떤 일이 행해지고 있는지에 관해서도 아는 바가 전혀 없으며 또 이같은 잘못된 생각이 그들의 마음 속에 들어가는 것을 막기 위해서 내가 그들과 대화하는 것도 허락되지 않았습니다. 나는 딱 한번 주님의 어머니 마리아가 흰 세마포 옷을 입고 내 머리 위를 지나가는 것을 보았는데 그 때 나는 그분을 잠시 머물게 하여 말한 적이 있는데 그 때 그분은 주님은 그분의 몸에서 태어났으며 자기가 주님의 어머니였지만 그러나 주님은 몸에서 입은 인간성 모두를 벗으시고 하나님이 되셨고 그러므로 자신은 지금 자기의 하나님으로 주님을 예배하며, 자신은 주님께서 자신의 아들로서 누구도 시인하기를 원치 않는데 왜냐하면 주님 안의 모든 것은 신령이시기 때문이라고 말하였습니다.

67. 나는 여기에 또다른 하나의 체험을 부언하겠습니다. 한 여인

이 멋진 의상과 성자 같은 자태로 이따금씩 중간 고도(高度)로 영계의 한 사회인 파리 사람들에게 나타나고는 했습니다. 그들에게 자신은 제네비브(Genevieve)라고 말했습니다. 그러나 그들 중에서 몇몇이 그녀를 숭배하려고 하자 곧 그의 자태는 급변하였으며 그녀의 의상도 역시 변하여 그녀는 보통의 한 여인으로 바뀌었습니다. 그리고 그녀는 자신을 숭배하기를 원하는 사람들을 심하게 꾸짖었습니다. 그리고 자신은 그들 동료들과 똑같은 한 사람에 불과하고, 하녀(maid servant) 보다도 더 비천하다고 하였습니다. 세상에 있는 사람들이 이같은 어리석은 일(trifle)에 얽매여 있다는 것에 놀라울 뿐이라고 하였습니다. 천사들은 주님을 예배하는 사람과 사람을 숭배하는 사람들을 분별할 목적으로 그녀가 나타난 것이라고 말하였습니다.

9.
영계에서 만난 마호메트와 그 교도들

68. 영계에서 마호메트 교도들은 서쪽 교황주의 교도들의 영역 너머에 살고 있는데 교황주의 교도들에게는 일종의 바깥 경계를 형성하고 있습니다. 그들이 그 곳에 나타나는 중요 원인은 그들이 주님을 사람들을 가르치기 위하여 세상에 보내주신 가장 위대한 예언자로서, 하나님의 아들로, 또 가장 슬기로운 분으로 시인(是認·acknowledge)하기 때문입니다. 그 세계에 거하는 사람은 모두가 주님으로 고백하고 또 한 분 하나님으로 고백하는 것에 따른 개혁교도들이 있는 기독교도의 중앙에서부터 좀 떨어진 곳에 살고 있습니다. 왜냐하면 그런 고백은 천계와 더불어 마음

이 결합하고 또 주님이 계신 동쪽으로부터 일정 거리를 결정하기 때문입니다. 악한 삶을 사는 사람은, 또 마음 속으로 그같은 고백 안에 있지 않는 사람은 그들 아래에 있는 지옥에 있습니다.

69. 종교는 사람 마음의 가장 깊은 영역 안에 그 자리를 차지하기 때문에 나머지 것들은 모두가 그 극내적(the inmost)인 것에서부터 유래할 뿐이기 때문에 또 마호메트 교도들은 그들의 종교와 매우 가깝게 유착되어 있기 때문에, 그러므로 몇몇의 마호메트 교도들은 언제나 시각적으로 같은 자리를 점합니다. 그리고 그들이 주님이 계신 동쪽 위로 그들의 얼굴을 돌리게 하기 위해서는 그들은 기독교도 중앙의 아래에 있어야 합니다. 마호메트 자신은 코란(the Koran) 경을 저술하지 않았고 그의 임무를 수행한 사람은 다른 사람입니다. 그는 삭소니(Saxony)에서 비롯된 한 사람으로 알제리아(Algerian) 군인에게 포로로 끌려가서 마호메트 교도가 되었지만, 그는 본래 기독교인이었기 때문에 주님에 관하여 그들에게 말하기 위하여 감동되어서 즉 주님은 요셉의 아들이 아니고, 그들이 이 세상에 있을 때 믿었던 바와 같이 주님은 하나님의 아들이며, 이것에 의해서 그는 아버지와 더불어 주님의 인격(the Lord's Person)과 본질(本質·Essence)의 결합의 관념이 그들 속으로 차츰 들어가게 하였습니다. 그 뒤에 다른 자들이 그 자리를 계승하였는데 그는 같은 것을 선포하도록 감동되었습니다. 이같은 방법에 의해서 그들 가운데 많은 사람들은 주님에 관한 참된 기독교도의 믿음에 동의하였고 그렇게 동의한 사람들은 동쪽 가까이에 있는 한 사회로 옮기워졌습니다. 그 곳에는 그들에게 천계와 교류하는 은총이 주어졌고 뒤에 가서는 그 천계로 올리워졌습니다. 마호메트의 자리는 횃불 같은 하나의 불로 나타났는데 그 교도들 외에는 볼 수가 없었을 뿐 그만이 알 뿐입니다.

70. 코란(the Koran) 경을 쓴 진짜 마호메트는 오늘날에는 보이지 않습니다. 내가 들은 바에 의하면 애초에는 그는 그의 추종자들을 주재하였는데, 그가 하나님처럼 그들 자신의 모든 종교적인 것들을 통치하려고 했기 때문에 교황주의 교도들 아래에 있던 그의 자리에서 쫓겨나 그 아래인 남쪽 변방으로 보내졌다는 것입니다. 한번은 마호메트 추종자들로 이루어진 몇몇의 공동체가 하나님처럼 마호메트를 시인하려는 악령에게 선동된 적이 있습니다. 그 소요를 진압하기 위해서 마호메트는 아래로부터 일어나 그들에게 보여졌는데 그 때 나는 그를 보았습니다. 그는 내면적 지각을 가지지 않은 한 물질적 영(物質的 靈·corporeal spirit) 같이 닮아 보였는데 그의 얼굴은 검은색에 가까웠습니다. 나는 그가 하는 몇마디의 말을 들었습니다. "내가 여러분들의 마호메트요." 그리고는 곧 아래로 다시 잠겨졌는데, 말하자면 자신의 자리로 되돌아 간 것입니다.

71. 그들의 종교에 관해서 그것이 어떤 것인지 알 수 있는 것이 허락되었습니다. 이 종교는 동방의 여러 수호신들과 계약을 체결하였기 때문에 그 종교는 많은 나라들에게 포교되었습니다. 또 동시에 이 종교는 십계명의 교훈을 종교적 내용으로 삼았기 때문에, 그것은 바로 성언의 말씀에서 취사선택한 것이었으며 특히 주님을 하나님의 아들로서 그리고 가장 지혜로운 분으로 시인하였기 때문입니다. 그 외에도 많은 나라의 우상 숭배를 없이 하였습니다. 마호메트가 그의 추종자들에게 보다 깊은 내면적 종교로 공개적 수단을 정립하지 않은 이유는 일부다처주의(一夫多妻主義·polygamy) 때문인데 이것은 천계에 대해서 매우 부정한 음란을 증폭시키는 것입니다. 왜냐하면 일부일처의 혼인은 주님과 교회의 혼인에 대응되기 때문입니다.

72. 그들의 대부분은 진리에 대한 이해가 빨랐습니다. 나는 영계에서 그들과 대화한 적이 있어서 그들을 살펴볼 수가 있었는데 그들은 논리적인 면에서 공정성을 이해하고 있었습니다. 나는 그들과 같이 한 분 하나님·부활·혼인과 같은 것에 관해서 이야기를 나눈 적이 있습니다. 한 분 하나님에 관해서 그들은 기독교인들이 삼위일체(三位一體·Trinity)에 관해서 말할 때 삼위가 있는데 각 위가 하나님이며 그러나 하나님은 한 분이라고 말하는 것을 이해할 수 없다고 하였습니다. 그러나 나는 그들에게 기독교인들에게서 온 천계의 천사들은 그와 같이 말하지 않고 오히려 하나님은 본질로서 또 인격으로서 한 분이시며 그분 안에 삼일성(三一性·Trine)이 있음을 고백한다는 것과 또 지상의 사람들은 이 삼일성을 삼위(三位·three persons)라고 일컫는다는 것, 그리고 이 삼일성은 주님 안에 있다는 것을 일러 주었습니다. 이것들을 확실히 깨우쳐 주기 위하여 나는 그들 앞에서 마태복음서와 누가복음서에서 발췌한 몇 말씀을 읽어 주었는데 거기에는 주님께서 친히 가르치신 귀절과 똑 같이 하나님 한 분에게서 비롯된 주님의 개념과 또 주님과 아버지는 하나이시다는 것이었습니다. 이런 말을 들었을 때 그들은 이와 같이 신령 본질(the Divine essence)이 그분 안에 있다고 고백하는 것을 깨달았습니다. 부활(復活·resurrection)에 관해서 그들은 말하기를 즉 기독교인들은 사후 사람의 상태에 관해서 말할 때 사람의 영혼은 바람이나 공기 같으며 그 영혼은 최후심판의 때에 그의 육체와 영혼이 재결합할 때까지 모든 기쁨을 박탈당한다고 말하는 것을 이해할 수 없다고 하였습니다. 그래서 나는 그들에게 대답하기를 몇몇 사람들은 그와 같이 말하는 것은 사실이지만 그러나 그런 부류에 속하지 않는 사람들은 사람은 사후에 천계에 갈 것과 천사와 더불어 이야기하고 또 사람들이 이 세상에 있을 때 누리던 유사

한 기쁨에 비하면 상상도 할 수 없고 또 기술할 수도 없는 천계적 기쁨을 누릴 것을 믿는다고 그들에게 일러 주었습니다. 그리고 또 부언해서 오늘날에는, 사후 사람의 상태에 관한 특별한 것들이 그들에게 계시되었는데 종전까지는 전혀 알 수 없는 것들이었다고 일러 주었습니다. 혼인에 관해서도 서로 의견을 나누었습니다. 나는 그들에게 여러가지 중에서 혼인애(婚姻愛·conjugial love)는 천상적 사랑(天上的·celestial love)으로, 둘 사이에 존재하며, 다처(多妻)와의 결합은 혼인애의 천상적 사랑에는 허용되지 않는다고 일러 주었습니다. 그들은 내 이야기를 듣고, 그들은 자신들의 응보(應報·justice)를 깨달았습니다. 그것은 이런 것이었습니다. 즉 일부다처제도가 그들에게 허용되었는데 그 이유는 그들이 동방사람들이었기 때문에 이러한 허용이 없었다면 그들은 유럽 사람들에 비하여 더 많은 불결하고 시악한 음란에 지피었을 것이고 또 그들은 참혹하게 멸망될 것이기 때문이라는 것입니다.

10.
영계에서 만난 아프리카 사람들과 이방 사람들

73. 주님에 관해서 아는 바가 없는 이방인들은 주님을 아는 사람들 주위에 있는데, 그러므로 해(太陽·sun)나 달(月·moon)을 숭배한 극단적인 우상 숭배자들을 제외하면 극외의 변방을 이루지는 않습니다. 그러나 한 분 하나님을 시인하고 종교와 삶의 일부로 십계명과 같은 교훈을 가지고 있는 사람들은 보다 높은 영역에 나타나며 따라서 중앙에 있는 기독교인들과 보다 직접적으로

의사교환을 하고 있습니다. 이와 같은 의사교환은 마호메트 교도나 교황주의자들에 의해서 방해받지 않기 때문입니다. 이방인들은 주님으로부터 천계를 통해 비롯되는 빛의 수용의 능력과 성질에 따라서 또한 분별됩니다. 왜냐하면 그들 가운데 보다 내적인 사람이 있는가 하면 또 보다 외적인 사람도 있기 때문입니다. 그리고 이같은 그들의 다양성은 그들의 출생 지역에 기인하는 것이 아니고 그들의 종교에서 유래합니다. 아프리카 사람들은 다른 이방인들 보다는 보다 더 내면적이었습니다.

74. 주님에 관해서 한 분 하나님, 우주의 창조주로 시인하고 예배하는 사람은 모두가 사람의 관념(the idea of Man)을 가지고 있습니다. 즉 그들은 말하기를 한 분 하나님에 관해서 그 이외의 어떤 관념을 가진 사람은 아무도 없다는 것입니다. 그들은 많은 사람들이 주님에 관한 관념을 하나의 작은 구름(a small cloud) 같은 것으로 여기고 있다는 말을 들었을 때 그런 부류의 사람들이 어디에 있는지 알려고 했으며, 그들이 기독교도들 중에 있다는 것을 들었을 때 그들은 그같은 가능성을 부인하였습니다. 그러나 대답은 기독교인들은 이같은 관념을 가지고 있는데 그것은 성언의 말씀에서 하나님은 영(靈·Spirit)이라 불리우고 신령한 것에 속한 것이라고 하기 때문에 그들은 모든 영이나 천사가 사람이라는 것을 알지 못하고 구름의 입자(粒子·particle) 같은 것으로 여기는데 아주 익숙합니다. 그들이 그들의 영적 또는 자연적 관념들이 이와 유사한지 안한지를 분별하기 위하여 검토 되었을 때 그들은 천지(天地)의 하나님으로서 주님을 내적으로 시인한 사람들과는 다르다는 것을 알게 되었습니다. 나는 기독교의 한 교직자가 하는 말을 들은 적이 있습니다. 즉 어느 누구도 신령 인성(神靈人性·the Divine Human)의 관념을 가지고 있지 않다는 것입니다. 나는 그가 여러 이방인들 사이를 이리 저리 왕래

하면서 보다 내적인 이들에까지 그 왕래가 계속되었는데, 이방인들에서 천계까지 왕래하여 종국에는 기독교도의 천계까지 인도되는 것을 본 적이 있습니다. 하나님에 관한 모든 내적 지각이 그에게 알려졌으며 그는 그들의 하나님의 관념이 사람의 관념과는 전혀 다르다는 것을 깨달았습니다. 이 사람의 관념(the idea of Man)이 바로 신령 인성의 관념과 동일한 것입니다.

75. 이방인들로 형성된 많은 사회가 있는데, 특히 아프리카 사람들에게서 온 이방인들은 주님에 관해서 천사로부터 교육을 받았는데 그들은 말하기를 이 세상에 나타나야 할 분은 우주의 창조자 하나님 이외는 아무도 없다는 것입니다. 왜냐하면 그분은 세상 만물을 창조하셨고 또 그것들을 사랑하기 때문입니다. 그리고 그의 나타남(顯現·appearance)은 인성의 틀(the Human form) 안에 있는 바로 그 눈(the very eye) 앞에 있어야 한다는 것입니다. 그들이 이런 말을 들었을 때 주님은, 늘 하던 대로 천사로 나타나지 않았지만, 그러나 주님은 사람으로 출생하셔서 가시적 존재가 되셨습니다. 그들은 한동안 망설였습니다. 또 주님이 인간 아버지에게 비롯된 것인지를 연구 검토하였습니다. 주님이 우주의 하나님에 의해서 잉태되고 동정녀에게서 태어났다는 것을 들었을 때 그들은, 이와 같이, 주님께서 무한 하시고 생명 자체이신 신령 본질 자체를 가지셨다는 것과 또 주님은 다른 사람들과 똑같은 그런 사람이 아니라는 것을 말하였습니다. 그들은 주님께서 다른 사람과 같다는 면에 대해서 천사에게서 여러가지 사실들을 알게 되었습니다. 즉 그것은 주님께서 세상에 있을 때 뿐이고, 그의 신령 본질(神靈本質·the Divine essence) 자체 안에는 무한 자체이고 생명 자체가 있으며 그것은 어머니에게서 비롯된 유한한 성품과 생명을 부인하고, 따라서 세상에서 잉태되고 출생된 신령 인성을 신령으로 만드셨다는 것입니다. 아프리카 사

람들은 다른 사람들에 비해서 보다 내적이고 영적이기 때문에 이러한 내용들을 이해하고 수용할 수 있었습니다.

76. 이것이 아프리카 사람들의 성품이기 때문에 오늘날 그들은 해외까지는 미치지 못했으나 중심에서 시작된 계시가 주위로 퍼져나가고 있었습니다. 그들은 천지(天地)의 하나님으로 주님을 시인하였고, 그들은 그들을 찾아온 사람들 중 일부이지만 삼겹의 신령성(a three-fold Divinity)에 관해서, 역설하는 사제들이나 그리고 단순히 생각하고 말하는 것에 의한 구원 등에 관해서 역설하는 기독교인들을 경멸하였습니다. 예배는 드리면서도 그가 가지고 있는 종교에 따르는 삶이 없는 사람은 거기에는 전혀 있을 수 없습니다. 그들은 그 때에 천계로부터 아무것도 받을 수 없기 때문에 그들은 그런 것을 할 수도 없고 또 그들은 미련하고 사악해질 수밖에 없습니다. 이같은 독창적인 사악함을 그들은 어리석음(stupidity)이라고 부르는데, 그것에는 죽음 이외에 생명은 전혀 없기 때문입니다. 나는 사람들이 그들의 종교에 의한 삶에 의해서 구원된다는 이 계시에 대해서 천사들이 기뻐한다는 것을 들은 적이 있습니다. 왜냐하면 지금까지는 믿음에 관한 것들을 덮어버려 무지했던 것이 이 계시에 의해서 사람의 이성의 교통을 열어주었기 때문입니다. 나는 천계로부터,「주님과 성언에 관한 새 예루살렘의 교설」과「새 예루살렘을 위한 삶의 교설」에 기록·출판된 진리들을 들은 바 있습니다. 이것들은 그 나라 주민들에게 천사적 영들에 의해서 구술(口述·dictate)되었습니다.

77. 내가 영계에서 아프리카 사람들과 이야기하고 있을 때 그들은 투명의 세마포 옷을 입고 나타났습니다. 그들이 말하기를 이같은 옷은 그것들에게 대응되며, 그들의 여인들은 투명의 명주 옷을 입는다고 했습니다. 그들은 어린 아이들에 관해서도 말하였습니다. 즉 그들은 흔히 먹을 것을 유모에게서 찾는데 그들이 배

고프다고 말하면 먹을 것이 그들 앞에 주어지며 그들에게 그 음식이 비위에 맞는지 어떤지를 살펴 보고 맛본 후에 먹습니다. 여기서 확실한 것은 영적 배고픔(虛飢·spiritual hunger)은 참된 진리(genuine truth)를 알려는 바람이요 또 이것에서 비롯된 것입니다. 왜냐하면 그것은 바로 대응이기 때문입니다. 아프리카 사람들이 진리의 정동과 지각에 관해서 그들의 상태를 알기를 원했을 때 그들은 칼들을 그렸습니다. 만약 이 칼들이 빛나면, 그들은 그 빛남의 정도에 따라서 자신들이 참 진리 안에 있다는 것을 알았는데 이것 역시 대응에서 비롯된 것입니다. 그들은 혼인에 관해서도 말하였는데 즉 그들은 법적으로 여러 부인을 두는 것이 허락되었지만 그러나 지금은 한 명의 부인만 둔다고 하였습니다. 그 이유는 사랑의 진실된 결합은 나뉘어 분할될 수 없기 때문입니다. 만약 그 사랑의 결합이 분할된다면 그 본질은 천계적으로는 소멸될 것이며 또 그 본질이 외적인 것이 되고 따라서 음란스럽고 호색적인 것이 되기 때문에 그것은 또 천하고 부도덕한(vile) 것이 되어 버리고, 그 효능은 점차 줄어들어 종국에는 그 효능을 완전히 상실하여 진실된 사랑의 결합을 역겨워 할 것입니다. 그러나 내적인 사랑의 진실된 결합은 불순한 호색적 음란에서는 전혀 기인되는 바가 없으며 그 사랑의 결합은 영원으로 계승되고, 그 효능도 점차 증진되는데 그런 사랑의 기쁨의 정도 만큼 증진됩니다.

78. 그들이 말하기를 유럽에서 온 사람들에게는 허용되지 않았는데 그들 중 누군가가 그들의 나라에 들어왔을 때, 특히 성직자들이 그들이 알기를 원하는 바 즉 자신들의 종교적 주장(宗旨·persuasion)에 관해서 알기를 요구하였을 때 그들은 그들의 귀에 거슬리는 것으로 그러한 것들이 보잘 것 없는 것이라고 하였습니다. 그 때 그들은 그들이 유용한 일을 하기 위하여 밖으로 내

보내졌습니다. 만약 그들이 그것을 거절한다면 그들은 노예로 팔려 가는데, 그들의 법은 자의로 노예들을 벌하기를 허락하고 있습니다. 만약 그들이 그들 자신이 유용한 일을 열심히 하지 않는다면 그들은 종국에 하급의 집단으로 팔려 갈 것입니다.

11.
영계에서 만난 유대인들

79. 최후심판이 단행되기 전, 유대인들은 기독교인들이 있는 중앙의 왼쪽의 한 영계의 한 계곡에 있었는데 그 심판이 있은 뒤 그들은 북쪽으로 옮기워져서 그 도시의 외곽을 배회하는 사람들을 제외하고는 기독교인들과의 접촉이 금지되었습니다. 그 북쪽 방위에는 유대인들이 사후에 들어가 사는 두 큰 도시가 있었는데, 그 심판 전에는 예루살렘이라고 불렀으나 심판 뒤에는 다른 이름으로 불리워졌습니다. 왜냐하면 그 심판 뒤 "예루살렘"은 주님만을 홀로 예배하는 교회를 뜻하기 때문입니다. 이들 도시에서는 유대인들이 그리스도를 조롱하는 말을 못하게 하는 개종한 유대인들이 있었는데 만약 그같은 일을 저지르는 사람에게는 벌이 주어졌습니다. 그들 도시의 거리는 발목까지 덮힐 정도로 진흙탕으로 뒤범벅이 되어 있었으며 그들의 집은 매우 불결하고 고약한 냄새 때문에 가까이 갈 수가 없을 정도였습니다.

80. 이따금씩 한 천사가 손에 지팡이를 들고 그들 위의 중간 정도 높이로 그들에게 나타나서, 자기가 모세라는 것과 메시아를 기대하는 어리석음을 단념할 것을 당부하였습니다. 왜냐하면 그

리스도는 그들과 그외의 사람들을 다스리는 메시아이기 때문입니다. 그는 말하기를 즉 이것이 틀림 없는 사실이라는 것과 또한 그가 세상에 있을 때 그분에 관해서 몇가지 사실들을 알고 있다고 말하였습니다. 그들이 이런 말을 들었을 때 그들은 모두 자리를 떴습니다. 그들 중의 대부분은 들은 바를 다 잊어버리었고 소수만이 그것을 기억하였습니다. 그것을 잊지 않고 기억한 사람들은 모두 회당으로 보내졌는데, 회당은 개종한 유대인들로 이루어졌으며 그 곳에서 교육을 받았습니다. 만약 그들이 그 가르침을 받는다면 그들은 자신들의 누더기 옷 대신에 새로운 옷과 깨끗하게 정서한 성언의 말씀과 누추하지 않은 도시의 주거지와 함께 그들에게 주어졌습니다. 그러나 그것을 받아드리지 않은 사람들은 그들의 넓은 공간 아래 있는 지옥으로 쫓겨났습니다. 그리고 또 많은 사람들이 숲과 사막 등지로 쫓겨났는데 거기서 그들은 서로 서로 약탈과 강도를 자행하였습니다.

81. 영계에서 유대인들은 여러 종류의 다양한 물건들을 교역하는데, 특히 알 수 없는 방법으로 진귀한 보석들을 교역하는데, 이 보석들은 천계로부터 그들에게 마련된 것으로 보석은 매우 풍성합니다. 이런 보석들을 교역하는 이유는 그들이 성언의 말씀을 원어로 읽고 그것의 문자적인 뜻을 거룩한 것으로 여기는데 이들 보석들은 성언의 말씀의 문자적인 뜻에 대응되기 때문입니다. 이 대응(對應·correspondence)에 관해서는 「성서에 관한 새 예루살렘의 교설」을 보면 잘 알 수 있습니다(같은 책, 42-45항 참조). 그들은 보석들을 그들을 둘러싸고 있는 북쪽 영역의 이방인들에게 팔았습니다. 그들은 또한 모조품을 생산하는 기술과 또 그것들이 진품이라는 환상을 자아내는 묘책을 가지고 있었지만 그러나 그러한 짓을 저지른 사람들은 그들의 통치자들에 의해서 무겁게 벌과금이 부과됩니다.

82. 유대인들이 자신들이 영계에 있다는 것과 또 그들이 자연계 안에 있다고 믿는 것에 대해서 다른 민족에 비하여 보다 무지합니다. 이유는 그들이 전적으로 겉사람들이고, 내면적으로는 그들의 종교에 관해서 그 어떤 것도 생각하려고 하지 않기 때문입니다. 또한 이런 이유로 해서 그들은 이 세상에 있을 때와 똑같이 메시아에 관해서 말합니다. 즉 그분은 다윗 왕과 같이 오실 것이며, 그들 앞에 찬란한 왕관을 쓰고 나타날 것이고 그리고 그들을 가나안 땅으로 인도할 것이라고 말합니다. 이러한 길에 그들이 건너야 할 강에 이르면 지팡이를 내려치는 것으로 강물을 말린다는 것, 그리고 기독교인들이 이방인들이라고 부르는 사람들 가운데서 몇몇은 그들의 옷자락을 받쳐들게 될 것이고 또 그들과 한 무리가 되기를 간청할 것이라는 것, 또 그들은 그들의 자산에 따라 많은 재물(財物·rich)를 받을 것이고, 또 부자들이 그들을 따르고 섬길 것이라는 생각을 가지고 있습니다. 그러한 이유는 그들이 성언의 말씀에서 "가나안 땅"이 뜻하는 바가 교회라는 것, "예루살렘"이 교리로서의 교회를, 그리고 "유대민족"이 주님의 교회에 속한 모든 사람들을 뜻한다는 것을 밝히 알지 못하기 때문입니다. 성언의 말씀에서 "유대민족"이 뜻하는 바들은 「성서에 관한 교설」에서 잘 알 수 있습니다(같은 책, 51항 참조). 그들이 가나안 땅에 들어갈 것인지에 대해서 어떻게 믿고 있느냐는 질문을 받았을 때 그들은 가나안 땅으로 내려갈 것이라고 대답하였습니다. 또 그 땅이 모든 사람을 다 수용할 수 있는가고 물었을 때 그들은 그것이 그 때에는 확장될 것이라고 대답하였습니다. 또 베들레헴이 어디에 있는지 또 다윗의 혈통(血統·stock)이 아닌 사람들은 어떻게 될 것이냐고 물었을 때 그들은 세상에 오실 메시아를 다 알게 된다고 대답했습니다. 여호와의 아들 메시아가 어떻게 그런 악한 사람들과 같이 살 수 있느냐

고 물었는데 그들은 그들이 악하지 않다고 대답합니다. 모세가 그의 많은 시가 중에서(신명기 32장) 그들이 악한 자들 중에서 극악하다고 말하면 그들은 당시에 모세는 분노하였으므로 죽었다고 대답합니다. 모세는 여호와의 명령에 의해서 그것을 기록한 것이 아니냐고 질문을 받았을 때 그들은 아무런 대답을 못하고 그 문제에 대해서 의논하였습니다. 또 그들이 가나안 족속 특히 유다가 자기 며느리와의 간통에 의해서 난 후손들이라고 말해주면(창세기 38장) 그들은 격분하여 말하기를, 자신들은 아브라함의 후손으로 만족한다고 했습니다. 성언의 말씀에는 속뜻 즉 영적인 뜻이 있고 이 뜻은 오로지 그리스도만을 언급하고 있다고 말해주면 그들은 그렇지 않다는 것과 그리고 성언의 말씀의 속뜻은 금 이외의 다른 것이 아니라고 대답합니다.

12.
영계에서 만난 퀘이커 교도들

83. 광신적인 영들이 있는데 이들은 다른 영들과 분리되어 있으며, 그들의 종합적인 깨달음은 자신들이 성령(聖靈·the Holy Spirit)이 된다고 믿는 것입니다. 퀘이커교가 시작되었을 때 이들 영들은 그들이 배회하던 주위의 숲에서부터 추방되었으며 그들은 자신들이 성령에 의해서 움직여진다는 그들의 가르침(宗旨·persuasion)에 여러 사람들을 빠져들게 하여 많은 사람들을 그런 가르침으로 사로잡았습니다. 왜냐하면 그들은 감각적으로 입류(入流·niflux)을 지각하였기 때문에 그들은 이같은 그들의 종교적 가르침(宗旨)으로 완전히 채워졌으며 또 그들 자신은 그 누

구보다도 거룩하고 보다 밝은 깨달음(more enlightened)을 받았다고 믿었습니다. 그러므로 또한 그들은 그들의 종교적 가르침에서 물러서거나 후퇴할 수는 없었습니다. 자신들을 이와 같이 다짐한 그들은 사후에도 이와 유사한 열광주의의 무리에 들어오게 되는데, 그들은 다른 사람들과 분리되어, 그들은 좀 떨어진 곳에 있는 숲의 그들과 유사한 동료들에게 보내지는데, 그들은 야생 돼지 같이 나타납니다. 그러나 자신들이 다른 사람들과 격리되었다는 것을 깨닫자 그들은 남쪽 영역에 있는 가장 변방의 사막과 같은 곳으로 재유치(再留置)되었는데 그들은 자신들의 성전으로 토굴들을 가지고 있었습니다.

84. 전자의 열광적 영들이 옮기워진 뒤 이들 영들에 의한 전률(戰慄·trembling)이 그들의 몸을 사로잡았습니다. 그들은 지금 왼쪽으로 움직이는 것을 느꼈습니다. 그들은 처음부터 계속하여 점점 사악하여졌는데 종국에는 소위 그들의 성령에 의해서 어느 누구에게도 알려진 바 없는 아주 극악한 것에 빠져들었습니다. 나는 그들의 종교적인 가르침의 창시자 펜(Penn)과 대화한 적이 있는데 그 창시자는 그들은 이같은 것들을 전혀 가지고 있지 않는다고 말하였습니다. 그러나 이런 일을 저지른 그들은 사후 어두운 곳에 보내지며 그 곳에서 기름 찌꺼기(dregs of oil)처럼 보이는데, 그들은 그 어두운 한 귀퉁이에 있었습니다.

85. 두 성례전 즉 세례와 성찬을 거부하고 단지 성언의 말씀을 읽고, 주님을 가르치고 말하기 때문에 그들은 광신적인 영들에 사로잡혔습니다. 따라서 그들은 모독된 진리를 가지고 성언의 말씀의 거룩한 것들과 뒤섞어(commix) 놓았으며, 따라서 영계에는 그들이 이룩한 사회는 없었습니다. 그들이 격리되어 나뉘어진 뒤 그들은 여기 저기를 배회하였고, 또 그들이 쫓겨난 뒤에는 앞서 언급한 사막으로 보내졌습니다.

13.
영계에서 만난 모라비아 교도(the Moravian)들

86. 나는 모라비아 교도들과 수차에 걸쳐 대화한 적이 있고 또 헤른후터스(Herrnhuters)라고 부르는 사람과도 이야기한 적이 있습니다. 그들은 처음에는 유대교도들에게서 멀지 않은 곳에 있었는데, 그들의 상태가 점검된 뒤 그들은 사람이 살 수 없는 곳으로 옮기워졌습니다. 그들이 검토될 때 그들은 사람의 마음을 사로잡는 매우 교활함을 알았으며, 또 말하기를 자신들은 사도교회(使徒敎會·the Apostolic Church)의 남은그루터기이며, 그러므로 그들은 형제로서 서로를 예우하며, 또 그들의 내적인 신비들을 받는 사람들을 어머니로 여기고 또한 그들은 다른 무엇보다도 믿음을 강조하여 가르치며 또 주님을 사랑하는 것을 가르친다고 하였는데 그 이유는 주님은 십자가를 지셨으며, 그분은 어린 양이시고 또 은혜의 보좌라고 불리우시며, 그외의 이와 유사한 표현들 때문이라고 역설하였습니다. 이런 것들에 의해서 그들은 기독교회 자체가 그들과 더불어 존재한다는 신념을 주장하였습니다. 그들의 감언이설(甘言異說·smooth speeches)에 의해서 마음이 사로잡히고 그들에게 가까이 빠져든 사람들은 그들의 신비들이 그들에게 명백한지 아닌지를 알아보기 위해서 그 교도들을 시험, 검토하였습니다. 만약 그렇지 않고 그 신비들이 그들에게 감추어졌다면 그들은 그것을 비밀로 숨기었고, 만약 그들에게 감추어지지 않았다면 그들은 그들을 들어내놓고 알렸습니다. 그런데 그들은 주님에 관한 신비를 누설하는 사람들을 엄히 경고하고 위협을 하였습니다.

87. 그들은 영계에서도 똑같이 행하기 때문에 이러한 것들이 열려 보여지기 위해서 그들이 생각하지 못한 내면적인 것들을 깨닫게 되었을 때 그들은 가장 낮은 천계(the lowest heaven)에 들어가는 것이 허락되었습니다. 그러나 그들은 그 곳에 있는 천사들의 인애와 믿음의 영기를 견디지 못하고 그 곳에서 달아나 버렸습니다. 이런 일이 있은 것은 그들이 세상에 있을 때, 그들만이 죽지 않고 삼층천(三層天·the third heaven)에 올리워져서 산다고 믿었기 때문입니다. 그러나 그 곳에서 주님을 향한 사랑의 영기를 지각하자 그들은 마음의 심한 고통에 사로잡혔으며, 그들은 내적인 고통과 번민에 시달리기 시작하였고 또 죽음의 갈등에 빠진 사람처럼 발작을 일으키었습니다. 그러므로 그들은 자신들을 저돌적으로 내던졌습니다. 이와 같은 방법으로 처음에는 그럴듯 하게 나타냈지만 내적으로는 이웃 사랑의 인애나 주님 사랑에 관해서는 아무것도 소중히 여기고 간직하는 것이 없었습니다. 그들이 그들의 사상적 내면들을 검토받기 위하여 그 일을 담당하는 곳에 보내졌는데 그뒤 이들이 그들에 관해서 말하는 바는 그들은 주님을 거의 존경하지 않으며 또 그들은 인애의 삶을 거절할 뿐만 아니라 그것에 대해서 몸서리 치며 또 그들은 구약의 말씀이 무용(無用·useless)하며, 복음서의 말씀을 경멸하고 다만 바울 서신에서 그들의 구미에 맞게 선별된 그들의 수의(隨意·pleasure)만을 신봉하였는데 거기에는 믿음만의 신앙(依唯信得義)을 역설하였고 이것이 바로 그들의 비적(秘跡·mystery)인데 이것은 세상에는 감추인 바라고 하였습니다.

88. 그들이 아리안파 사람들이 하는 것과 같이 주님만을 시인하며, 예언서와 복음서의 말씀을 경멸하고 인애의 삶을 저주스럽게 여긴다는 것이 다 들어난 뒤에 즉 전 천계가 세워지는 이들 세 기둥적인 것들 – 주님을 시인하고, 예언서와 복음서의 말씀을 중

히 여기며, 인애의 삶을 사는 것 — 에 대해서 폭로되었을 때 그들의 잘못된 지식에 있고 또 그들의 비적의 신앙에 매여 있는 사람들은 적그리스도(Anti-Christ)로 판명되었습니다. 즉 이들은 기독교회의 근본적인 세 요소 즉 주님의 신령하심(the Divine of the Lord), 성언의 말씀 그리고 인애를 부인하고 거절하는 것인데 이들은 모두 기독교 세계에서 사막으로 쫓겨났는데 이 사막은 퀘이커교도들 가까인 남쪽 제일 끝 영역에 있었습니다.

89. 지젠돌프(Zizendorf)가 사후 처음에 영계에 왔는데 그는 그곳에서 세상에서와 같이 말하는 것이 허락되어서 나는 그의 주장을 들을 수가 있었습니다. 즉 그는 자신은 천계의 신비를 알고 있으며, 그의 가르침에 복종하지 않는 자는 그 누구도 천계에 들어올 수 없으며, 또한 구원을 목적으로 선행을 자행하는 사람은 온전히 정죄 받을 것이고, 또 자신은 자기의 회중에 무신론자까지도 들어오는 것을 허용한다고 주장하였습니다. 그는 말하기를 주님은 하나님 아버지에 의해서 그분의 아들로 삼아져야(be adopted) 하는데 그 이유는 주님은 십자가를 지셨고, 또 그분은 오직 단순한 한 사람(simply a man)이었기 때문입니다. 그러나 그에게 주님은 하나님 아버지에 의해서 잉태되었다는 것이 일러지자 그는 대답하기를 그는 자기가 선별하고 생각한 바로는 유대 사람이 행한 것과 같은 것을 말할 수밖에 없다고 하였습니다. 더욱이 내가 복음서의 말씀을 읽고 있을 때 나는 그들의 추종자들에게서 많은 수치스러운 것들을 깨달을 수 있었습니다.

90. 그들은 말하기를 자신들은 하나의 놀라운 큰 화제거리(sensation)을 가지고 있는데 바로 그들의 정통교리의 내적인 확신이라는 것입니다. 그러나 그것들에게 보여진 것은 즉 그들의 놀라운 화제는 환영의 영(幻影 靈·visionary spirit)에서 비롯된 것인데 그 영은 자신의 종교적 가르침(宗旨·his religious persuasion)

안에서 한 사람을 내세워 이들에게 가까이 가도록 그가 그들에게 들어왔으며 이들은 모라비아 교도들과 비슷하였으며, 또 그들은 그들 자신의 종지(宗旨)를 너무 좋아했으며 또 그것에 관해서 깊이 숙고하였습니다. 이들 영들은 그들과 서로 대화를 했으며 그들은 상호 노고를 치하하였습니다.

제3부

말세(末世)의 올바른 이해

―마태복음 24·25장 영해*―

---

*제3부는 스베덴보리가 저술한 천계비의(天界秘義·Arcana)제4-7권에 수록된 마태복음 24·25장의 해설을 옮긴 것이다. 참조난의 숫자는 본서에 수록된 관련 항수이다(옮긴이).

1.
마태복음 24장 영해

1. 대부분의 사람들은 최후심판(最後審判·the Last Judgement)이 올 때 이 세상의 가시적(可視的)인 모든 것들은 다 파괴될 것이고 이 세상은 불로 소멸될 것이며, 해와 달은 씻은듯이 없어지고 별들 또한 사라질 것이며 이런 일들이 있은 뒤에 새로운 하늘과 새로운 땅이 생길 것이라고 믿고 있습니다. 사람들은 이런 일에 관해서 언급된 예언서의 계시들에서부터 이같은 생각들을 받아드리고 있습니다. 그러나 이런 생각이 크게 잘못 되었다는 것은 본서(本書)의 최후심판(900·931·1850·2117-2133항 참조)에서 상세히 설명한 바 있으므로 이를 보면 본의(本意)를 깨달을 줄 압니다. 거기에서 알 수 있듯이 최후심판은 한 민족(nation)으로서의 교회의 마지막이요 또 시작이라는 것 이외의 아무 것도 아니라는 것을 알아야 합니다. 바로 그 마지막(end)과 시작(beginning)은, 주님에 관해서 또는 주님이 어떤 분이신지에 대해서 그 어떤 시인(是認·acknowledgement)도 없고 또 주님에 대한 믿음도 전혀 없을 때, 오는 것입니다. 주님에 대한 시인이나 믿음이 없으면 자연히 이웃사랑하는 인애(仁愛·charity)도 있을 수 없습니다. 바로 이런 때를 가리켜 교회의 마지막이라고 하며 이 때 교회를 옮기겠다고 한 것은 주님께서 친히 복음서에서 마지막 때 또는 시대의 종말(時代 終末·consummation of the age)에 관해서 가르치시고 예언하신 여러가지 말씀에서 확실하게 알 수 있습니다(마태 24장 ; 마가 13장 ; 누가 21장 참조).

〔2〕 그러나 이와 같은 많은 성경구절도 말씀의 속뜻(內意·the internal sense)인 열쇠(關鍵·key)가 없이는 그 누구도 이해하거

나 깨달을 수 없습니다. 나는 마태복음서의 말씀(24장)을 가지고 그 말씀에 내포되어 있는 여러가지 심오한 가르침들을 차례로 설명하고자 합니다.

> 예수께서 올리브 산에 앉아 계실 때에 제자들이 따로 그에게 다가와서 여쭈었다. "이런 일들이 언제 일어나겠습니까? 선생님께서 오시는 때와 세상 끝 날에는 어떤 징조가 있을 것인지를, 저희에게 말씀해 주십시오." 예수께서 대답하셨다. "누구에게도 속지 않도록 조심하여라. 많은 사람이 내 이름으로 와서는 '내가 그리스도다' 하면서, 많은 사람을 속일 것이다. 또 너희는 여기 저기 전쟁이 일어난 소식과 전쟁이 일어나리라는 소문을 들을 것이다. 너희는 당황하지 않도록 주의 하여라. 이런 일이 반드시 일어나야 한다. 그러나 아직 끝은 아니다. 민족이 민족을 거슬러 일어나고, 나라가 나라를 거슬러 일어날 것이며, 곳곳에 기근과 지진이 있을 것이다. 그런데 이런 모든 일은 진통의 시작이다."
> (마태 24 : 3-8)

예루살렘 성의 파괴나 유대 민족의 흩어짐(分散)에 관한 것들, 또는 최후심판이라고 불리운 시대의 마지막(the end of days)에 관해서 이 장절(章節)의 말씀과 또 이어지는 말씀들에 등장하는 것들이 어떤 뜻인지를 깨달으려고 할 때, 성경말씀의 문자적인 뜻(文字意·the sense of the letter)에만 집착되어 있는 사람에게는 그것이 전혀 불가능합니다. 그러나 성경말씀의 속뜻 안에 있는 사람은 여기서 서술되고 있는 것이 교회의 마지막 때를 뜻한다는 것, 그 교회의 마지막을 여기서 주님의 재림(再臨·the Coming of the Lord) 또는 시대의 종말이라고 불리웠다는 것을 명료하게 이해할 수 있을 것입니다. 왜냐하면 바로 그것들이 뜻하는 바가 마지막이기 때문에 이러한 모든 표현들이 교회에 속한 것들을 뜻하고 있다는 것을 알게 될 것입니다. 그렇지만 그런 것들이 뜻하는 바는 말씀의 속뜻 안의 여러 특수적인 것에서만 나타나집니다. 즉 "많은 사람이 내 이름으로 와서는 '내가 그리스도다' 하면서 많은 사람을 속일 것이다"라고 말씀하셨을 때 여기의 "이름"은 그의 인명(人名)이나 "그리스도"라고 한 그리스도를 나타내는 것이 아니라 여기의 "이름"은 주님에게 예배하는 것들(by which the Lord is worshiped)을 뜻하는 것이고 "그리스도"는 진리 자체(Truth itself)를 뜻하는 것입니다(3009·3010항 참조). 따라서 장차 오겠다고 한 사람은 "이것이 믿음에 속한 것이다" 또는 "이것이 진리다"고 말하는 것을 가리키는 뜻입니다. 그 때에는 사실 믿음도 진리도 아니고 다만 거짓(false)일 뿐입니다. 그들이 "여기 저기서 전쟁이 일어난 소식과 전쟁이 일어나리라는 소문을 들을 것이다"는 말씀의 뜻은 진리에 관한 분쟁(紛爭·dispute)과 다툼을 뜻하는데 이것이 바로 영적인 뜻으로 전쟁입니다. "민족이 민족을 거슬러 일어나고, 나라가 나라를 거슬러 일어날 것이다"는 말씀은 악이 악과 더불어 싸우고 거짓이 거짓과 상대하여 싸운다는 것을 가리킵니다("민족"은 선(善)을, 반대의 뜻으로는 악을 뜻한다는 것은 1259·1260·1416·1849항에서 그리고 "나라"는 진리를, 반대의 뜻은 거짓을 뜻한다는 것은 1672·2547항 참조). 또 "곳곳에 기근과 지진이 있을 것이다"는 말씀은 이제는 선과 진리에 관한 지식이 전혀 없을 것이고, 따라서 교회의 상태도 변화할 것인데 이것을 "지진"이라고 한 것입니다.

2. 이와 같은 여러 것들에서부터 우리는 주님의 말씀이 뜻하는 바가 무엇인지 명확히 알 수 있습니다. 다시 말하면 교회의 타락(墮落·perversion)의 첫번 상태를 뜻하는 것인데 이것은 사람들이 선이 무엇인지, 또는 진리가 무엇인지에 관해서 더 이상 알려고 하지 않을 뿐더러 그런 것들에 관해서 자신들 사이에 좌충우돌하는 분쟁이 일어나는 때 다시 말하면 거짓이 횡행할 때 이런

일들이 일어난다는 것을 가리키는 말씀입니다. 이 때가 바로 첫 번째 상태인데 이것을 가리켜 "그러나 끝은 아니다" 그리고 "이런 모든 일은 진통의 시작이다"라고 말했습니다. 그리고 이런 상태를 가리켜 "곳곳의 지진"이라고 했습니다. 이것은 속뜻으로 교회의 상태의 부분적, 또는 초기의 변화를 뜻합니다. 제자들에게 이 모든 것을 말씀하셨다는 것은 교회에 속한 모든 사람에게 말했다는 뜻입니다. 왜냐하면 열두 제자들은 곧 교회에 속한 모든 것들을 뜻하기 때문입니다(2089 · 2129 · 2130항 참조). 그러므로 "누구에게도 속지 않도록 조심하여라" 또한 "여기 저기서 전쟁이 일어난 소식과 전쟁이 일어나리라는 소문을 들을 것이다. 너희는 당황하지 않도록 주의하여라"고 말씀하셨습니다.

3. 속뜻으로 "지진"이 교회의 상태의 한 변화를 뜻한다는 것은 교회로서 "땅"이 뜻하는 바에서 명확히 알 수 있습니다(566 · 662 · 1067 · 1262 · 1733 · 1850 · 2117 · 2118 · 2928항 참조). 그리고 교회의 상태의 변화라는 면에서 '흔들림'(quaking) 또는 움직임(movement)이 뜻하는 바가 여기서는 교회에 속한 것들에 관해서 즉 선과 진리에 관한 것을 뜻한다는 것을 명확히 알 수 있습니다. 이사야 선지의 말씀에서도 잘 알 수 있습니다.

> 무서운 소리를 피하여 달아나는 사람은 함정에 빠지고,
> 함정 속에서 기어 나온 사람은
> 올가미에 걸릴 것이다.
> 하늘의 홍수 문들이 열리고,
> 땅의 기초가 흔들린다.
> 땅덩이가 여지없이 부스러지며,
> 땅이 아주 갈라지고,
> 땅이 몹시 흔들린다.
> 땅이 술 취한 자처럼 몹시 비틀거린다.
> 폭풍 속의 오두막처럼 흔들린다.

제3부・말세의 올바른 이해   199

> 세상은
> 자기가 지은 죄의 무게에 짓눌릴 것이니,
> 쓰러져서,
> 다시는 일어나지 못할 것이다.
> 그 날이 오면, 주께서,
> 위로는 하늘의 군대를 벌하시고,
> 아래로는 땅에 있는 세상의 군왕들을
> 벌하실 것이다.
> (이사야 24 : 18−21)

이 인용귀절에서의 "땅"은 교회를 뜻한다는 것을 명확히 알 수 있습니다. 왜냐하면 여기에 언급된 것은 교회인데 그 기초가 "흔들리고" 또 "여지없이 부스러지고, 갈라지고, 몹시 흔들린다"고 말씀하셨기 때문입니다. "땅에 있는 세상의 군왕들"은 진리를 뜻하는데 여기서는 거짓을 뜻합니다. 그것 위에 벌이 있을 것입니다(임금은 진리를, 반대의 뜻은 거짓이라는 것은 1672・2015항을 참조하시고 "땅"(ground)이 "땅"(earth)과 같이 교회를 뜻하는 것은 566・1068항과는 약간의 차이가 있음).

〔2〕 다시 이어서 —.

> 내가 사람들의
> 수를 순금보다 희귀하게 만들고,
> 오빌의 금보다도 드물게 만들겠다.
> 하늘이 진동하고 땅이 흔들리게 하겠다.
> 만군의 주께서 진노하시는 날에
> 그 분노가 맹렬히 불타는 날에
> 이 일이 이루어질 것이다.
> (이사야 13 : 12, 13)

심판의 날에 관한 말씀인데 이 귀절에서도 또한 "땅"(earth)이 교회를 뜻한다는 것은 명료합니다. "땅이 흔들리게 하겠다"

〔땅을 흔들어 그 자리에서 떠나게 하리니(간이 국한문 한글판 성경)〕라고 말한 그 교회는 상태에 대한 변화의 때를 가리킵니다(장소(place)가 상태를 뜻한다는 것은 1273-1275·1377·2625·2837항 참조).
또 다시 살펴 보십시다. 이사야서에 ―.

>너를 보는 사람마다
>한때 왕노릇하던 너를 두고
>생각에 잠길 것이다.
>'이 자가 바로 세상(땅·the earth)을 뒤흔들고,
>여러 나라들을 떨게 하며,
>땅(세상·the world)을 황폐케 만들며
>성읍을 파괴하며
>사로잡힌 사람들을
>제 나라로 돌려보내지 않던
>그 자인가' 할 것이다.
>(이사야 14 : 16, 17)

루시퍼(Lucifer)에 관한 말씀인데 "땅"(the earth)은 교회를 뜻합니다. 즉 사람들이 교회에 속한 모든 것들을 자신의 것으로 돌릴 때 그 사람이 "흔들릴 것"이라고 했습니다〔"나라들"(왕국들·kingdoms)이 교회의 진리들을 뜻하는 것은 1672·2547항 참조〕.
〔3〕 에스겔서에 보면 ―.

곡(Gog)이 이스라엘 땅을 쳐들어 오는 그 날에는, 내가 분노와 격분과 울화를 참지 못할 것이다. 불 같이 격노 하면서, 그 때에 내가 선언하여 이스라엘 땅에 큰 지진이 일어나게 할 것이다. 바다의 물고기와 공중의 새와 들의 짐승과, 땅에 기어 다니는 모든 벌레와, 땅 위에 있는 모든 사람이 내 앞에서 떨 것이며, 산이 무너지고, 절벽이 무너지고, 모든 성벽이 허물어질 것이다.
(에스겔 38 : 18-20)

여기의 곡(Gog)은 내적인 것에서 분리된 외적 예배를 뜻합니다. 따라서 우상숭배를 가리킵니다(1151항 참조). "땅"(the earth) 또는 "이스라엘의 땅"(the ground of Israel)은 영적 교회를, 지진은 교회의 상태의 변화를 뜻합니다.

요엘서에는—.

> 전진할 때에는 땅이 진동하고
> 온 하늘이 흔들린다.
> 해와 달이 어두워지고,
> 별들이 빛을 잃는다.
> (요엘 2 : 10)

여기서도 그 주제는 최후심판의 때입니다. "땅이 진동한다"는 교회의 변화의 상태를 뜻하고, 해와 달은 사랑의 선과 사랑의 진리(1529·1530·2441·2495항 참조)를 뜻합니다. 그것이 어두어지겠다(검게 되겠다)고 말한 것은 선과 진리가 더 이상 받아드려지지도 않고 시인되지도 않는다는 것을, "별"은 선과 진리에 관한 지식을 가리킵니다(2495·2849항 참조).

시편에는—.

> 주께서 크게 노하시니,
> 땅이 꿈틀거리고, 흔들리며,
> 산의 뿌리가 떨면서 뒤틀렸다.
> (시편 18 : 7)

"땅이 꿈틀거리고 흔들린다"는 것은 교회의 상태가 잘못된 길에 빠졌다는 것을 뜻합니다.

〔4〕요한 묵시록에는—.

그 어린 양이 여섯째 봉인을 뗄 때에, 나는 큰 지진이 일어나는 것을 보았습니다. 그리고 해는 검은 머리털로 짠 천과 같이 검게 되고, 달은 온통 피와 같이 되고, 하늘의 별들은, 무화과나무가 거센 바람에 흔들려서 설익은 열매가 떨어지듯이 떨어졌습니다.
(요한 묵시록 6 : 12, 13)

여기의 "지진·해·달·별들"은 앞서의 요엘서의 내용과 같은 것입니다.

다시 이어서—.

그 시각에 큰 지진이 일어나서, 그 도시의 십분의 일이 무너졌는데, 그 지진으로 사람이 칠천 명이나 죽었습니다.
(요한 묵시록 11 : 13)

이상의 여러 인용성귀에서 우리는 "지진"이 교회상태의 한 변화 이상의 것이 아니라는 것을 확실히 알 수 있습니다. 또 "땅"은 속뜻으로 교회를 뜻하는데, "땅"이 교회를 뜻한다는 것은 먼저 것들이 있었던 곳에 이어서 있게 되는 "새 하늘 새 땅"에 의해서 확실히 알 수 있습니다(이사야 65 : 17, 66 : 22 ; 묵시록 21 : 1 참조). 여기서의 새 하늘과 새 땅은 새로운 교회의 내적, 외적인 것을 뜻합니다(1733·1850·2117·2118항 참조).

4. "흔들림"(a quaking)이나 "움직임"(a motion)이 교회의 상태의 변화를 뜻하는 이유는 그것이 공간(空間·space)과 시간(時間·time) 안에서 일어나고 있기 때문인데, 저 세상에서는 공간과 시간의 개념이 없고 다만 그것들 대신에 상태만 있기 때문입니다. 저 세상에서는 모든 것들이 다 공간 안에 있는 것 같이 또 시간 안에 있는 것 같이 나타나는 것은 사실입니다. 그러나 그 자신 안에 있어서는 공간과 시간은 상태의 변화일 뿐입니다. 왜냐하면 그런 변화는 상태에서 오기 때문이지요. 이런 사실은 모든 영들에게, 심지어 악한 영들에게까지 잘 알려져 있는데, 영들

은 이 상태의 변화에 의해서 다른 장소에 있는 영들에게, 그들은 여기에는 없지만, 나타날 또다른 원인을 유발합니다. 사람들은 사람 자신이 사랑의 상태 또는 그것에서 비롯한 기쁨의 상태에 있는 만큼의 상태에서 똑같이 감지(感知)합니다. 따라서 사람이 어떤 사상(思想·thought)의 상태에 있으면서 육체에서 비롯된 사상의 결여(缺如·absence)의 상태에 있다면 그는 시간 안에 있지 않은 것입니다. 왜냐하면 수많은 시간은 그에게는 거의 한 순간(瞬間·as one)으로 나타나기 때문입니다. 그리고 이것은 왜냐하면 그의 내적 사람(internal man) 또는 영은 외적 사람 안의 공간과 시간에 대응되는 상태를 가지고 있기 때문입니다. "움직임"(運動·motion)은 그러므로 공간과 시간 안에서 계속적인 발전(a successive progression)을 뜻한다는 것도 속뜻으로는 상태의 변화일 뿐입니다.

5. 우리는 앞서(1-4항) 주님께서 말씀하신(마태복음서 24장 3-7) "시대의 종말" 또는 "교회의 마지막 때"에 관해서 살펴보았습니다. 여기서는 주님의 신령자비로, 앞서에 이어지는(8-14절) 내용들을 기술하고자 합니다. 먼저 관련 말씀을 보시겠습니다.

> 그런데 이런 모든 일은 진통의 시작이다. 그 때에 사람들이 너희를 환난에 넘겨 줄 것이며, 너희를 죽일 것이다. 너희는 내 이름 때문에 모든 민족에게 미움을 받을 것이다. 또 많은 사람이 걸려 넘어질 것이요, 서로 넘겨 주고 서로 미워할 것이다. 또 거짓 예언자들이 많이 일어나서, 많은 사람을 홀릴 것이다. 그리고 불법이 성하여 많은 사람의 사랑이 식을 것이다. 그러나 끝까지 견디는 사람은 구원을 받을 것이다. 이 하늘 나라의 복음이 온 세상에 전파되어서, 모든 민족에게 증언될 것이며 그 때에야 끝이 올 것이다.
> (마태 24 : 8-14)

6. 앞서 이미 설명한 말씀은 우리가 알고 있듯이 교회타락(敎會墮落·the perversion of the church)의 첫번째 상태를 기술한 것입니다. 그 첫번째 상태란 다름이 아니라 사람들이 선과 진리가 무엇인지 더 이상 알려고 하지 않을 뿐더러 오히려 자신들끼리 그것에 관해서 자중지란(自中之亂)적인 다툼(鬪論·dispute)만 있게 되어, 종국에는 그것으로 인해 거짓말이 창궐(猖獗)하게 되는 상태를 가리킵니다. 지금 인용된 본문말씀은 교회타락의 두번째 상태를 기술한 것입니다. 그것은 바로 사람들이 선과 진리를 경멸(輕蔑·despise)하며, 또 선과 진리를 묵살(默殺)해 버리는 것(turn away from)을 뜻합니다. 따라서 주님을 믿는 믿음이 점점 사라질 것이고 또 이웃사랑의 인애(仁愛·charity)도 소멸될 것입니다.

7. 교회타락의 두번째 상태가 마태복음서에서 주님의 예언으로 기술되었다는 것은 그 말씀들의 속뜻에서 명확히 알 수 있습니다. 다음의 말씀에서도 쉽게 찾을 수 있겠습니다.
   이런 모든 일은 진통의 시작이다.
이 말씀은 앞서 언급한 것들을 나타내고 있습니다. 그것은 바로 교회타락의 첫번째 상태인데 그 첫 상태란 바로 사람들이 선과 진리가 무엇인지를 더 이상 알려고 하지 않을 뿐더러 오히려 자중지란(自中之亂)적인 그것들에 관한 다툼만 있는데 종국에는 그것으로 인해서 거짓이 창궐하게 되어, 이단사설(異端邪說·heresies)만 야기되는 상태를 가리킵니다. 수 세기 전부터 교회는 시간이 지나가면서 점점 더 잘못된 길로 빠져들었다는 것은 기독교회 안에 선과 진리에 관한 그들 자신의 견해(見解·opinion)에 따라서 여러 갈래의 교파 분열이 일어났다는 사실에서 명확히 잘 알 수 있습니다. 따라서 교회의 타락은 오래 전에 벌써 시작된 것입니다.

제3부·말세의 올바른 이해 205

〔2〕 그 때에 사람들이 너희를 환난에 넘겨 줄 것이며 너희를 죽일 것이다.
이 말씀은 선과 진리가 점차 없어질 것을 뜻합니다. 앞서의 "환난"(患難·tribulation)은 곧 타락(墮落·perversion)을 뜻하고 뒤의 "죽임"(killing)은 선과 진리의 부인(否認·denial)을 뜻합니다(선과 진리에 관해서 서술할 때 "죽인다"는 뜻은 수용(受容)하지 않는다는 것 즉 부인(to deny)한다는 것인데 이에 관해서는 3387·3395항에 상술하였다). "너희들"이라는 말은 바로 사도(使徒·또는 제자)들을 뜻하는데 이들은 믿음의 선과 진리로 한 몸(一體·one complex)을 이루는데 그것 안에 있는 믿음에 속한 모든 것들을 뜻한다는 것은 577·2089·2129·2130·3272·3354항에 상술하였습니다.

〔3〕 너희는 내 이름 때문에 모든 민족에게 미움을 받을 것이다.
이 말씀은 선과 진리에 속한 모든 것들에 대한 경멸과 염오(厭惡·aversion)을 뜻합니다. "미워한다"(to hate)는 것은 경멸하고 몹시 염오한다는 뜻입니다. 왜냐하면 이것은 증오(憎惡·hatred)에 속한 것이기 때문입니다. "모든 민족"(of all nations)은 악 안에 있는 사람들을 뜻합니다("민족"이 뜻하는 바는 1259·1260·1849·1868·2588항에서 잘 알 수 있음). "내 이름 때문에"라는 말씀은 주님 때문에, 따라서 주님에게서 비롯된 "모든 것들 때문에"라는 뜻입니다(주님의 이름은 주님을 예배하는 한 복합체 안에 있는 것들을 뜻하는데 그것은 바로 주님의 교회에 속한 것들이라는 것은 2724·3006항에서 읽을 수 있다).

〔4〕 또 많은 사람이 걸려 넘어질 것이요, 서로 넘겨 주고 서로 미워할 것이다.
이 말씀은 이런 것들로 인한 원한(怨恨·enmity)을 뜻합니다. "많은 사람이 걸려 넘어지게 한다"는 원한(=증오) 자체를 뜻합니다. 즉 주님의 인성(the Human itself of the Lord)이 증오의 대

상입니다. 성경말씀의 여러 곳에서는 공격 또는 장애물이라고 하였습니다. "서로 넘겨 줄 것이다"는 말씀은 진리에 대항하는 거짓에서 비롯된 자신들 속에 있는 증오를 가리킵니다. "서로 미워한다"는 선에 대항하는 악에서 비롯된 자신들 속에 있는 증오를 뜻합니다.

[5] 또 거짓 예언자들이 많이 일어나서, 많은 사람을 홀릴 것이다.

이 말씀은 거짓에 관한 가르침을 뜻합니다("거짓 예언자"는 거짓을 가르치는 사람, 따라서 거짓교리라는 것은 2534항에서 알 수 있다). "많은 사람을 홀린다"(속인다)는 것은 거짓에서 파생된 모든 거짓스러운 가르침들을 뜻합니다.

[6] 그리고 불법이 성하여 많은 사람의 사랑이 식을 것이다.

이 말씀은 믿음과 함께 말씀에 순종하는 인애가 소멸될 것을 뜻하는 말씀입니다. "불법이 성하여"[세상은 무법천지가 되기 때문에 (공동번역)]라는 것은 믿음의 거짓에 따라서라는 뜻이고, "많은 사람의 사랑이 식을 것이다"는 것은 인애의 소멸을 뜻합니다. 왜냐하면 인애와 믿음은 서로 이인삼각(二人三脚·keep pace togather) 같은 관계로 보조를 맞추고 있기 때문입니다. 즉 믿음이 없으면 인애가 있을 수 없습니다. 인애가 없는 곳에 믿음도 있을 수 없습니다. 왜냐하면 인애는 믿음을 수용하는 것이고, 인애가 없다는 것은 믿음을 거부하는 것이기 때문입니다. 이러한 상태는 곧 모든 거짓과 악의 시초이지요.

[7] 그러나 끝까지 견디는 사람은 구원을 받을 것이다.

이 말씀은 인애 안에 있는 사람의 구원을 가리킵니다. "끝까지 견디는 사람"은 자신이 사악한 길로 빠지는 것을 거절하는 사람을 뜻합니다. 따라서 유혹에 넘어가지 않고 승리한 사람입니다.

[8] 이 하늘 나라의 복음이 온 세상에 전파되어서 모든 민족에게 증언이 될 것이며,

이 말씀은 먼저 기독교인들 세계에 오고 또 알려진다는 것을 뜻합니다. "전파된다"는 알려지게 된다는 뜻이고, "이 하늘 나라 복음"은 하늘 나라의 복음 즉 진리라는 것을, "복음"(福音·gospel)은 예고(豫告·annuniciation)를, "하늘 나라"는 진리를 뜻합니다("하늘 나라"가 진리를 뜻한다는 것은 1672·2547항 참조). "모든 민족"(온 세상에 거주하는 사람)은 기독교인의 세계 ("땅"이 교회가 있는 지역이므로 기독교인의 세계를 뜻함은 662·1066·1067·1262·1733·1850·2117·2118·2928·3355항에 상술 하였음)를 뜻합니다. 여기서 "거주한다"는 것은 믿음의 삶을 사는 교회를 일컫는데 즉 진리에서 비롯된 선을 가리키는 것입니다. 왜냐하면 속뜻으로 "거주한다"는 것은 사는 것(to live)을 뜻하고, "거주자(住民)"는 진리의 선을(1293·2268·2451·2712·3384항 참조), "증인이 된다"(for a testimony)는 뜻은 무지(無知)하다는 핑계나 변명을 만들 수 없이 전부 알게 된다는 뜻입니다. "모든 민족"(백성)에게는 악을 뜻하는데 (1259·1260·1849·1868·2588항 참조) 그 이유는 그들이 악과 거짓 안에 있기 때문이고 또 그들은 선과 진리가 무엇인지 더 이상 알려고 하지 않고 그들은 거짓을 진리인 양, 악을 선인 양 또 이와 반대되는 것을 믿기 때문입니다. 이런 상태에 교회가 처해 있으면 바로 그 때가 마지막이 오는 것이지요. 주님의 신령자비에 의해서 창세기의 말씀(제28장)에 관한 천계비의(天界秘義·arcana)를 말씀드리기에 앞서 교회의 상태 즉 이른바 "황폐한 증오"(abomination of desolation)를 다루겠는데 이것이 교회타락의 세번째 상태입니다.

8. 교회의 성품(性稟·character)이 바로 교회인데 그것은 그 교회 안에 있는 사람들에게 그대로 나타나지 않습니다. 말하자면 선과 진리에 속한 모든 것들을 경멸하고 몹시 증오하고 싫어하

며 또 그들은 이런 것들에 대해서 원한을 가지고 있으며 특별히 주님 자신에 대해서 대단한 원한을 가지고 있습니다. 왜냐하면 그들은 예배하는 곳에 자주 출입하고 설교를 들으며 또 그와 유사한 거룩한 시간과 장소에 있고, 성찬에 참여하고 언제나 이런 일들에 관해서 참여하고 언제나 이런 일들에 관해서 갖추어야 할 예의에 대해서 다른 사람들과 대화를 나눕니다. 이런 일들은 선한 사람들이 하는 것과 똑 같이 외형적인 모습을 갖추고 행해질 뿐입니다. 그리고 그들은 또한 자신은 언제나 자선사업이나 희생의 정신으로 산다고 자부합니다. 그러므로 사람들의 눈에는 전혀 경멸 따위는 없습니다. 또 사람들의 눈에는 믿음의 선이나 진리 또는 주님에 대한 증오나 싫어하는 것은 전혀 비치지도 않습니다. 그렇지만 이러한 일들은 겉모습인데 그것에 의해서 그 사람은 다른 사람을 잘못 인도하지요. 교회에 속한 사람의 내적 모습은 외적 모습과는 아주 정반대입니다. 내적 모습에 대해서 설명하겠지만 다른 곳에서 말씀한 바 있습니다. 그들의 진정한 성품(性稟·quality)은 하늘 나라에서 있게 될 삶에 나타납니다. 왜냐하면 천사들은 내적 사물(internal thing) 이외의 그 어떤 것에도 동참할 수 없기 때문에 즉 천사들은 목적들, 의도나 바람 그리고 그것에서 파생된 사상에만 참여하기 때문입니다.

〔2〕 내적인 것이 외적인 것과 어떻게 다른지는 기독교계에서 저 세상에 온 사람들에게서 명확히 알 수 있습니다. 그들에 관해서는 위에서 말씀했습니다(2121-2126항 참조). 왜냐하면 저 세상에서는 그들은 그들의 내적인 것에 의해서만 말하고 생각하기 때문이고 또 육체와 함께 외적인 것은 모두 이 세상에 남겨두기 때문입니다. 그리고 이 세상에 있을 때 다른 사람에 대해서, 또 믿음에 속한 것들에 대해서 특히 주님에 대해서 미움을 가지지 않았다면 저 세상에서 매우 평온하게 보일 것은 자명한 일입니다. 왜냐하면 저 세상에서는 비록 이 세상에서는 겉으로는 거

룩한 말을 하고 설교말씀을 듣는 즉 인애와 믿음 안에 있다 할지라도 주님에 대한 경멸 뿐만 아니라 증오, 원한을 가지고 살아온 그들에게서부터 발산되는 그런 됨됨이나 영역에는 주님께서는 전혀 나타나시지 않기 때문입니다.

〔3〕이 세상에 살았을 때 그들의 내적 성품 안(앞서 설명한 바와 같이)에 마치 그의 인격처럼 있었던 그들의 외적인 것들은 모두 없어지고 사라지게 됩니다. 그렇게 되었을 때 그들은 그들이 열망하고 몰두해온 명예나 재물 때문에, 일시적 감정이나 얄팍한 생각들로 인해서 물밀듯이 일어나는 다른 사람들에 대한 심중 깊숙한 증오심 때문에, 비양심적인 것으로 인한 타인의 재산을 탈취하는 특히 이노센스(innocence)를 빼앗고 혹평하는 따위로 인한 목숨이나 법에 대한 처벌 또는 사회적 명망(名望)의 실추(失墜)에 대한 두려움이나 걱정 따위는 모두 없어집니다. 이런 따위는 몇몇 사람들을 제외한 현재(주후 1751년) 기독교인들의 내면적인 것들이라고 하겠습니다. 바로 이것에서 우리는 그 교회의 내면적인 질(質)이 어떠했는지를 잘 알 수 있습니다.

우리는 앞서의 마태복음서 24장 8-14절의 영해에서, 최후심판 즉 교회의 마지막에 관해서 살펴보았습니다. 이와 같은 관점에서 같은 장 15-19절의 말씀을 설명하고자 합니다.

> 그러므로 너희는 예언자 다니엘이 말한 바 '황폐하게 하는 가증스러운 물건이 거룩한 곳에 선 것'을 보거든(읽는 사람은 깨달아라), 그 때에 유대에 있는 사람들은 산으로 도망하여라. 지붕 위에 있는 사람은 제 집 안에서 물품을 꺼내려고 내려오지 말아라. 들에 있는 사람은 제 겉옷을 가지러 뒤로 돌아서지 말아라.
> (마태 24 : 15-19)

9. 누구나 다 주님 말씀의 비의(秘義·arcana)를 깨달을 수 있습니다. 그렇지만 그 비의가 나타나지 않는다면 "그 때에 유대

에 있는 사람들은 산으로 도망하여라.""지붕 위에 있는 사람은 제집 안에서 물품을 꺼내려고 내려오지 말아라.""들에 있는 사람은 제 겉옷을 가지러 뒤로 돌아서지 말아라."는 말씀이 뜻하는 바가 무엇인지를 이해한다는 것은 불가능합니다. 이들 말씀이 뜻하고 또 내포하고 있는 바를 가르치기 위한 속뜻(內意)이 없었다면 주님말씀에 관한 연구가(硏究家 · investigator)나 주석자(註釋者 · interpreter)들은 모두가 진리에 대해서 적합하지 않은 자신들의 사견(私見)에 떨어지거나 아니면 마음 속으로부터 주님말씀의 거룩함을 부인하는 사람들은 악마의 길잡이를 제공하거나 악마가 도피할 수 있는 그런 따위의 결론에 다다르는 우(愚)를 일으키게 할 것입니다. 따라서 주님말씀의 거룩함은 더 이상 있을 수 없게 될 것입니다. 이 같은 주님말씀에 의해서 사랑의 선과 믿음의 진리에 관한 교회의 황폐한 상태를 온전히 까발겨 보여질 것인데 이런 일은 누구나 주의 깊게 생각하면서 다음의 말씀들을 상고할 때 잘 이해될 것입니다.

10. 속뜻(內意 · the internal sense)에 의해서 다음 귀절의 말씀을 열어 보이고자 합니다.

   황폐하게 하는 가증스러운 물건이 거룩한 곳에 선 것을 본다.
이 말씀은 교회의 황폐를 뜻합니다. 이러한 일은 주님을 시인(是認 · acknowledge)하지 않을 때 일어 납니다. 따라서 그 때에는 주님에 대한 사랑도, 믿음도 모두 없을 뿐만 아니라 또한 이웃에 대한 그 어떤 인애(仁愛)도 없습니다. 그러므로 거기에는 선이나 진리에 대한 그 어떤 믿음도 없습니다. 교회가 이런 상태에 있을 경우 또는 말씀이 있는 곳이 이런 상태일 때 즉 사람이 이같은 심성의 사상을 가지고 있을 때 — 입술만의 가르침에도 있지 않을 때 — 그것은 바로 "황폐"(荒廢 · desolation)이며 또 앞서 말한 것들이 바로 가증(可憎 · abomination)스러운 것들입니다. 그래서

"황폐하게 하는 가증스러운 것을 본다"고 한 성경말씀은 어느 그 누구나 이런 것들에 대해서 관찰하고 또 이런 경우에 일어날 것들이 어떠한 것인지를 다음의 16-18절 말씀에서 상고하고자 합니다.

〔2〕 예언자 다니엘이 말한 바
예언자는 말씀의 속뜻을 뜻합니다. 왜냐하면 성경말씀에 등장하는 예언자의 이름은 그 어떤 것이든 모두 이것을 뜻하기 때문입니다. 즉 예언자라는 이름은 예언자 그 개인 누구를 뜻하는 것이 아니라 예언적인 말씀 자체를 뜻합니다. 왜냐하면 사람의 이름이 하늘나라에서는 결코 그 이름으로 통용되지 않기 때문인데 따라서 다른 이들과 꼭 같이 예언자의 이름도 이와 같기 때문입니다(천계비의, 1876·1888항 참조). "모세" "엘리야" "엘리사"가 뜻하는 바도 이 책(천계비의) 18장 2762항에서 설명했지만 "다니엘"은 주님의 강림(the Lord's advent)과 교회의 상태 다시 말하면 교회의 마지막 상태에 관한 모든 예언적인 것들을 뜻합니다. 황폐에 관한 내용도 다니엘서에 광범위하게 언급되었는데 문자적인 뜻으로는 유대와 이스라엘 교회의 황폐를 가리킵니다. 그러나 속뜻으로는 일반적인 모든 교회의 황폐 즉 오늘날의 교회 상태를 가리킵니다.

〔3〕 거룩한 곳에 선 것 …
이 말씀은 선과 진리에 속한 모든 것들에 관한 황폐를 뜻합니다. "거룩한 곳"(holy place)은 사랑과 믿음(장소 또는 곳은 속뜻으로 상태를 뜻한다는 것은 천계비의 2625·2837·3356·3387항 참조)의 상태를 뜻하며 "거룩한 상태"는 사랑에 속한 선을 뜻합니다. 그리고 여기서 파생된 진리는 곧 믿음에 속한 것입니다. 성경말씀에서 "거룩함"이 뜻하는 것은 이 이외의 뜻이 없음은 그런 것들이 모두 주님에게서만 왔으며 또 주님은 거룩함 자체이시고 지성소(至聖所·sanctuary)이시기 때문입니다.

읽는 사람은 깨달아라.
이 말씀은 교회 안에 있는 사람들에게는 잘 이해되게 될 것이라는 뜻입니다. 특히 사랑과 믿음 안에 있는 사람들, 이들에 관해서는 후에 상술하겠지만, 그들은 특히 잘 깨닫게 될 것이라는 뜻입니다.

〔4〕**유대에 있는 사람들은 산으로 도망하여라.**
이 말씀은 교회 안에 있으면서 주님 이외의 그 어떤 것에도 의지하지 않는 사람들을 뜻합니다. 즉 주님과 이웃에 대한 인애의 삶을 사랑하고 실천하는 사람들을 뜻합니다(유대가 교회를 뜻한다는 것은 다음에 상술하겠고 "산"은 주님 자신을 뜻하는데 여기서는 주님에 대한 사랑과 이웃에 대한 인애를 뜻한다. 천계비의, 795·796·1430·2722항 참조). 문자적인 뜻에 의하면 이 말씀의 뜻은 예루살렘이 적으로부터 포위되었을 때 즉 로마에 의해서 그 같이 되었을 때, 다른 곳으로 피신하지 말고 오히려 누가복음서에 기록된 대로 "산으로 가라"는 뜻입니다.

누가복음서에 —.

> 예루살렘이 군대에게 포위당하는 것을 보거든 그 도시의 파멸이 가까이 온 줄 알아라. 그 때에 유대에 있는 사람들은 산으로 도망하고 그 도시 안에 있는 사람들은 거기에서 빠져 나가고 산골에 있는 사람들은 그 성 안으로 들어가지 말아라.
> (누가 21 : 20, 21)

〔5〕그러나 이 인용 성경귀절의 경우는 앞서의 예루살렘과 똑같은 것인데 다시 말하면 문자적인 뜻으로 예루살렘을 이해할 수 있으나 속뜻으로는 주님의 교회를 뜻합니다(천계비의, 402·2117항 참조). 왜냐하면 성경말씀에 기록된 유대 또는 이스라엘 민족에 관한 것은 개별적이든 또는 전체적이든 모두가 하늘나라의 주님 왕국을 표징하며 지상의 주님 왕국을 표징하기 때문에

이것은 바로 교회인 것은 앞서 여러 곳(천계비의)에서 설명한 바와 같습니다. 이런 까닭으로 해서 속뜻으로 "예루살렘"은 예루살렘이 아니고 "유대"는 유대가 아닙니다. 그러나 이러한 것들은 모두가 주님나라에 속한 영적 또는 천적인 것들을 표징하는 것입니다. 그리고 그런 일들은 그 표징들을 위하여 일어날 뿐입니다. 이런 식으로 주님말씀은 그것을 읽는 사람의 이해나 사람과 더불어 천사들의 이해 또한 적용하도록 그렇게 쓰여진 것입니다. 이것은 또한 주님께서도 그런 방법으로 말씀하신 이유이기도 합니다. 왜냐하면 주님께서 다른 방법으로 말씀하셨으면 주님의 말씀을 읽는 사람들 특히 당시의 사람들이나 또 천사들까지도 이해할 수 없었을 것이기 때문입니다. 따라서 사람들이 그것을 수용하지 못한다면 천사들도 이해할 수 없었을 것입니다.

〔6〕**지붕 위에 있는 사람은 제 집 안에서 물품을 꺼내려고 내려오지 말아라.**
이 말씀은 인애의 선(the good of charity) 안에 있는 사람은 믿음의 교리에 속한 것들에 온 정력을 쏟지 말라는 것을 뜻합니다. 성경말씀에서 "지붕"은 사람의 보다 높은 상태(the higher state of man) 즉 선에 관한 사람의 심령상태를 뜻합니다. 그러나 지붕 아래 있는 것들은 사람의 낮은 상태 즉 진리에 관한 사람의 심령상태를 가리킵니다(천계비의, 710·1708·2233·2234·3142·3538항 참조).

이 경우는 교회에 속한 사람의 심령상태에 관한 것인데 즉 사람이 거듭나는 동안, 그는 선을 위해서 진리를 배우고 또 이것 때문에 진리에 속한 정동을 가지기 때문입니다. 그러나 거듭난 뒤에는 그는 진리와 선에 의해서 행동합니다. 사람이 이런 상태에 이른 뒤에는 그는 자신의 앞서의 상태에 가려고 하지 않습니다. 왜냐하면 그가 속해 있는 선에 관해서 진리로 추론하는 그런 일을 한다면 그것에 의해서 그 사람의 심령상태는 잘못 되기 때문입니다. 그 이유는 진리가 무엇이고 선이 무엇인지 알려고 하는 상태에 있을 때 모든 추론은 멈추게 되고, 또 멈출 수밖에 없기 때문입니다. 그렇게 되면 그는 의지(意志·will)에 따라서 즉 양심에 의해서 생각하고 행동하지 앞서의 이해(理解·understanding)에 의해서 행동하지 않기 때문입니다. 만약 이것에 의해서 다시 생각하고 행동하게 된다면 그는 시험에 빠지게 되는데, 이 사람은 그 시험에서 패할 수 밖에 없습니다. 이것이 "지붕 위에 있는 사람은 제 집 안에서 물품을 꺼내려고 내려오지 말아라"는 말씀의 영의(靈意)입니다.

〔7〕 들에 있는 사람은 제 겉옷을 가지러 뒤로 돌아서지 말아라.

이 말씀도 진리의 선 안에 있는 사람들은 선에서부터 진리의 교리로 나가지 말라는 뜻입니다. 성경말씀에서 "밭"은 선에 관한 그 사람의 심령상태를 가리킵니다("밭"이 뜻하는 바는 천계비의, 368·2971·3196·3310·3317·3500·3508항 참조). 그리고 "겉옷" 또는 "웃옷"은 선을 감싸고 있는 것 즉 진리에 속한 교리를 뜻합니다. 왜냐하면 이것은 선에 대해서 하나의 옷이기 때문입니다("겉옷"이 뜻하는 바는 297·1073·2576·3301항 참조). 주님 자신이 친히 말씀하였기 때문에, 이 말씀에서 문자에 나타난 뜻 이상의 보다 깊은 숨겨진 뜻은 누구나 다 이해할 수 있습니다.

11. 이 모든 것에서 우리가 확실히 알 수 있는 것은 이들 귀절들이 모두 사랑의 선과 믿음의 진리라는 점에서 한 교회의 황폐상태를 상술하고 있다는 것과 또 동시에 이같은 선과 진리 안에 있는 사람들에게 그들이 행하여야 할 것이 어떠 하여야 할 것인가 라는 관점에서 하나의 교훈을 주고 있다는 것입니다. 교회에는 세 종류의 사람이 있습니다. 다시 말하면 주님을 사랑하는 그 사

랑 안에 있는 사람과 이웃을 사랑하는 인애 안에 있는 사람 그리고 진리의 정동 안에 있는 사람입니다. 첫번 부류에 속한 사람들 즉 주님을 사랑하는 사랑 안에 있는 사람들을 본문말씀에서는 "유대에 있는 사람들은 산으로 도망하여라"는 말씀으로 뜻했습니다. 두번째 부류의 사람은 이웃을 사랑하는 인애 안에 있는 사람으로 본문에서는 특별히 "지붕 위에 있는 사람은 제 집 안에서 물품을 꺼내려고 내려오지 말아라"는 말씀으로 그것을 가리키고 있습니다. 세번째 부류의 사람은 진리의 정동 안에 있는 사람으로 본문말씀에서는 "들에 있는 사람은 제 겉옷을 가지러 뒤로 돌아서지 말아라"는 것으로 뜻했습니다(이들 말씀이나 또 "뒤돌아 본다" 또는 "그의 뒤를 본다"는 말이 뜻하는 것은 2454항 참조).

12. 성경말씀의 영의로 "유대"는 유대를 뜻하는 것이 아니며, 또 같은 의미로 "예루살렘"도 예루살렘을 뜻하는 것이 아니라는 것은 성경말씀에 기술된 여러 귀절에서 잘 알 수 있습니다. "유대"는 성경말씀에서 유대 땅으로서는 그렇게 흔하게 등장하는 말은 아니지만, "가나안 땅"(the land of Canaan)이 뜻하는 바와 같이 "유대 땅"은 주님의 왕국을 뜻합니다(따라서 교회를 뜻하는데 왜냐하면 교회는 이 지상에 있는 주님의 나라이기 때문이다). 이러한 이유로 해서 "유대" 또는 "유대민족"은 주님의 천적 왕국(the Lord's celestial kingdom)을 표징하고, "이스라엘"이나 "이스라엘 민족"은 주님의 영적 왕국(His spiritual kingdom)을 표징합니다. 유대가 그와 같이 표징하므로 성경말씀에서 그와 같은 나라나 민족이 기술되었을 때는 속뜻으로 그것들이 뜻하는 바로 그것일 뿐입니다.

〔2〕이와 같은 경우에 대해서 주님의 신령자비에 의해, 유대, 유대 땅에 관해서 예언서에 나오는 몇 귀절을 인용, 그 설명을

부언하고자 합니다.
 이사야의 말씀에는 —.

　내가 사랑하는 이에게
　노래를 해 주겠네.
　그가 가꾸는 포도원을 노래하겠네.
　내가 사랑하는 사람은
　기름진 언덕에서 포도원을 가꾸고 있네.
　땅을 일구고 돌을 골라 내고,
　아주 좋은 포도나무를 심었네.
　그 한가운데 망대를 세우고,
　거기에 포도주 짜는 곳도 파 놓고,
　좋은 포도가 맺기를 기다렸는데,
　열린 것이라고는 들포도 뿐이었다네.
　예루살렘 주민아,
　유다 사람들아,
　이제 너희는 나와 나의 포도원 사이에서
　한 번 판단하여 보아라.
　내가 그 밭을 황무지로 만들겠다.
　가지치기도 못하게 하고
　북주기도 못하게 하여,
　찔레나무와 가시나무만 자라나게 하겠다.
　내가 또한 구름에게 명하여,
　그 위에 비를 내리지 못하게 하겠다.
　이스라엘은 만군의 주의 포도원이고,
　유대 백성은 주께서 심으신 포도나무다.
　주께서는 그들이
　선한 일 하시기를 기대하셨는데,
　보이는 것은 살륙 뿐이다.
　주께서는 그들이
　옳은 일 하기를 기대하셨는데,

들리는 것은
그들에게 희생된 사람들의 울부짖음 뿐이다.
(이사야 5 : 1-3, 6, 7)

이 인용 귀절에서 보면 문자적인 뜻으로는 이스라엘 교회나 유대 교회의 변절된 상태를 다루고 있으나 속뜻으로는 이스라엘이나 유대가 뜻하는 표징으로서의 변질된 교회의 상태를 언급한 것입니다. "예루살렘 주민(the inhabitant of Jerusalem)"은 그 교회의 선을 가리킵니다(주민은 선을 또는 그 주민이 뜻하는 바 즉 선 안에 있는 사람들을 뜻하는 것은 천계비의 2268 · 2451 · 2712 · 3613항 참조하시고 "예루살렘"이 교회를 뜻하는 것은 402 · 2117항 참조). "이스라엘의 집"의 뜻도 이와 유사한 내용인데(즉 "집"은 선을 뜻하고(천계비의 710 · 1708 · 2233 · 2234 · 3142 · 3538항과 "이스라엘"이 교회를 뜻함은 3305항 참조) 같은 뜻으로 "유대 사람"은 "사람"이 진리를 뜻하기 때문에 진리를 가리키는 것이고(천계비의, 265 · 749 · 1007 · 3134 · 3310 · 3459항 참조) 그리고 "유대"는 선을 뜻합니다. 그러나 그것과의 차이는 "유대 사람"은 주님을 사랑하는 선에서 비롯된 진리(주님은 천적 진리(celestial truth)라고 불리기 때문에)를 뜻하며 또 그와 같은 진리 안에 있는 사람을 뜻합니다.

〔3〕 같은 예언서에 ―.

주께서, 뭇 나라가 볼 수 있도록,
깃발을 세우시고,
쫓겨난 이스라엘 사람들이
그 깃발을 보고 찾아오게 하시며,
흩어진 유다 사람들이 땅의 사방에서
그 깃발을 찾아오도록 하실 것이다.
그 때에는
에브라임의 증오가 사라지고,

유다의 적개심이 없어질 것이니,
에브라임이 유다를 증오하지 않고,
유다도 에브라임에게
적개심을 품지 않을 것이다.
주께서
이집트 바다의 큰 물굽이를 말리시고,
뜨거운 바람을 일으키셔서,
유프라테스 강 물을 말리실 것이다.
주께서 그것을 쳐서
일곱 개울을 만드실 것이니,
누구나 신을 신고 건널 수 있을 것이다.
주께서, 남은 백성
곧 앗시리아에 남은 자들이 돌아오도록
큰 길을 내실 것이니
이스라엘이 이집트 땅에서 올라오던
날과 같게 하실 것이다.
(이사야 11 : 12, 13, 15, 16)

여기의 문자적 뜻으로의 주 내용은 이스라엘 사람이나 유대 민족이 포로생활에서 되돌아 옴(解放·the bringing back)을 뜻하지만 속뜻으로는, 일반적으로는 새로운 교회(a new church)를, 그리고 개별적으로는 중생한 특정 사람이나, 그로 인하여 형성되는 하나의 교회를 뜻합니다. "이스라엘의 쫓겨난(추방당한) 사람" (the outcasts of Israel)은 이같은 사람의 진리를 뜻하고 "흩어진 (분산된) 유다 사람"은 그들의 선을, "에브라임"은 더 이상 저항하지 않으려는 부분적 총명을, "이집트"는 기억지(記憶知)를, "앗시리아"는 파생된 합리심을 뜻하는데 여기서 이것들은 모두 변질된 반대의 것입니다. "쫓겨난" "흩어진" "남은 백성"이나 "남은 자들"은 모두가 살아남(survive)은 진리와 선을 뜻합니다 ("에브라임"이 부분적 총명을 뜻한다는 것은 다른 곳에서 설명하겠고 "이집트"가 기억지를 뜻함은 천계비의 1164·1165·1186·1462·2588·3325항에서, 그리고 "앗시리아"가 합리심을 뜻함은 천계비의 119·1186항에 "남은 백성"이 내적 사람 안에 남아 있는 주님에게서 비롯된 선과 진리를 뜻함은 468·530·560·561·660·661·798·1050·1738·1906·2284항 등에 상술하였음).

〔4〕또 같은 예언서에 —.

> 야곱의 집안아,
> 이스라엘이라 일컬음을 받는
> 유다의 자손아,
> 주의 이름을 두고 맹세를 하고
> 이스라엘의 하나님을 섬긴다고 하지만,
> 진실이나 공의라고는 전혀 없는 자들아,
> 이 말을 들어라.
> 스스로 거룩한 성읍 백성이라고
> 자처하는 자들아,
> 그의 이름 만군의 주
> 이스라엘의 하나님을 의지한다고
> 자랑하는 자들아,
> 너희는 이 말을 들어라.
> (이사야 48 : 1, 2)

여기의 "유다의 자손"(유다의 근원에서 나온 자·the waters of Judah)은 주님을 사랑하는 사랑의 선에서 비롯된 진리를 뜻합니다. 거기서 비롯된 그 진리는 바로 인애의 선(仁愛善·the good of charity)인데 이를 가리켜 영적인 선이라고 하며 이것은 곧 영적 교회를 형성합니다. 또 영적 교회의 내적인 것들을 가리켜 "이스라엘"이라고 하고 외적인 것을 가리켜 "야곱의 집안(家門)"이라고 하였는데 따라서 이것이 "이스라엘이라 일컬음을 받은 야곱의 집안"과 "유다의 근원에서 나온 자손"이 뜻하는 것임을 명확히 이해할 수 있습니다.

〔5〕 같은 예언서에 —.

> 내가 야곱으로부터 자손이 나오게 하며,
> 유다로부터
> 내 산(山)을 유업으로 얻을 자들이
> 나오게 하겠다.
> 내가 택한 사람들이
> 그것을 유업으로 얻으며,
> 내 종들이 거기에 살 것이다.
> (이사야 65 : 9)

산에 거주하는 "유다의 후손"은 가장 높은 뜻(the supreme sense)으로는 주님을, 표징적인 뜻으로는 주님을 사랑하는 그 사랑 안에서, 따라서 주님사랑의 선과 이웃사랑의 선 안에 있는 사람들을 가리킵니다(산은 앞서 보았듯이 선을 뜻한다. 3652항 참조).

〔6〕 모세의 글에는 —.

> 유다야, 너는 사자 새끼 같을 것이다.
> 나의 아들아,
> 너는 움킨 것을 찢어 먹고,
> 굴로 되돌아갈 것이다.
> 엎드리고 웅크리는 모양이
> 수사자 같기도 하고
> 암사자 같기도 하니
> 누가 감히 범할 수 있으랴.
> (창세기 49 : 9)

여기서 확실히 알 수 있는 것은, 가장 높은 뜻으로는 "유다"가 주님을 뜻하고, 표징적인 뜻으로는 주님사랑의 선 안에 있는 사람을 뜻한다는 것입니다.
다윗의 글에는 —.

이스라엘이 이집트에서 나올 때에,
야곱의 집안이
다른 언어를 쓰는 민족에게서 떠나올 때에
유다는 주의 성소가 되고,
이스라엘은 그의 영토가 되었다.
(시편 114 : 1, 2)

이 인용의 말씀에서 "유다"는 천적 선(celestial good)으로 즉 주님사랑에 속한 선을 뜻하고 "이스라엘"은 천적 진리(celestial truth) 또는 영적 선을 뜻합니다.

[7] 예레미야의 예언서에는 —.

내가 다윗에게서 의로운 가지가 하나 돋아나게 할 그 달이 오고 있다. 나 주의 말이다. 그는 왕이 되어 슬기롭게 통치하면서, 세상에 공평과 정의를 실현할 것이다. 그 때가 오면 유다가 구원을 받을 것이며, 이스라엘이 안전한 거처가 될 것이다. 사람들이 그 이름을 '우리를 공의로 다스리시는 주'라고 부를 것이다.
(예레미야 23 : 5, 6)

여기의 말씀은 주님의 강림을 다루고 있는데, "유다"는 주님사랑하는 사랑의 선 안에 있는 사람을 뜻하고, "이스라엘"은 이 선의 진리 안에 있는 사람을 뜻합니다. "유다"가 유다가 아니고, "이스라엘"이 이스라엘이 아니라는 것은 유다와 이스라엘이 구원받는다는 표현에서 확실히 알 수 있습니다.

같은 예언서의 말씀을 보면 —.

내가 유다의 포로와 이스라엘의 포로를 돌아오게 하여 그들을 옛날과 같이 다시 회복시켜 놓겠다.
(예레미야 33 : 7)

같은 예언서에 ―.

> 그 날이 오고, 그 때가 되면, 이스라엘 백성과 유다 백성이 다 함께 돌아올 것이다. 나 주의 말이다. 그들은 울면서 돌아와서, 그들의 하나님이신 주님을 찾을 것이다. 그들은 시온으로 가는 길을 물어 보며, 이 곳을 바라보며 찾아올 것이다. 돌아온 그들은 나 주와 언약을 맺을 것이다. 절대로 파기하지 않을 영원한 언약을 맺고, 나와 연합할 것이다.
> (예레미야 50 : 4, 5)
> 그 때에는 누구나 예루살렘을 주의 보좌라고 부를 것이며, 뭇 민족이 그리로, 예루살렘에 계시는 주님 앞으로 모일 것이다. 그들이 다시는 자기들의 악한 마음에서 나오는 고집대로 살지 않을 것이다. 그 때에는 유다 집안과 이스라엘 집안이 하나가 되어서, 다 같이 북녘 땅에서 나와서, 내가 너희 조상에게 유산으로 준 땅으로 들어갈 것이다.
> (예레미야 3 : 17, 18).

[8] 같은 예언서에는 ―.

> 그 때가 오면, 내가 이스라엘 집과 유다 집에 사람의 씨와 짐승의 씨를 뿌리겠다. 나 주의 말이다. 그 때가 오면, 내가 이스라엘 가문과 유다 가문과 새 언약을 세우겠다. 나 주의 말이다. 그러나 그 시절이 지난 뒤에, 내가 이스라엘 가문과 언약을 세울 것이니, 나는 나의 율법을 그들의 가슴 속에 넣어 주며, 그들의 마음 판에 새겨 기록하여, 나는 그들의 하나님이 되고, 그들은 나의 백성이 될 것이다. 나 주의 말이다.
> (예레미야 31 : 27, 31, 33)

여기서 이스라엘이나 "이스라엘의 가문"은 이스라엘이나 그 가문을 뜻하지 않는 것은 자명합니다. 왜냐하면 이방인들 사이에 흩어진 그들이 그 포로생활에서 해방되지 못했기 때문입니다. 따라서 유다는 유다가 아니고 유다의 가문은 유다의 가문이 아니라, 여기서 뜻하는 바는 속뜻으로 주님의 영적 또는 천적 왕국에 있는 사람들을 뜻합니다. 이들과 새로운 계약을 맺었고 그들의 가슴에 새겨진 율법, 즉 "새로운 언약"은 선을 방법으로 한 주님과의 결합을 뜻하고(천계비의, 665・666・1023・1038・1864・1996・2003・2021・2037항 참조) "가슴에 새겨진 율법"은 선과 진리에 관한 확고한 개념(the consequent perception) 즉 양심(良心・conscience)을 뜻합니다.

〔9〕 그래서 요엘 선지서에는 ―.

> 그 날이 오면,
> 산마다 새 포도주가 넘쳐 흐를 것이다.
> 언덕마다 젖이 흐를 것이다.
> 유다 개울마다 물이 가득 차고
> 주의 성전에서 샘물이 흘러 나와
> 싯딤 골짜기에 물을 대어 줄 것이다.
> 유다 땅은 영원히 있겠고
> 예루살렘도 대대로 그러할 것이다.
> (요엘 3 : 18, 20)

이 인용 귀절에 있는 모든 특정의 것들에서 알 수 있는 것은 "유다"가 유다가 아니고 "예루살렘"이 단순한 도시 예루살렘이 아니라, 사랑과 인애의 거룩함에 있는 사람을 뜻한다는 것입니다. 왜냐하면, "대대로 영원히 살 것이다"는 말씀에서 잘 알 수 있기 때문입니다.

〔10〕 또 말라기서에는 ―.

> 내가 나의 특사를 보내겠다.

그가 나의 갈 길을 닦을 것이다.
너희가 오랫동안 기다린 주가,
문득 자기의 궁궐에 이를 것이다.
너희가 오랫동안 기다린,
그 언약의 특사가 이를 것이다.
나 만군의 주가 말한다.
유다와 예루살렘의 제물이
옛날처럼, 지난날처럼
나 주를 기쁘게 할 것이다.
(말라기 3:1, 4)

여기서는 주님의 강림에 관해서 언급되었습니다. 그 당시 유다나 예루살렘의 제물이 여호와께 열납되지 않았다는 것과, 이것에서 "유다"와 "예루살렘"이 뜻하는 것은 바로 주님의 교회에 속한 것들을 뜻한다는 것을 명확히 알 수 있습니다. 성경말씀에 나타나는 "유다" "이스라엘" 또는 "예루살렘"에 관한 설명은 모두가 다 같은 뜻을 가지고 있습니다. 이런 모든 사실에서 비추어 볼 때 마태복음서에 기술된 "유다"가 뜻하는 바는 바로 주님의 교회로서 황폐된 교회를 뜻하고 있다는 것을 명확히 알 수 있습니다.

13. 앞서 복음서에 취급된 주제는 타락한 교회의 첫번째와 두번째의 상태에 관한 것입니다. 그 첫번째의 상태는, 그 시초가 선이 무엇인지 또 진리가 무엇인지를 이미 알려고 하지 않고, 그것들에 관해서 자기 나름대로 투론(鬪論·disputing)하여 종국에는 거짓에 빠지게 된다는 것입니다(천계비의, 3354항 참조). 그리고 두번째의 상태는 선과 진리를 경멸하는 것인데, 그에 한 수 더 떠서 염오(厭惡)하여 종국에는 주님에 대한 믿음이 완전히 고사(枯死·the dying out)된 상태를 가리키는데 이러한 모든 상태는 인애의 단절의 정도에 따라서 진행된다는 것은 앞서에서

말씀드렸습니다(천계비의, 3487, 3488항 참조). 그래서 여기에서는(3650-3655항) 교회의 세번째 상태 즉 선과 진리에 관한 교회의 폐허(廢墟·desolation)의 상태를 다루었습니다.

14. 앞서에서 교회의 마지막 때(末世)에 관해서 주님께서 예언하신 마태복음 24장 3-18절의 내용을 설명드렸습니다. 이어서 계속되는 19-22절 말씀의 내용을 펼쳐 보여 드리고자 합니다. 먼저 관련 성경귀절을 읽어 보겠습니다.

> 들에 있는 사람은 제 겉옷을 가지러 뒤로 돌아서지 말아라. 그 날에는 임신한 여자들과 젖먹이가 딸린 여자들은 불행하다. 너희가 도망하는 일이, 겨울이나 안식일에 일어나지 않도록 기도하여라. 그 때에 큰 환난이 닥칠 것인데, 그런 환난은 세상 처음부터 이제까지 없었고 앞으로도 없을 것이다. 그 환난의 날들을 줄여 주시지 않으면, 구원받을 사람이 하나도 없을 것이다. 그러나 선택받은 사람들을 위하여, 하나님께서는 그 날들을 줄여 주실 것이다.

15. 성경말씀의 속뜻에 의한 조요(照耀·enlighten) 없이 이 귀절의 심오한 뜻을 이해하고 깨닫는다는 것은 어느 누구에게도 불가능 합니다. 예루살렘 성의 파괴에 관해서 그들에게 말씀하신 것은 이 장의 여러 곳에 나타나 있습니다.
즉ㅡ.

> 그 환난의 날들을 줄여 주시지 않으면, 구원받을 사람이 하나도 없을 것이다. 그러나 선택받은 사람들을 위하여, 하나님께서는 그 날들을 줄여 주실 것이다(22절).

또 이어서 이렇게 기술되었습니다.

> 그 환난의 날들이 지난 뒤에,
> 곧 해는 어두워지고,
> 달은 빛을 내지 않고,

> 별들은 하늘에서 떨어지고,
> 하늘의 세력들은 흔들릴 것이다.
> 그 때에 인자가 올 징조가 하늘에서 나타날 터인데, 그 때에는 땅에 있는 모든 민족이 가슴을 치며, 인자가 큰 권능과 영광으로 하늘 구름을 타고 오는 것을 볼 것이다.
> (마태 24 : 29-30)

이 귀절 외에도 여러 말씀들이 있습니다.

이 세상의 멸망에 관해서 언급된 이들 말씀이 이 세상의 멸망에 관한 것이 아니라는 것은 마태복음 24장에 기술된 여러 내용들에서 명확히 알 수 있습니다. 다시 관련된 성경 말씀을 찾아 보겠습니다.

> 지붕 위에 있는 사람은 제 집 안에서 물품을 꺼내려고 내려오지 말아라. 들에 있는 사람은 제 겉옷을 가지러 뒤로 돌아서지 말아라.
> (18-19절)

이 말씀은 또한 우리로 하여금 심사숙고(深思熟考)하게 합니다.

> 너희가 도망하는 일이, 겨울이나 안식 일에 일어나지 않도록 기도하여라(20절).

또 이어서 주님께서 하신 말씀은 —.

> 그 때에 두 사람이 밭에 있을 터이나, 하나는 데려가고, 하나는 버려 둘 것이다. 두 여자가 맷돌을 갈고 있을 터이나, 하나는 데려가고, 하나는 버려둘 것이다.
> (마태 24 : 40, 41)

그러나 우리는 인용된 문제의 말씀들이 교회의 마지막에 관해서 말씀한 것임을 명확히 알 수 있습니다. 그것은 바로 교회의 황폐(荒廢·vastation)를 뜻합니다. 왜냐하면 교회에 더 이상의 인애(仁愛·charity)가 없을 때 그 교회는 황폐되었다고 일컫기 때문입니다.

16. 존경심을 가지고 주님에 관해서 깊이 생각하고, 또 주님 안에는 신령이 내재해 계시다고 믿고, 그래서 주님은 신령으로 말씀하신다고 믿는 사람들은 위에 인용한 말씀의 참뜻(眞意)을 깨닫고 믿을 수 있습니다. 그것은 마치 주님께서 가르치고 말씀하신 안식(安息·the rest)이 어떤 한 민족을 위한 것이 아니라 우주의 인류를 위한 것이고, 또 그것이 세상적인 것이 아니라 영적인 상태라는 것과 같은 것입니다. 또한 주님의 말씀은 주님의 나라와 교회에 속한 것임을 이해할 수 있습니다. 왜냐하면 사실들 모두가 거룩하고 영원한 것이기 때문입니다. 이것을 믿는 사람을 성경말씀은 아래와 같이 기술하였습니다.

> 그 날에는 임신한 여자들과 젖먹이가 딸린 여자들은 불행하다.
> (마태 24 : 19)

이 말씀은 젖을 먹이고 임신한 여자들을 가리키는 말씀이 아닙니다. 또 —.

> 너희가 도망하는 일이, 겨울이나 안식일에 일어나지 않도록 기도하여라.
> (마태 24 : 20)

이 말씀도 세상적인 적군에 의한 도망을 뜻하는 것이 아니라 안식에 관한 가르침의 말씀입니다.

17. 앞서의 귀절에서 교회에 속한 선과 진리의 타락(墮落·pervision)의 상태의 세 종류에 관해서 언급하였습니다. 이번의 귀절에서는 그 네번째의 상태 즉 최후의 상태에 관해서 말씀드리겠습니다. 첫번째 상태는 앞서 설명하였듯이 사람들이 선이 무

엇인지 또 진리가 무엇인지에 관해서 더 이상 알려고 하지 않을 뿐더러 오히려 자신들 끼리 그것에 관해서 자중지란(自中之亂)적인 다툼(鬪論·dispute)이 발발하여 종국에는 거짓상태가 된 것을 가리킵니다(3354항 참조). 두번째 상태는 사람들이 선과 진리에 관해서 경멸(輕蔑·despise)하기 시작하면서 그리고 그것들을 염오(厭惡·aversion)하며 종국에는 주님을 믿는 믿음 조차도 소멸(消滅·expire) 되어지게 되는데, 이러한 계도(階度·degree)에 따라서 인애도 고사(枯死)하게 되는 것을 뜻합니다(3487·3488항 참조). 세번째 상태는 선과 진리에 관해서 교회의 폐허(廢墟·desolation)의 상태를 가리킵니다(3651·3652항 참조). 네번째 상태는, 지금 우리가 살펴 보려고 하는 내용인데 곧 선과 진리의 섞음질(=모독·冒瀆·profanation)을 뜻합니다. 여기서 설명하려는 상태는 성경말씀의 속뜻에 의한 말씀의 개별적 뜻에서만 깨달을 수 있습니다.

18. 그 날에는 임신한 여자들과 젖먹이가 딸린 여자들은 불행하다(19절).
이 말씀은 주님을 사랑하는 선이나 천진무구한 선에 고취된(imbued with) 사람을 뜻합니다. "재난"(災難·woe)은 영원한 벌(永罰·eternal damnation)의 위험을 뜻하는 표현의 한 방법입니다. 또 "아이 배었다"는 말씀은 하늘나라적인 사랑의 선을 깨달았다는 뜻이고 "젖먹인다"는 말씀의 뜻은 천진무구(天眞無垢·innocence)한 상태를, 그리고 "그 날"은 교회가 그와 같이 이른 상태를 뜻합니다.

〔2〕 너희가 도망하는 일이, 겨울이나 안식일에 일어나지 않도록 기도하여라(20절).
이 말씀은 갑작스럽게 일어나는 것이 아니라, 몹시 차겁거나 뜨거운 상태에서 이런 것들에서부터의 도피를 뜻합니다. "도망 한

다"(flight)는 것은, 여기에 언급되어 있듯이, 사랑과 천진무구한 선의 상태로부터의 도피(逃避·removal)를 가리킵니다. 즉 "겨울에 도망한다"는 것은 차가운 상태에서부터의 이동을 뜻합니다. "차갑다"(cold)는 사랑과 천진무구에 대한 염오를 뜻하는데 그것은 자아애(自我愛·love of self)에서 비롯된 것입니다. 또 "안식일에 도망한다"는 것은 뜨거운 상태에서부터의 이동을 뜻합니다. "뜨겁다"(heat)는 것은 외적인 청결(外的淸潔·external sanctity) 즉 자아애와 세간애(世間愛·the love of the world)에 몰입해 있는 것을 뜻합니다.

〔3〕 그 때에 큰 환난이 닥칠 것인데, 그런 환난은 세상 처음부터 이제까지 없었고 앞으로도 없을 것이다(21절).

이 말씀은 선과 진리에 대해서 교회의 타락과 황폐(荒廢·vastation)가 극도에 있음을 뜻하는데 이것이 바로 모독(冒瀆·profanation)입니다. 왜냐하면 신성 모독은 영원한 죽음과 또 그 어떤 악의 상태 이상으로 극악을 야기하기 때문입니다. 모독한 선과 진리에 비례한 극악은 보다 내면적인 극악을 가리킵니다. 그리고 기독교회에 알려진 선과 진리만큼 그것들은 모두 모독되었습니다. 그래서 "세상 처음부터 이제까지 (환난이) 없었고 앞으로도 없을 것이다"고 말씀한 것입니다.

〔4〕 그 환난의 날들을 줄여 주시지 않으면, 구원받을 사람이 하나도 없을 것이다. 그러나 선택받은 사람들을 위하여 하나님께서는 그 날들을 줄여 주실 것이다(22절).

이 말씀은 교회에 속한 사람들이 내면적인 선과 진리에서부터 외적인 선과 진리에로의 이동을 뜻합니다. 그래서 이들은 선과 진리의 삶 안에 있는 사람들은 구원을 받는다는 것입니다. "그 날을 감한다"(減한다·줄여 준다)는 것은 이동한 상태를 뜻하고 "구원받을 사람이 하나도 없을 것이다"(모든 육체가 구원을 받지 못한다)는 말씀은 그 누구도 구원받을 수 없다는 것을 뜻합니다. "선택받은 사람들"이라는 말씀은 선과 진리의 삶 안에 있는 사람을 가리킵니다.

19. 이상으로 이들 귀절의 말씀의 속뜻을 충분히 이해하였을 것입니다. 즉 "임신한 여자들"이라는 귀절은 선에 고취된(imbued with) 사람을 뜻하고 "젖먹이가 딸린 여자들"은 천진무구(天眞無垢·innocence)의 상태에 고취된 사람을 뜻합니다. "도망한다"는 말씀은 선과 이노센스에서 이탈하는 것을, "겨울"은 자아애를 통해서 내면적 소유의 선행에 대한 염오를 뜻하고 "안식일에 도망한다"는 것은 신성모독(神聖冒瀆·profanation) 즉 겉으로는 거룩하지만 속 내용은 자아애와 세간애에 자리잡고 있을 때 야기되는 것을 가리킵니다. 그러나 그와 동일한 단어들이나 또는 이와 유사한 표현들은 즉 뒤이어 계속되는 주님의 신령자비(神靈慈悲·the Lord's Divine mercy)에 관한 그들의 표현을, 여기에서 설명하고 있는 바와 같이, 보여주고 있습니다.

20. 그러나 거룩한 것에 대한 신성모독에 관해서, 그것이 뜻하는 바를 거의가 잘 알지 못하지만, 그것에 관해서 앞서 설명하고 보여준 바에서 잘 이해할 수 있을 것입니다. 다시 말하면 선과 진리에 관해서 알고, 시인(是認·acknowledge)하며 이에 젖은 사람들이 거룩한 것을 모독하는 것이지 이에 대한 시인도, 또 그것들을 알지 못하는 사람들이 거룩한 것에 대한 신성모독하는 일은 없습니다(593·1008·1010·1059·3398항 참조). 따라서 교회 안에 있는 사람들이 거룩한 것에 대한 신성모독을 범할 수 있지 교회 밖에 있는 사람들은 신성모독의 범죄를 범하지 않습니다 (2051항 참조). 즉 천적 교회(the celestial church)에 있는 사람들은 거룩한 선에 대해서, 영적 교회(the spiritual church)에 있는 사람들은 거룩한 진리에 대한 신성모독을 범하게 됩니다 (3399항 참조). 그러므로 유대 민족이 신성모독을 범하지 못하

도록 하기 위해서 그들에게 내적 진리(interior truth)는 감추어져 있었습니다(3398항 참조). 이방인들은 아주 극소수만이 신성모독의 잘못을 범했을 뿐입니다(2051항 참조). 신성모독은 선과 악의 섞음질이요, 뒤섞음입니다. 또 진리와 거짓의 혼합이요 뒤섞음입니다(1001·1003·2426항 참조). 피를 먹는 것이 뜻하는 바가 바로 그것인데 유대교회는 전적으로 이것을 금하고 있습니다(1003항 참조). 그러므로 사람들은 선과 진리에 대해서 시인하고 신뢰하는 만큼 그들은 그것들 안에 머물 수 있습니다(3398·3402항 참조). 그리고 이런 이유로 해서 그들은 무지(無知·ignorance)에 있을 수 있었고(301-303항 참조) 또 예배 또한 외적일 수밖에 없었습니다(1327·1328항 참조). 내적 진리는 황폐된 교회에는 지금까지 감추어져 있습니다. 왜냐하면 선과 진리가 모독될 수 없기 때문입니다(3398·3399항 참조). 이것이 주님께서 이 세상에 오셔야만 했던 첫번째 이유입니다(3398항 참조). 거룩한 것이나 성언(聖言·the Word)이 모독된다는 것은 그 얼마나 위험한 것입니까!(571·582항 참조)

21. 계획된 순서에 따라서, 천계비의(天界秘義·arcana)의 매장(章) 서두에 설명한 바와 같이, 주님께서 최후심판(最後審判·the Last Judgement) 또는 교회의 마지막 때에 관해서 마태복음서 24장에서 가르친 바를 상술한다는 것은 매우 중요한 것이라고 하겠습니다. 지금까지는 마태복음서 24장 22절까지의 말씀이 뜻하는 바를 설명하였습니다. 지금부터는 이어서 23-28절까지를 말씀드리겠습니다.

그 때에 누가 너희에게 '보아라, 그리스도가 여기 있다' 혹은 '아니, 여기 있다' 하더라도, 믿지 말아라. 거짓 그리스도들과 거짓 예언자들이 일어나, 큰 표적들과 기적들을 행하여 보여서, 할 수만 있으면, 선택받은 사람들까지도 홀릴 것이다. 보아라, 내가 너희에게 미리 말하여 둔다. 그러므로 그들이 너희에게 '보아라, 그리스도가 광야에 있다' 하더라도 너희는 나가지 말고, '그리스도가 골방에 있다' 하더라도 너희는 믿지 말아라. 번개가 동쪽에서 나서 서쪽에까지 번쩍이듯이 인자도 그렇게 올 것이다. 주검이 있는 곳에는 독수리가 모여들 것이다.

22. 이 귀절의 말씀들이 뜻하는 바는 말씀의 속뜻을 제거하고서는 그 누구도 깨닫거나 이해할 수 없습니다. 즉 거짓 그리스도가 일어나 표적들과 기적들을 행할 것이라든지 또 만약 사람들이 광야에 그리스도가 있다고 말하여도 나가지 말며 또 골방에 그리스도가 있다고 해도 그것을 믿지 말라든지, 인자의 옴은 동쪽에서부터 서쪽에 나타나는 빛 같이 온다든지, 또 시체가 있는 곳에 독수리가 모여든다는 말씀 등이 모두가 말씀의 속뜻을 알지 못하고는 그 영의(靈意)를 알 수 없습니다. 앞서 지금까지 설명한 것이나 또 이어서 설명될 이런 일들은 말씀의 겉뜻(文字意·the sense of the letter)에 관해서 보면 그 어떤 아무런 연관이 없는 것 같이 보이지만 그러나 말씀의 속뜻으로 보면 그것들은 모두가 아주 멋진 시리즈로 연결되어 있다는 사실입니다. 그 첫번째가 "거짓 그리스도"가 뜻하는 바를 이해할 때 명백해질 것입니다. 또 "표적들과 기적들" 또는 "광야" "골방" "인자의 강림"(降臨·the Coming of the Son of man) 끝으로 "주검과 독수리"가 뜻하는 속뜻을 이해하면 이것들의 연결이 모두 명쾌해 질 것입니다.

[2] 주님께서 이런 방법으로 말씀하신 이유는 사람들이 말씀을 잘못 깨닫고 말씀을 모독하지 못하게 하기 위한 것입니다. 왜냐하면 교회가 황폐화되었을 때에는, 당시의 유대교회 같이, 사람들은 그것을 이해했으면 그들은 말씀을 더럽혔을 것이기 때문입니다. 이와 똑같은 이유로 해서 주님은 비유로 말씀하시고 또 주님 스스로 비유로 가르치고 있으신 것입니다(마태 13:1-

15 ; 마가 4 : 11, 12 ; 누가 8 : 10 참조). 왜냐하면 그 말씀은 말씀의 신비를 모르는 사람들에 의해서는 더럽혀지지 않기 때문입니다 (301 - 303·593·1008·1010·1059·1327·2051·3398·3402항 참조). 그리고 자기 자신이 무지(無知)하다고 생각하는 사람보다는 스스로 유식하고 학식을 가졌다는 사람들에게 더욱 더 그러합니다.

〔3〕 그러나 말씀의 내적인 것들이 열려 보여졌다는 이유는 현재의 교회가 더 황폐되었다는 것입니다(그것은 곧 믿음과 사랑의 결핍을 뜻한다). 비록 사람들이 알고 또 이해한다고 하더라도 "선택받은 사람"이라고 불리운 선한 삶 안에 있는 극소수의 사람을 제외하고는 아직 그들은 시인하려 들지 않을 뿐더러 더욱이 믿으려고 하지 않기 때문입니다(3398·3399항 참조). 선한 삶 안에 있는 사람들 즉 "선택받은 사람"들은 새로운 가르침을 받았고 또 그들로 하여금 새로운 교회가 세워집니다. 그러나 주님만이 홀로 아시는 바와 같이, 그 교회 안에는 극소수만이 존재할 뿐인데, 즉 앞서의 여러 새로운 교회들이 세워진 것 같이 이 방인들 가운데 있을 뿐입니다(2986항 참조).

23. 마태복음서 24장의 앞서의 귀절의 해설에서 교회의 계속적인 황폐에 관해서 설명한 바와 같이 즉 처음에는 선과 진리가 무엇인지 모르기 시작하고 다음에는 이것들에 관해서 분쟁과 투론을 일삼게 됩니다. 그 다음에는 선과 진리를 경멸(輕蔑·despise)하고 다음에는 그것들을 거부하고 시인하지 않으며 종국에는 선과 진리를 신성모독하는 것입니다(3754항 참조). 여기서 언급하고자 하는 주제는 이와 같은 때에 이른 교회의 질(質), 일반적으로 교리에 대해서나 또는 겉으로는 거룩한 예배에 참여하지만 내면적 예배에 있어서는 더럽혀진 예배에 있는 사람들 다시 말하면 거룩한 고백(holy reverence)도 단순히 입술로만 고백하고

마음 속에서는 자신과 세상적인 것만을 고백하는 다시 말하면 주님을 예배하는 것은 영예나 재물을 얻는 수단으로 여기는 사람들로 이루어진 교회의 상태를 다루고자 합니다. 이와 같은 부류의 사람들이 주님과 하늘나라의 삶이나 믿음을 시인하는 것만큼, 그들은 주님·하늘나라의 삶·믿음 등을 모독하는 것입니다. 또 그렇게 할 때 그들의 성품도 그렇게 변질되게 됩니다. 교회의 이런 상태가 언급되겠는데, 위에 인용한 주님의 말씀과 또 아래에 계속해서 인용될 말씀의 속뜻에서 잘 알 수 있을 것입니다.

24. 그 때에 누가 너희에게 '보아라, 그리스도가 여기 있다' 혹은 '아니, 여기 있다' 하더라도 믿지 말아라(23절).
이 말씀은 그들의 교리에 관해서 알고 있는 것에 대한 권고(勸告·exhortation)을 뜻합니다. "그리스도"는 신령진리(神靈眞理·Divine truth)로서의 주님입니다. 따라서 여기서는 말씀(聖言·the Word) 또는 말씀에서 온 교리를 뜻합니다. 그러나 이 귀절의 말씀은 그 반대의 뜻을 가리키는데 즉 거짓으로 바꾸어 놓은 신령진리 또는 거짓교리를 뜻합니다("예수"는 신령선(神靈善·Divine good)을, "그리스도"는 신령진리를 뜻하는 것은 3004·3005·3008·3009항 참조).

[2] 거짓 그리스도들과 거짓 예언자들이 일어나 …
이 말씀은 그 교회의 교리의 거짓을 뜻합니다. "거짓 그리스도"는 위화(僞化·falsified)된 말씀에서 비롯되는 교리적인 것들이나 신령하지 못한 진리들을 가리킨다는 것은 앞서 말씀드린 것에서 밝히 알 수 있습니다(3010·3732항 참조). "거짓 예언자"는 거짓을 가르치는 사람들 전부를 뜻합니다(2534항 참조). 기독교계에서 거짓(=非眞理)을 가르치는 사람들은 특별히 그들의 궁극적 목적이 자신의 지위(地位·eminence)와 세상적인 부(富)를 얻으려는 사람들을 가리킵니다. 왜냐하면 그들은 그들 자신의 영

달(榮達·favor)을 위해서 말씀의 진리를 왜곡하기 때문입니다. 또 그들은 자아애와 세간애가 그 궁극적 목적이기 때문에 이런 것들 외에는 아무것도 생각하지 않기 때문입니다. 이들이 바로 "거짓 그리스도"와 "거짓 예언자"입니다.

[3] (그들은) 큰 표적들과 기적들을 행하여 보여서 …
이 말씀은 외형적인 겉모양에 의한 확신이나 설득 또는 거짓에 의한 확신 등을 뜻합니다. 이런 것들은 자신을 잘못된 길로 인도하게 합니다. "표적과 기적을 보여준다"는 것은 여러 곳에서 말씀드린 주님의 신령자비에 속한 것들을 가리킵니다.

[4] 할 수만 있으면, 선택받은 사람들까지도 홀릴 것이다.
이 말씀은 선과 진리의 삶 안에 있는 사람, 따라서 주님과 같이 하는 사람을 뜻합니다. 이런 사람들이 성경말씀에서 "선택받았다"고 불리워지는 사람들입니다. 거룩한 것으로 거짓 예배를 가리우는 사람들 중에는, 좀 처럼 나타나지 않지만, 혹 나타나 보인다고 하더라도 그들을 잘 알 수 없습니다. 왜냐하면 주님께서 그들을 숨기우고 있기 때문입니다. 이렇게 해서 주님은 그들을 보호하십니다. 왜냐하면 그들 자신이 확인하기 전에는 그들 스스로 외적인 의무감에 의해 인도되도록 허용하지만 그러나 그들이 확인된 뒤에는 그들은 확실히 주님에 의해서 천사들의 무리에 머물게 됩니다. 사악한 무리에 의해서 잘못된 길로 간다는 것은 그 때에는 불가능합니다.

[5] 보아라, 내가 너희에게 미리 말하여 둔다.
이 귀절의 말씀은 조심 또는 경계를 위한 훈계의 말씀입니다. 왜냐하면 그들은 거짓 예언자들로 둘러싸여 있는데 거짓 예언자들은 겉으로는 양의 가죽을 썼으나 속은 약탈하는 이리와 같기 때문입니다(마태 7:15 참조). "거짓 예언자들"은 이 세대의 아들들(the sons of the age)로 그들은 빛의 아들들 보다는 당대에는 더 꽤가 많음(이 말은 보다 더 간교함을 뜻함)을 가리킵니다

(누가 16 : 8 참조). 주님께서 그들에게 경계하신 말씀에서 그 이유를 또한 찾을 수 있습니다. "보아라, 내가 너희를 내보내는 것이 마치 양을 이리 떼 가운데로 보내는 것과 같다. 그러므로 너희는 뱀과 같이 슬기롭고, 비둘기와 같이 순진하게 되어라." (마태 10 : 16).

〔6〕 그러므로 그들이 너희에게 '보아라, 그리스도가 광야에 있다' 하더라도 너희는 나가지 말고 '그리스도가 골방에 있다' 하더라도 너희는 믿지 말아라(26절).
이 말씀은 그들이 진리에 관해서 또 선에 관해서 그리고 다른 여러가지 말을 할 것이지만 믿을 것이 되지 못한다는 뜻입니다. 이 말씀이 뜻하는 바는 말씀의 속뜻을 알지 못하는 사람은 그 누구도 깨닫고 이해할 수 없음을 가리키는 것입니다. 말씀 안에 감추어진 비밀(祕密·mystery)은 주님께서 그들에게 말씀하신 사실에서 알 수 있으며 또 말씀에 숨겨진 속뜻 없이는 아무런 값(意味)이 되지 못합니다. 다시 말하면, 만약 그들이 그리스도가 광야에 있다고 말해도 그들은 광야에 나가지 않을 것입니다. 또 주님께서 골방에 있다고 말해도 사람들은 그 말을 믿지 않을 것입니다. 그것은 "광야"가 변절된 진리를 뜻하기 때문이고 "골방"은 변절된 선이나 또는 감추어진 비밀을 뜻하기 때문입니다. "광야"가 변절된 진리를 뜻하는 이유는 교회가 황폐해졌기 때문입니다(즉 그 교회에는 이미 신령진리가 없기 때문에 선 또한 없으며, 더 나아가 주님을 사랑하는 주님사랑도, 이웃을 사랑하는 인애도 없기 때문이다). 그래서 "광야"다 또는 "광야에 있다"고 말씀한 것입니다. 왜냐하면 "광야" "들판"(wilderness)은 개간하지 않은, 또는 사람이 살지 않는다는 뜻이기 때문입니다(2708항 참조). 또한 삶(生命·life)이 없음을 뜻합니다(1927항 참조). 따라서 교회의 진리도 마찬가지 입니다. 이 말씀의 "광야"는 바로 교회에 진리가 전혀 없음을 보여 주는 것입니다.

〔7〕 그러나 "골방" 또는 벽감(壁減·secret recess)이 속뜻으로는 선에 관해서 교회를 뜻합니다. 선 안에 있는 교회를 "하나님의 집"(the house of God)이라고 합니다. "골방" 또는 그 집 안에 있는 것들은 선을 가리킵니다["하나님의 집"이 신령선을 뜻하는 것은 "집"이 일반적으로 사랑의 선 또는 인애의 선을 뜻하기 때문이다(2233·2234·2559·3142·3652·3720항 참조)]. 사람들이 진리와 선에 관해서 말해도 믿지 않으려는 이유는 그들이 거짓 진리, 또는 잘못된 선(evil good)이라고 일컫기 때문입니다. 왜냐하면 그들은 자기자신이나 세상적인 것만이 그들의 궁극적 목적으로 생각하기 때문에 그들은 그들 자신이 존경받거나 또는 어떤 이익이 되는 것 이외에는 그 어떤 진리도 선도 이해할 수 없기 때문입니다. 만약 그들이 어떤 경건한 신앙심을 풍긴다면 그것은 바로 양의 가죽을 쓴 것으로 나타날 것입니다.

〔8〕 더욱이 주님께서 친히 말씀하신 말씀은 그 말씀 안에 헤아릴 수 없는 많은 뜻을 내포하고 있습니다. "광야" 또는 "빈들"은 광의(廣義)의 뜻을 지닌 단어입니다. 왜냐하면 "빈들"이라고 부르는 것들은 모두가 개간되지 않거나 사람이 살지 않는 것을 뜻하고, 내적인 것들은 "골방"이라고 불리우기 때문입니다. 그러므로 "광야"는 구약(舊約)의 말씀을 뜻하고 또 율례(律例)를 폐기하였다(as abrogated)는 의미에서 "골방"은 신약의 말씀을 뜻합니다. 그 이유는 신약의 말씀은 내적인 것을 가르치고 또 속사람에 관한 것이기 때문입니다. 그래서 전(全) 말씀을 "광야"라고도 지칭하는데 그 이유는 교리적인 것을 위해 더 이상 제공하는 것이 없기 때문입니다. 그리고 인간적 규례(human institution)를 "골방"이라고 지칭하는데 그 이유는 그런 것들이 성경말씀의 교훈(教訓·precept)과 규례에서 비롯되었고 또 성경말씀을 "광야"로 만들었기 때문입니다. 이런 사실은 전기독교계에 잘 알려져 있습니다. 왜냐하면 그들이 비록 내면적으로는 위

화된 예배의 상태에 있기는 하지만 겉모양은 거룩한 예배의 상태에 있기 때문입니다. 새로운 변혁(innovation)의 목적은 말씀을 폐기할 궁극적인 관점에서 자기 자신들의 뽐 냄(pre-eminence)이나 부유(富裕·opulence)를 목표로 삼고 있습니다. 이러한 바람에 비례한 만큼 성경말씀을 읽는다는 것은 허락되지 않았습니다. 비록 그들이 위화된 예배 안에 있지만 말씀을 거룩하게 간직한 사람들에게는 말씀이 읽혀지도록 허락되었습니다. 그러나 그렇다 하더라도 그들은 그들 자신의 교리적인 것들에 의존하여 말씀 안에 내포한 것들에 관해서 설명할 수는 없었습니다. 그것들은 말씀 안에 존재하는 바 숨겨진 잔여(殘餘·the rest of what is in the Word)의 원인인데, 그것은 그들의 교리에 의존하지 않은 것 즉 "광야"인 것입니다. 이러한 사실은 구원은 믿음 홀로에 있는 것으로 여겨 인애의 선행(work of charity)을 업신 여기는 사람들의 이같은 많은 경우에서 확실히 알 수 있습니다. 주님께서 친히 사랑과 인애에 관해서 신약성경에 말씀하신 모든 것을, 그것은 구약에서도 수없이 언급된 것인데, 그들은 그것을 하나의 "광야"로 만들었습니다. 선행이 없는 믿음에 속한 모든 것들을 그들은 "골방"으로 만들었습니다. 이러한 것들은 바로 이 말씀이 뜻하는 바에서 잘 알 수 있습니다. 즉 "그들이 너희에게 '보아라, 그리스도가 광야에 있다' 하더라도 너희는 나가지 말고, '그리스도가 골방에 있다' 하더라도 너희는 믿지 말아라"는 말씀입니다.

〔9〕 번개가 동쪽에서 나서, 서쪽에까지 번쩍이듯이 인자도 그렇게 올 것이다.

이 말씀이 뜻하는 것은 번개가 흐리 멍청한 것을 즉시 지워 없애 버리는 것과 같이, 주님이 내적 예배와 함께 하심을 뜻하는 것입니다. 왜냐하면 "번쩍임"은 하늘나라의 빛에 속한 것을 뜻하고 따라서 그것은 사랑과 믿음에 속한 것을 설파하는 것이기 때문입니다. 그 이유는 이런 것들— 사랑과 믿음— 은 하늘 나라의 빛에 속한 것이기 때문이지요. 최상급의 뜻으로 "동쪽"은 주님을, 속뜻으로는 사랑의 선 또는 인애에 속한 선이나 주님에게서 비롯된 믿음에 속한 선을 뜻합니다(101·1250·3249항 참조). 그러나 속뜻으로 "서쪽"은 해가 지는 것 또는 멈추는 것을 뜻합니다. 따라서 서쪽은 주님에 대한 시인(是認·acknowledgement)이 없을 뿐만 아니라 사랑에 속한 선이나 또는 인애나 믿음의 선도 전혀 없음을 뜻합니다. 그래서 동쪽에서부터 발원한 번개가 서쪽에 번쩍인다는 말씀은 "흩어져 살아짐"(dissipation)을 뜻합니다. 주님의 오심 즉, 주님께서 세상에 다시 출현하시는 일은 글자(文字)에 따른 것이 아니라 모든 사람의 마음 속에 있는 주님의 현존(顯存·His presence)을 뜻합니다. 이것은 복음이 전파되고 또 그 거룩함이 받아드려질 때에 있어질 것입니다.

[10] 주검이 있는 곳에는 독수리가 모여들 것이다.

이 말씀은 추론(推論·reasoning)에 의해서 확인된 거짓이 황폐한 교회에 더욱 증폭하게 될 것임을 뜻합니다. 교회가 전혀 선이 없을 때 따라서 믿음의 진리가 존재하지 않을 때(그것은 바로 교회가 황폐한 것임을 드러내는 것임)를 가리켜 "죽었다"라고 말하는데 그 이유는 교회의 생명은 선과 진리에서 비롯되기 때문입니다. 따라서 교회의 죽은 상태를 "주검"과 비견하였습니다. 선과 진리의 추론은 바로 "독수리"가 뜻하는 바 악과 거짓에 대한 그들의 확신을 뜻한다는 것은 다음에 인용되는 성경귀절에서 명확히 알 수 있습니다. 그들이 이해한다고 하는 것은 모두가 이런 류의 확신에 불과합니다. 여기의 "주검"은 인애와 믿음의 생명이 없는 교회를 뜻하는데 이것은 주님께서 시대의 종말에 관해서 누가복음서에서 말씀하신 주님의 말씀에서 알 수 있습니다.

제자들이 예수께 말하였다. "주님, 어디에서 그런 일이 일어나겠습니까?" 예수께서 그들에게 말씀하셨다. "주검(육신)이 있는 곳에는 독수리가 모여드는 법이다"(누가 17:37).

이 말씀의 "육체"(肉體·body)는 "주검"(屍體)을 대신한 것인데 그 이유는 그 육신이 죽은 몸을 뜻하기 때문입니다. 그것은 바로 교회의 상태를 뜻합니다. 즉 최후심판(最後審判)은 하나님의 집 또는 교회에서부터 시작된다는 것은 성경말씀에 기술된 수많은 귀절에서 명확히 알 수 있습니다. 이것은 주님의 말씀이 뜻하는 바 속뜻에서 밝히 인증되고 밝혀지기도 합니다. 비록 겉뜻(文字意)으로는 나타나지 않지만 그런 것이 아주 훌륭한 시리즈(a most beautiful series) 안에 내포되어 있다는 것은 설명된 것에 따라서 그런 사실들을 연계하여 곰곰히 생각하는 사람들에게는 매우 명료한 일이라고 하겠습니다.

25. 교회의 마지막 상태가 "주검" 또는 "육체"가 있는 곳에 모여드는 "독수리"로 비유한 이유는 "독수리"가 사람의 추리적 사물(推理的 事物·rational thing)을 뜻하기 때문입니다. 그것들이 선에 근거한 것이면 올바른 추리적 사물이지만 악에 근거한 것이면 그것은 거짓된 추리적 사물 또는 추론(推論·reasoning)이라고 하겠습니다. "새"(bird)가 일반적으로, 좋은 뜻이든 또는 반대의 뜻이든, 사람의 사상(man's thought)을 뜻합니다(40·745·776·866·991·3219항 참조). 그리고 각종의 여러 조류 또한 나름대로의 특정의 의미를 가지고 있습니다. "독수리"는 높이 비상(飛翔)하며 또 예리한 시력을 가지고 있기 때문에 그것들은 추리(推理·rational)을 뜻합니다. 이러한 예는 성경말씀의 많은 귀절에서 쉽게 찾을 수 있고 또 확인할 수 있는데 다음의 인용 귀절로 입증되겠습니다. 그 첫째는 "독수리"가 올바른 합리적 추론을 뜻하는 것인데 모세의 글에 기술된 것을 보겠습

니다.

> 주께서 광야에서 야곱을 찾으셨고,
> 짐승의 울음소리만 들려 오는 황야에서
> 그를 만나, 감싸 주고, 보호하고,
> 당신의 눈동자처럼 지켜 주셨다.
> 마치 독수리가 그 보금자리를 뒤흔들고
> 새끼들 위에서 퍼덕이며
> 날개를 펴서 새끼를 받아
> 그 날개 위에 업어 나르듯이.
> (신명기 32 : 10, 11)

여기에 기술된 내용은 믿음의 진리와 선에 관한 가르침(institution)인데 그것은 "독수리"에 비유되었습니다. 사람이 이성적이고 영적인 것으로 성장하기까지의 바로 그 성장과정이 설명(description)과 비유(comparison) 안에 내포되어 있습니다. 성경말씀의 비유들은 의미심장(意味深長)한 표의적 방법을 망라하고 있습니다. 즉 여기서는 바로 "독수리"인데 이것은 추론을 뜻합니다.

〔2〕 모세의 글에서 하나님께서 모세에게 하신 말씀은 ─.

> 모세가 산으로 올라가 하나님께로 가니, 주께서 산에서 그를 불러서 말씀하셨다. "너는 야곱 가문에게 이렇게 말하여라. 이스라엘 자손에게 이렇게 일러주어라. '너희는, 내가 이집트 사람에게 한 것을 보았고, 또 어미 독수리가 그 날개로 새끼를 업어 나르듯이, 내가 너희를 인도하여 나에게로 데려온 것도 보았다'"
> (출애굽기 19 : 3, 4)

같은 뜻으로 이사야서에는 ─.

> 오직 주를 소망으로 삼는 사람은
> 새 힘을 얻으리니,

독수리가 날개를 치며 솟아오르듯
올라갈 것이요,
뛰어도 지치지 않으며,
걸어도 피곤치 않을 것이다.
(이사야 40 : 31)

"새 힘을 얻는다"는 말씀은 선행의 소원(所願·the willing of good)에 관한 성장을 뜻하고 "독수리가 날개를 치며 솟아오르듯"이란 말씀은 진리의 이해 즉 추론에 관한 성장을 가리킵니다. 이 말씀의 주 내용은 두 가지로 표현, 설명되고 있습니다. 그 하나는 선은 의지(意志·will)에 속한 것이고 다른 하나 진리는 이해(理解·understanding)에 속한 것이라는 설명입니다. 이 같은 똑같은 표현으로 "뛰어도 지치지 않으며 걸어도 피곤치 않을 것이다"라고 했습니다.

〔3〕에스겔 선지서에는 —.

사람아, 너는 이스라엘 족속에게 수수께끼를 내고, 비유를 들어 말하여라. 너는 그들에게 말하여라. '나 주 하나님이 말한다. 큰 독수리 한 마리가 레바논으로 갔다.
큰 날개, 긴 깃,
알록달록한 깃털을 가진 그 독수리는 백향목 끝에 돋은 순을 땄다.
독수리는 그 연한 햇순을 잘라서, 상인들의 성읍에 놓아 두었다.
그리고 그 땅에서 난 씨앗을 가져다가,
옥토에 심었다.
시냇가에다가 버드나무를 심듯,
물이 많은 시냇가에 그 씨앗을 심었다.
그 씨앗은 싹이 나고,
낮게 퍼지며 자라서,
무성한 포도나무가 되었다.
그 가지들은 독수리에게로 뻗어 올라갔고,
그 뿌리는 땅에 박고 있었다.

그 씨가 포도나무가 되어,
가지를 내뻗고, 덩굴손을 뻗쳤다.
다른 큰 독수리 한 마리가 나타났다.
날개가 크고 깃이 많은 독수리다.
그런데 보아라,
이 포도나무가 뿌리를
그 독수리에게로 뻗고
가지도
그 독수리에게로 뻗는 것이 아닌가!
이 포도나무는
새로 나타난 그 독수리를 보고
옥토에서 멀리 떨어진 곳에
물을 대달라고 하였다.
그 포도나무를 옥토, 곧
물이 많은 곳에 심은 것은
가지를 뻗고 열매를 맺어서,
아름다운 포도나무가 되도록 한 것인데, 이 모양이 되고 말았다.'
그러므로 너는 그들에게 전하여라.
'나 주 하나님이 말한다.
그 포도나무가 무성해질 수 있겠느냐?
그 뿌리가 뽑히지 않겠느냐?
그 열매가 떨어지거나,
그 새싹이 말라 죽지 않겠느냐?
그 뿌리를 뽑아 버리는 데는,
큰 힘이나 많은 군대를
동원하지 않아도 될 것이다.'
그런데도 그는 바빌로니아 왕에게 반역하여, 이집트로 사람을 보내서, 자기에게 많은 군마와 군인을 파견해 달라고 요청하였다. 그가 성공할 수 있겠느냐? 그런 일을 한 사람이 죽음을 피할 수 있겠느냐? 언약을 어긴 사람이 죽음을 피할 수 있겠느냐?
(에스겔 17 : 2−9, 15)

첫번에 등장하는 "독수리"는 신령에 조요된(照耀·enlightened) 추론을 뜻하고 두번째 서술된 "독수리"는 사람의 본성(本性·man's own)에서 비롯된 추론을 뜻합니다. 그뒤 그것들은 감관적인 것들과 기억지에서부터 추론을 거쳐 변절되게 되었습니다 ("이집트"가 기억지(記憶知·memory knowledge)를 뜻하는 것은 1164·1165·1186·1462항 참조. "말"(馬)이 기억지에서 비롯한 총명을 뜻함은 2761·2762·3217항 참조).
〔4〕 다니엘서에서는ㅡ.

〔다니엘의 환상〕: 바다에서 모양이 서로 다르게 생긴 큰 짐승 네 마리가 올라왔다. 첫째 짐승은 사자와 같이 보였으나 독수리의 날개를 가지고 있었다. 내가 살펴보고 있는 동안, 그 날개들이 뽑혔다. 그 짐승은 몸을 일으키더니, 사람처럼 발을 땅에 디디고 섰는데, 사람의 마음까지 지니고 있었다.
(다니엘 7 : 3, 4)

여기의 말씀에서도 "독수리의 날개를 가진 사자"로 교회의 첫 상태를 기술하고 있습니다. "독수리의 날개"는 사람의 본성에서 비롯된 추론적인 것들을 가리키고, 주님으로부터 주어졌던 추론과 자의적(自意的·voluntary)인 것들이 소실(消失·take away)되었다는 것을 "그 짐승은 몸을 일으키더니 사람처럼 발을 땅에 디디고 섰는데 사람의 마음까지 지니고 있었다"라는 것으로 기술하였습니다.
〔5〕 에스겔 선지서에도 네 생물의 얼굴 또는 그룹의 얼굴을 똑같이 기술하고 있습니다.

그 네 생물의 얼굴 모양은, 제각기, 앞쪽은 사람의 얼굴이요, 오른쪽은 사자의 얼굴이요, 왼쪽은 황소의 얼굴이요, 뒤쪽은 독수리의 얼굴이었다.(에스겔 1 : 10)
내가 들으니, 그 바퀴들의 이름은 '도는 것'이라고 하였다. 그룹마다 얼굴이 넷이 있는데, 첫째는 그룹의 얼굴이요, 둘째는 사람의 얼굴이요, 셋째는 사자의 얼굴이요, 넷째는 독수리의 얼굴이었다.
(에스겔 10 : 13, 14)

요한의 묵시록에는 ─ .

보좌 앞은 마치 유리 바다와 같았으며 수정을 깔아 놓은 듯하였습니다. 그리고 그 보좌 가운데와 그 둘레에는, 앞 뒤에 눈이 가득 달린 네 생물이 있었습니다. 첫째 생물은 사자와 같이 생기고, 둘째 생물은 송아지와 같이 생기고, 셋째 생물은 얼굴이 사람과 같이 생기고, 넷째 생물은 날아 가는 독수리와 같이 생겼습니다.
(묵시록 4 : 6, 7)

이 말씀에 나오는 생물들이 앞서서 살핀 바와 같이 주님의 신령한 비의(秘義·arcana)을 뜻한다는 것을 확실히 알 수 있습니다. 따라서 "그들의 얼굴이 같다"라고 한 것입니다. 그러나 "사자" "소" "사람" "독수리"가 뜻하는 바 내적인 뜻을 모르면 이들 각각의 특수적 또는 개별적 비의는 이해할 수 없습니다. "독수리의 얼굴"이 신중성(愼重性·circumspection)을 가리키므로 이것은 바로 섭리(攝理·providence)를 표징합니다. 왜냐하면 에스겔서에 기술된 생물들이 표징하는 그룹(cherub)은 사람들이 자기 자신이나 또는 자기 자아에서 비롯된 믿음의 신비에 빠지지 않을까 염려하는 주님의 섭리(providence of the Lord)를 뜻하기 때문입니다(308항 참조). "독수리"는 사람의 속성을 나타낼 때에, 속뜻으로는 합리성(合理性)을 뜻합니다. 그 이유는 독수리가 하늘 높이 비상하며 그 아래 펼쳐지는 사물들을 그 위에서 볼 수 있기 때문입니다.

〔6〕욥기에는 ─ .

매가 높이 솟아올라서

> 남쪽으로 날개를 펴고 날아가는 것이
> 네게서 배운 것이냐?
> 독수리가 하늘 높이 떠서,
> 높은 곳에 보금자리를 만드는 것이
> 네 명령을 따른 것이냐?
> (욥기 39 : 26, 27)

이 귀절의 말씀에서 "독수리"는 추론(推論·reason)을 뜻하는데 그것은 바로 총명에 속한 것임이 명백합니다. 이것이 바로 태고교회(太古敎會·the most ancient church)에서 "독수리"가 뜻하는 바였습니다. 왜냐하면 욥기는 태고교회의 한 성경책이었기 때문입니다(3540항 참조). 태고교회 시대의 대부분의 성경책이 표의적(表意的·significatives)으로 기술되었습니다. 그러나 시간이 경과되면서 그 표의적 내용은 완전히 잊혀지게 되면서 "새들"이 일반적으로 사상(思想·thought)을 뜻한다는 것을 거의 모르게 되었습니다. 그리고 그저 단순히 어떤 의미를 지니고 있는 아주 얄팍한 내용으로만 이해되었을 뿐입니다.

〔7〕 반대적인 뜻으로 "독수리"는 진리가 아닌 거짓의 추론적인 것들을 뜻하는데 다음의 인용 귀절에서 잘 알 수 있습니다. 모세의 글에는—.

> 주께서 땅 끝 먼 곳에서 한 민족을 보내셔서, 독수리처럼 너희를 덮치게 하실 것이다. 그들은 너희가 모르는 말을 쓰는 민족이다. 그들은 생김새가 흉악한 민족이며, 노인을 우대하지도 않고, 어린 아이를 불쌍히 여기지도 않는다.
> (신명기 28 : 49, 50)

예레미야 선지의 글에는—.

> 적군이 먹구름이 밀려오듯 몰려오고,
> 그 병거들은 회오리 바람처럼 밀려오며,

> 그 군마들은
> 독수리보다도 더 빨리 달여온다.
> (예레미야 4 : 13)

같은 책에 ―.

> 네가 바위 틈 속에 자리잡고 살며,
> 산꼭대기를 차지하고 산다고,
> 누구나 너를 무서워한다고
> 생각하지 말아라.
> 그러한 너의 교만은
> 너 스스로를 속일 뿐이다.
> 네가 아무리 독수리처럼 높은 곳에
> 네 보금자리를 만들어 놓아도,
> 내가 너를 거기에서 끌어내리겠다.
> 나 주의 말이다.
> 보아라, 적이 독수리처럼 날아와서,
> 보스라 위에 두 날개를 펼칠 것이니
> 그 날에는 에돔 용사들의 마음이
> 해산하는 여인의 마음과 같이
> 공포에 사로잡힐 것이다.
> (예레미야 49 : 16, 22)

또 같은 선지자의 글에 ―.

> 우리를 쫓는 자들은
> 하늘의 독수리보다도 빨라,
> 산 속까지 우리를 쫓아오며,
> 사막에 숨어서 우리를 노린다.
> (예레미야 애가 4 : 19)

미가 선지서에는 ―.

> 너희는 사랑하는 아들 딸을 생각하며,
> 머리를 밀고 애곡하여라.
> 머리를 밀어 독수리처럼 대머리가 되어라.
> 너희의 아들 딸들이 너희의 품을 떠나서,
> 사로잡혀 갈 것이다.
> (미가 1 : 16)

오바댜서에는 —.

> 네가 독수리처럼
> 높은 곳에 보금자리를 꾸민다 하여도,
> 네가 별들 사이에 둥지를 튼다 하여도,
> 내가 너를 거기에서 끌어내리고야 말겠다.
> 나 주의 말이다.
> (오바댜 1 : 4)

하바국서에는 —.

> 이제 내가 갈대아 사람을 일으키겠다.
> 그들은 사납고 성급한 민족이어서,
> 천하를 주름잡고 돌아다니며,
> 남들이 사는 곳을
> 제 것처럼 차지할 것이다.
> 그들이 부리는 말은 표범보다 날쌔고,
> 해거름에 나타나는 굶주린 늑대보다도 사납다.
> 그들의 기병은 쏜살 같이 달린다.
> 먼 곳에서 그렇게 달려온다.
> 먹이를 덮치는 독수리처럼
> 날쌔게 날아온다.
> (하박국 1 : 6, 8)

〔8〕 이들 인용 성경귀절에서 "독수리"는 추론에서 비롯된 거

짓을 뜻합니다. 그것은 감관적인 허위(虛僞·fallacy)나 외모(外貌·external appearance)에서 비롯된 것입니다. 마지막에 인용된 선지서에 나오는 갈대아 사람은 꾸밈새는 거룩한 것 같지만 내면적으로는 거짓에 빠져 있는 사람들을 가리키는데 이것은 앞서에서 살핀 바 있습니다(1368항 참조). 또 교회를 황폐하게 만든 사람이 바로 "바빌론"이라는 것(1327항 참조) 그리고 천하(=땅의 넓은 곳·the breadth of the land)가 진리를 뜻한다는 것(3433·3434항 참조)은 앞서 상술하였습니다. 황폐(荒廢·vastation)는 "천하를 주름 잡고 돌아다닌다"는 말이 뜻하는 것입니다. 그들의 "말"(馬)이 그들의 총명을 뜻함도 역시 앞서에서 설명하였습니다(2761·2762·3217항 참조). "먹이를 덮치는 독수리"가 뜻하는 바는, 앞서에서 설명한 것에서 알 수 있듯이, 진리에 관한 사람의 폐허(廢墟·desolation)를 뜻하는데 그 이유는 교회의 황폐를 언급하고 있기 때문입니다. 여기에 기술된 독수리들은 앞서 말한 바와 같이 모두가 비유로 쓰여졌는데 성경 말씀에서의 비유는 매우 심오한 기술기법입니다. 이런 모든 것에서 볼 때 우리는 "주검이 있는 곳에 독수리가 모여들 것이다"는 비유가 뜻하는 바를 잘 이해할 수 있을 것입니다.

26. 창세기 26－30장 영해(arcana celestia)에서 매장의 상술에 앞서 시대의 종말 또는 최후심판에 관해서 주님께서 친히 말씀하신 마태복음 24장 3－28절까지의 내용을 지금까지 말씀드렸습니다. 이어서 그 뒷부분에 관해서 말씀드리고자 합니다. 우선 29－31절의 말씀을 읽어 보겠습니다.

그 환난의 날들이 지난 뒤에,
곧 해는 어두워지고
달은 빛을 내지 않고,
별들은 하늘에서 떨어지고,

하늘의 세력들은 흔들릴 것이다.

그 때에 인자가 올 징조가 하늘에서 나타날 터인데, 그 때에는 땅에 있는 모든 민족이 가슴을 치며, 인자가 큰 권능과 영광으로 하늘구름을 타고 오는 것을 볼 것이다. 그리고 그는 자기 천사들을 큰 나팔 소리와 함께 보낼 것인데, 그들은 하늘 이 끝에서 저 끝까지, 사방에서 선택된 사람들을 모을 것이다.
(마태 24 : 29-31)

27. "시대의 종말" 또는 "최후심판"은, 앞서 설명한 바 있듯이 바로 교회의 마지막 기간을 가리킵니다. 교회의 마지막 기간은 그 교회에 어떤 인애(仁愛)도 믿음도 더 이상 없는 상태를 일컫는 말입니다. 즉 앞서 살펴 보았듯이 이같은 종말은 과거 여러번 있었습니다. 첫번째 교회의 종말은 홍수로 기술되었고 두번째 교회의 종말은 가나안 땅에 있었던 민족의 멸절(滅絶·extirpation) 즉 선지서에 자주 기술된 바 있는 멸절로 기술되었습니다. 세번째 교회의 종말은 성경말씀에는 기술되어 있지 않지만 그러나 예언되었습니다. 즉 그것은 바로 예루살렘의 파멸(破滅·the destruction)과 유대민족의 분산(分散·dispersion)인데 이것은 바로 교회를 뜻하며 전 세상을 가리킵니다. 네번째 교회의 종말은 현대 기독교회에 관한 것인데 복음서에서 주님께서 예언하셨고 또 묵시록에서 요한 사도에 의해서 예언되었습니다. 지금이 바로 그 때*입니다.

28. 마태복음 24장에 기술된 앞서의 설명된 귀절에서는 계속되는 교회의 황폐과정에 관해서 설명하였습니다. 즉 그 처음 상태는 교회가 선과 진리가 무엇인지에 관해서 모르기 시작하면서, 그것들에 관해서 자중지란적인 투론하는 상태입니다. 다음 상태

─────────────
*이 때는 1752년으로 교회의 최후심판이 있기 5년 전입니다.

는 교회가 선과 진리에 대해서 경멸(輕蔑·contempt)하는 상태이고 세번째는 속 심중으로부터 선과 진리를 받아드리지 않는 상태입니다. 그리고 네번째 상태는 선과 진리에 대한 신성모독(神聖冒瀆·profane)하는 상태를 가리킵니다. 이러한 각각의 상태를 3절부터 22절에서 상술하였습니다. 그리고 믿음의 진리와 인애의 선이 아직 깊은 곳에 남아 있을 때(성경에서는 이것을 가리켜 "선택되었다"고 일컬었음) 그 시기의 믿음의 진리의 상태의 질(質·quality)에 관해서 23절부터 28절에서 상술하였습니다. 뒤이어지는 귀절들은, 지금 설명하려고 하는데, 인애와 사랑에 속한 선의 상태에 관한 것입니다. 이것이 사실은 새로운 교회의 시작이기도 합니다.

29. 이들 귀절이 내포하고 있는 개별적인 것에서부터 우리는 그 것이 모두 속뜻(內意·an internal sense)을 가지고 있다는 것을 명백히 알 수 있습니다. 뿐만 아니라 이 속뜻의 깨달음 없이는 이 귀절의 개별적인 것들이 내포하고 있는 것들을 깨닫고 이해한다는 것이 불가능하다는 것까지도 자명합니다. 즉 해가 어두워진다든지, 달이 빛을 잃는다든지, 별이 하늘에서 떨어지고 하늘의 권능이 흔들린다는 것 또는 그렇게 되면 주님께서 하늘의 구름 사이에 나타나며, 그의 천사들이 나팔을 불 것이라든지 또 주님의 선민(選民·His elect)이 모여든다는 등의 말씀들이 뜻하는 바를 잘 알 수 없다는 것입니다. 말씀의 속뜻을 모르는 사람들은 이런 일이 장차 일어날 것으로 믿든가 아니면 우리가 눈으로 보는 삼라만상(森羅萬象)에 있는 모든 것과 같이 세상이 멸망할 것으로 믿고 있습니다. 최후심판은 이 세상의 그 어떤 파멸을 뜻하는 것이 아니라 인애와 믿음에 관한 교회의 종말(終末) 또는 교회의 황폐(荒廢·vastation of the church)를 뜻함은 앞서 3353항*

---

* 제3부 1항.

에서 살펴보았습니다. 이러한 것은 마태복음 24장의 다음 귀절에서 비추어 보아서도 잘 알 수 있습니다.

> 그 때에 두 사람이 밭에 있을 터이나 하나는 데려가고 하나는 버려 둘 것이다. 두 여자가 맷돌을 갈고 있을 터이나 하나는 데려가고 하나는 버려 둘 것이다.
> (마태 24 : 40, 41)

30. 그러므로 인용된 귀절 말씀이 뜻하는 바가 선(그것은 바로 주님사랑과 이웃을 위한 인애를 뜻함)에 관한 그 당시의 교회의 상태를 뜻한다는 것은 그 귀절의 낱말들이 갖는 속뜻에서 명백히 알 수 있습니다.

그 환난의 날들이 지난 뒤에 …
이 말씀은 믿음의 진리(앞에서 이것에 관한 것을 설명하였음)에 관한 교회의 상태를 뜻합니다. 성경말씀 여러 곳에 기술된 환난(患難·affliction)은 진리의 폐허(廢墟·desolation)를 가리키는 말씀입니다(즉 "날들"(days)이 상태를 뜻한다는 것은 앞서의 23·487·488·493·893·2788·3462·3785항에서 설명한 바와 같다). 이와 같이 볼 때에 이들 말씀이 뜻하는 것은 이미 그 어떤 믿음도 없게 된 뒤 인애 또한 존재하지 않게 될 것을 뜻한다는 것을 명확히 알 수 있습니다. 왜냐하면 믿음은 인애에로 인도되기 때문인데 그 이유는 믿음이 인애가 무엇인지를 가르치고 또 인애는 믿음에 속한 진리에 의해서 인애의 본질(本質·quality)을 받기 때문입니다. 그러나 믿음의 진리는 인애로부터 진리의 본질이나 생명을 받습니다. 이것은 앞서의 설명에 반복해서 보여준 내용이기도 합니다.

〔2〕 **곧 해는 어두워지고, 달을 빛을 내지 않고 …**
이 귀절은 "해"(太陽·sun)가 주님을 향한 사랑을, 그리고 달(月·moon)이 이웃을 위한 인애를 가리키는 것을 뜻합니다. "어두

워지고" 또 "빛을 내지 않는다"는 것은 그것들이 그렇게 나타난다는 것이 아니라 그와 같이 사라져 없어질 것임을 뜻합니다〔"해"가 사랑의 삼층 천계(the celestial of love)를 "달"이 사랑의 이층 영계(the spiritual of love)를 뜻하며 또 그것은 "해"가 주님을 향한 사랑을 "달"이 이웃을 위한 인애를 뜻하고 이것은 믿음을 통해서 나온다는 것은 앞에서 살폈다. 1053·1529·1530·2120·2441·2495항 참조〕. "해"와 "달"의 속뜻이 이와 같은 이유는 저 세상에서 주님을 사랑하는 하늘나라에 있는 사람들에게는 주님께서 해 같이 나타나기 때문입니다. 그리고 이들을 가리켜 천계적 천국(the celestial heaven)이라고 합니다. 또 이웃을 위한 인애에 속한 사람들에게는 주님이 달 같이 나타납니다. 그래서 이들을 영계적 천국(the spiritual heaven)이라고 합니다(1053·1521·1529-1531·3636·3643항 참조).

〔3〕하늘나라(天界·heavens)의 해와 달(그것은 바로 주님이시다)이 결코 어두워지지 않고 또 빛도 잃는 일이 없이 오히려 영구히 빛을 발할 것입니다. 그래서 천계적 천국에 속한 주님사랑은 결코 어두워지지 않을 것이고 또 영계적 천국에 속한 이웃사랑인 인애도 빛을 잃는 일이 없을 것입니다. 천사들이 같이 하는 지상에 있는 사람들도 마찬가지입니다. 왜냐하면 그들은 주님사랑과 이웃사랑인 인애에 속해 있기 때문입니다. 그렇지만 주님사랑과 이웃사랑인 인애에 속해 있지 않는 사람들은 오히려 자아애(自我愛·the love of self)와 세간애(世間愛·the love of world)에 젖어 있을 뿐입니다. 따라서 그들은 증오(憎惡·hatred)와 앙갚음(復讎·revege)에 있게 되는데 이런 것들은 그들 자신에게 "어두움"(darkening)을 유발하게 할 뿐입니다. 마치 이 세상의 태양이 그러하듯이, 즉 태양은 계속해서 빛을 발하겠지만, 구름들이 태양을 가로 막게 되면 태양은 어두워지게 될 것입니다(2441항 참조).

〔4〕 별들은 하늘에서 떨어지고 …
이 말씀은 선과 진리에 관한 지식(知識·knowledge)의 멸망을 뜻합니다. 성경말씀의 별들은 지식 이외의 그 어떤 것을 뜻하는 것이 아닙니다(1808·2849항 참조).
하늘의 세력들은 흔들릴 것이다.
이 말씀은 교회의 기초(基礎·foundation)를 가리키는 말씀입니다. 즉 "흔들린다" 또는 "떤다"는 것은 그것들의 소멸을 가리킵니다. 왜냐하면 지상의 교회는 하늘나라의 기초이기 때문입니다. 그 이유는 주님으로부터 선과 진리의 입류(入流·the influx)는 하늘나라를 통해서 종국에는 지상교회에 속한 사람들과 더불어 그 선과 진리가 끝맺음하기 때문입니다. 그러므로 지상교회에 속한 사람들이 더 이상 선과 진리의 입류가 허용되지 않는 사악한 상태에 있게 될 때 하늘나라의 권세(權勢·power)가 "흔들린다" 고 말씀한 것입니다. 왜냐하면 주님께서 세우신 교회에 속한 것들은 언제나 존속되어져야 하기 때문입니다. 즉 옛 교회가 사멸하였을 때 새로운 교회가 다시 설시되어 이어지듯이 말입니다.
〔5〕 그 때에 인자가 올 징조가 하늘에서 나타날 터인데 …
이 말씀은 그 때에 나타날 신령진리(神靈眞理·Divine truth)의 출현을 가리키는 말씀입니다. "징조"는 나타남(出現·appearing)을, "인자"(人子·the Son of man)는 신령진리에 관한 주님을 뜻합니다(2803·2813·3704항 참조). 그것은 바로 제자들이 관심을 가지고 "이런 일들이 언제 일어나겠습니까? 선생님께서 오시는 때와 세상 끝 날에는 어떤 징조가 있을 것인지를, 저희에게 말씀해 주십시오"(3절)라고 질문했던 바로 그 "징조"를 가리킵니다. 왜냐하면 그들이 성경말씀에서부터 세상의 끝 날과 주님의 오심을 알았기 때문입니다. 그리고 그들은 주님 자신에게서부터 주님의 "다시 오심"(再臨)을 배웠으며, 그것에 의해서 그들은 주님께서 다시 한번 세상에 오실 것을 깨달았습니다. 그러나 그

들은 교회가 황폐하게 되었을 때 주님께서 다시 오신다는 것을 깨닫지 못했습니다. 주님은 초임 시에 입으셨던 인성(人性) 즉 육신은 신령체가 되셨습니다. 그러나 "다시 나타남"의 방법들 즉 주님은 모레에서 아브라함에게, 가시떨기 숲에서 모세에게, 시내산에서 이스라엘 민족에게, 가나안 땅에 들어갔을 때 여호수아에게 나타나셨던 적도 있지만, 그렇게 나타나시는 것이 아니라 이미 주어진 성경말씀을 통한 인스퍼레이션(inspiration)에 의해서, 뒤에는 말씀을 통해서 나타나십니다. 왜냐하면 주님은 말씀 안에 계시기 때문입니다. 말씀 안에 있는 모든 사물들은 주님에게서 온 것이고 또 주님에 관한 것이기 때문입니다. 이런 사실은 이미 수차에 걸쳐 말씀드린 바에서 잘 알 수 있을 것입니다. 후자에 속한 출현이 바로 "인자의 징조"를 가리키는 내용입니다.

〔6〕 그 때에는 땅에 있는 모든 민족이 가슴을 치며 ….
이 말씀은 사랑의 선과 믿음의 진리에 있는 사람들은 슬픔에 빠지게 될 것이라는 뜻입니다. "가슴을 친다"는 말은 스가랴 12장 10-14절에서 볼 수 있는 바로 그것을 가리킵니다. "민족"은 선과 진리에 관한 모든 것들 또는 사랑과 믿음에 속한 것 따라서 사랑과 선에 속한 사람들을 뜻하는 것입니다(3858·3926항 참조). 그들이 "땅에 있는 민족"이라고 불리웠는데 그 이유는 이들이 교회에 속한 사람들을 가리키기 때문입니다("땅"이 교회를 뜻함은 앞서 고찰하였다. 662·1066·1067·1262·1733·1850·2117·2928·3355항 참조).

〔7〕 인자가 큰 권능과 영광으로 하늘 구름을 타고 오는 것을 볼 것이다.
이 말씀은 성경말씀의 속뜻에 관한 것을 계시할 것을 가리키는 말씀인데, 그 안에 주님이 계십니다. "인자"는 그 안에 있는 신령진리(神靈眞理·the Divine truth)를 (2803·2813·3704항 참조), "구름"은 문자적인 뜻(文字意)을, "권능"은 선에 관한 것

을, "영광"은 진리에 관한 것을 각각 뜻하는 것입니다("인자가 구름을 타고 오는 것을 본다"는 것이 뜻하는 바에 대해서는 다음에 상론하겠다). 이것이 바로 여기서 "주님의 오심"을 뜻하는 것이지, 주님께서 글로 표현된 것 같이 공중의 구름을 타고 나타나신다는 뜻은 아닙니다. 자, 그러면 이제 우리는 새로운 교회의 설시에 관해서 살펴보기로 하겠는데 새로운 교회는 옛 교회가 황폐화되고, 또 거부될 때에 설시될 것입니다.

〔8〕 그는 자기 천사들을 큰 나팔 소리와 함께 보낼 것인데 ….

이 말씀은 선발(選拔·election)을 뜻하는 것으로, 가시적인 천사에 의한 것이 아니며 또 나팔이나 큰 소리에 의한 것이 아니라, 천사를 통해서 주님에게서 비롯되는 거룩한 선과 진리의 입류에 의한다는 것을 뜻합니다. 그러므로 성경말씀에서 "천사들"은 일반적으로 주님에 속한 것들을 뜻합니다(1929·2821·3039항 참조). 여기서 "천사들"은 주님에게서 오는 또는 주님에 관한 것들을 뜻합니다. "나팔"과 "큰 소리"는 성경말씀 여러 곳에서와 같이 복음선포(福音宣布·evangelization)을 뜻합니다.

〔9〕 그들은 하늘 이 끝에서 저 끝까지, 사방에서 선택된 사람들을 모을 것이다.

이 말씀은 새로운 교회의 설시를 뜻합니다. "선택된 사람들"은 사랑과 믿음의 선 안에 있는 사람을 뜻합니다(3755-3900항 참조). "사방"에서부터 모으게 될 사람들은 선과 진리의 모든 상태를 뜻합니다(3708항 참조). "하늘 이 끝에서 저 끝까지"는 교회의 내적 또는 외적인 모든 것을 뜻합니다. 그러므로 이런 것들은 주님 말씀이 뜻하는 모든 사물을 가리킵니다.

31. 앞에서도 말씀드렸듯이 주님께서 예언하신 바 최후심판(最後審判)에 관한 마태복음서 24장의 말씀 중 3-31절까지의 내용을

설명하였습니다(3353−3356·3486−3489·3650−3655·3897−3901·4056−4060항 참조*). 이들 말씀 즉 주님의 예언의 말씀이 뜻하는 속뜻은 이미 지금까지 설명한 내용에서 잘 이해하였을 것입니다. 다시 말하면 주님께서 말씀하신 최후심판에 관한 예언의 말씀은 교회의 계속적인 황폐(荒廢·vastation)와 그 뒤에 있을 궁극적인 새로운 교회의 설시에 관한 것으로 요약할 수 있겠습니다. 그 개략적인 내용은 다음과 같습니다.

I. 그 교회의 구성원들은 선과 진리가 무엇인지 모르기 시작하였고 그리고 그것들에 관해서 자중지란(自中之亂)적인 투론(鬪論·dispute)과 다툼이 일기 시작하였다.

II. 그들은 드디어 선과 진리를 경멸(輕蔑·contempt)하게 되었다.

III. 심중 깊은 곳에서 선과 진리를 시인(是認·acknowledge)하지 않았다.

IV. 그들은 선과 진리에 대한 신성모독을 저질렀다.

V. 믿음의 진리와 인애의 선이 몇몇 사람들에게 남아 있었는데, 이들을 "선택받은 사람"이라고 일컬어졌고, 그 때 그들이 가지고 있었던 믿음의 상태에 관해서 기술하였다.

VI. 그 다음은 인애의 상태에 관한 설명이었다.

VII. 마지막으로 새로운 교회의 설시를 다루었는데 이것은 마지막에 설명할 내용들이 되겠다.

그 말씀은 ─ .

그는 자기 천사들을 큰 나팔 소리와 함께 보낼 것인데 그들은 하늘이 끝에서 저 끝까지, 사방에서 선택된 사람들을 모을 것이다.
(마태 24 : 31)

---

* 제3부 1−30항까지의 내용이 된다(옮긴이).

이 말씀이 뜻하는 것은 곧 새로운 교회의 설시를 가리킵니다 (4060e항 참조).

32. 옛 교회의 마지막과 새로운 교회의 시작은 곧 (at hand) 있을 것인데 그 때가 바로 최후심판입니다. 지금이 바로 그 때인데 성경말씀에서 "최후심판"이 뜻하는 바입니다(2117-2133·3353·4057항 참조). 이것은 또한 "인자(人子)의 강림"(the Coming of the Son of man)을 뜻하기도 합니다. 앞에서 우리는 주님의 강림에 관해서 살펴보았습니다. 그것은 바로 주님의 제자들이 주님에게 질문했던 말씀인데 그 말씀은 ─ .

> 이런 일들이 언제 일어나겠습니까? 선생님께서 오시는 때와 세상 끝 날에는 어떤 징조가 있을 것인지를, 저희에게 말씀해 주십시오. (마태 24 : 3)

그러므로 최후심판을 뜻하는 주님의 강림의 때와 시대의 종말에 관해서 주님께서 예언하신 말씀에 관한 것들을 설명하고자 합니다. 이번에는 32-35절의 말씀의 내용을 말씀드리겠습니다.

> 무화과나무에서 비유를 배워라. 그 가지가 연해지고 잎이 돋으면, 너희는 여름이 가까이 온 줄을 안다. 이와 같이 너희도 이 모든 일을 보거든 인자가 문 앞에 가까이 온 줄을 알아라. 내가 진정으로 너희에게 말한다. 이 세대가 끝나기까지는 이 모든 일이 다 일어날 것이다. 하늘과 땅은 없어질지라도 나의 말은 절대로 없어지지 않을 것이다.(마태 24 : 32-35)

이 말씀의 속뜻을 설명드리겠습니다.

33. **무화과나무에서 비유를 배워라. 그 가지가 연해지고 잎이 돋으면, 너희는 여름이 가까이 온 줄을 안다.**
이 말씀은 새로운 교회의 첫 시작을 뜻합니다. "무화과나무"는 자연적 선을, 그 나무의 "가지"는 자연적 선에 대한 정동(情動·

affection)을 그리고 그 나무의 "잎"은 진리들을 뜻합니다. "그 들이 배워야 할 비유"는 바로 이것들이 뜻하는 내용입니다.

성경말씀의 속뜻을 알지 못하는 사람들이 무화과나무, 그리고 그 가지나 잎에 대해서 주님의 재림의 비유에 내포한 말씀의 뜻을 안다는 것은 불가능합니다. 그러나 성경 말씀의 모든 비유의 말씀은 또한 표의(表意 · signification)적입니다(3579항 참조). 표의(表意 · signification)로서 말씀이 가르치는 바를 깨닫게 됩니다. 성경말씀의 여러곳에 기술된 "무화과나무"는 속뜻으로 자연적 선(自然的 善 · the good of the natural)을 뜻하고(217항 참조) 그리고 "무화과나무 가지"는 이 선에 대한 정동(情動 · affection)을 뜻하는데 그 이유는 가지가 줄기에서 나오듯이, 정동이 선에서 나오기 때문입니다. 그리고 "무화과나무 잎"은 앞서 설명하였듯이 진리를 가리킵니다(885항 참조). 이상에서 이 비유의 말씀이 내포하고 있는 내용을 잘 알 수 있는데 그것은 바로 주님에 의해서 새로운 교회가 설시되는데, 그렇게 되었을 때 그 교회에는 자연적 선이 제일 먼저 나타나는데 그 자연적 선은 바로 자연적 선의 정동과 진리로 이루어진 외형적 표현(外形的 表現 · the external form) 안에 있는 선을 가리킵니다. 자연적 선은 단순히 사람들이 태어날 때 있게 되는 선이나 혹은 그의 부모에서부터 물려받는 선을 가리키는 것이 아니라 선의 원천에서 보면 영적인 선을 가리킵니다. 사람은 이 선 안에 태어날 수 없고 다만 선과 진리의 지식을 통해서 주님에 의해 사람들은 이 선에 인도되어질 뿐입니다. 그러므로 사람들이 이 선 안에 있을 때가지(이 선은 바로 영적 선임) 사람들은 교회에 속한 존재가 아닙니다. 그렇지만 사람들이 그와 같이 하고 있는 선의 정동에 따라서 사람들은 교회에 속한 존재로 나타나 보일 뿐입니다.

〔2〕이와 같이 너희도 이 모든 일을 보거든, 인자가 문 앞에 가까이 온 줄을 알아라(33절).

이 말씀은 앞서(29-31절 말씀)에서 언급된 말씀의 속뜻에 의해 표현된 그런 일들이 나타나는 때를 뜻합니다. 즉 무화과나무에 관한 것들은 교회의 마지막 때를 가리키는데 그것은 바로 최후심판이며 주님의 재림을 가리킵니다. 따라서 그 때에는 옛 교회가 거부되고 새로운 교회가 세워지는 것입니다. "문 앞에 가까이"(at the door)라고 말씀하였습니다. 왜냐하면 자연적 선이나 그 진리는 사람들이 중생하기 시작할 때 또 새로운 교회가 세워질 때 표의적으로 사람들에게 일러주는 첫번째의 말씀들입니다. **내가 진정으로 너희에게 말한다. 이 세대가 끝나기까지는, 이 모든 일이 다 일어날 것이다(34절).**

이 말씀은 유대민족이, 다른 민족과 마찬가지로, 멸종되지 않을 것을 뜻하는 말씀인데 그 이유는 앞서 살핀 바와 같습니다(3479항 참조).

〔3〕 **하늘과 땅은 없어질지라도, 나의 말은 절대로 없어지지 않을 것이다(35절).**

이 말씀은 옛 교회의 멸망 즉 그 교회의 내적 또는 외적인 것들은 멸망되지만 주님의 말씀은 존속될 것임을 뜻하는 것입니다(여기의 "하늘"(heaven)은 교회의 내적인 것을 그리고 "땅"(earth)은 교회의 외적인 것을 뜻한다는 것은 앞서 설명한 바 있다. 82·1411·1733·1850·2117·2118·3355e항 참조). 주님의 "말씀들"(the Words)은 단순히 주님의 재림이나 시대의 마지막 때에 관해서 언급된 것이 아니라 성언(聖言·the Word) 안에 있는 모든 것을 가리키는 뜻입니다. 이 말씀은 유대 민족에 관해서 언급하자마자 곧 말씀하셨는데 그 이유는 유대 민족은 말씀을 위해 보존되었기 때문입니다. 이에 관해서는 수차에 걸쳐 말씀드렸습니다(3479항 참조). 이상으로 볼 때 새로운 교회의 시작이 예언된 것임을 잘 알 수 있습니다.

34. 마태복음서에서 주님께서 예언하신 말씀 중, 마태복음 24장 32-35절의 말씀 즉 주님의 재림에 관한 가르침(앞서에서 또는 다른 곳에서 이미 설명한 바와 같이)으로 옛 교회의 마지막과 새로운 교회의 시작에 관한 것들을 이해하였습니다. 마지막 때 또는 옛 교회의 종말 그리고 새로운 교회의 설시에 관해서도 설명하였습니다(4056-4060·4229-4231항 참조). 이번에는 마태복음 24장 36-42절의 말씀에 관해서 상론하고자 합니다. 먼저 성경귀절을 읽어 보겠습니다.

> 그러나 그 날과 그 때는 아무도 모른다. 하늘의 천사들도 모르고, 아들도 모르고, 오직 아버지만 아신다. 노아의 때와 같이, 인자가 올 때에도 그러할 것이다. 홍수 이전 시대에 노아가 방주에 들어가는 날까지, 사람들은 먹고 마시고 장가 가고 시집 가며 지냈다. 홍수가 나서 그들을 모두 휩쓸어 가기까지 그들은 아무것도 알지 못하였다. 인자가 올 때에도 그러할 것이다. 그 때에 두 사람이 밭에 있을 터이나, 하나는 데려가고, 하나는 버려 둘 것이다. 두 여자가 맷돌을 갈고 있을 터이나, 하나는 데려가고, 하나는 버려 둘 것이다. 그러므로 깨어 있어라. 너희는 너희 주께서 어느 날에 오실지를 알지 못하기 때문이다.

35. 속뜻으로 이들 말씀이 뜻하는 바가 어떤 내용인지를 아래에서 설명하고자 합니다. 내용인즉슨 옛 교회가 거부되고 새로운 교회가 설시되는 상태에 관한 것입니다. 옛 교회의 거부와 새로운 교회의 설시는 바로 "시대의 종말"이 뜻하고 또 "인자의 재림"이 뜻하는 바입니다. 그것들에 관해서는, 최후심판이 이 지구상에 여러번 있었음과 더불어 앞서 반복해서 말씀드렸습니다. 다시 간략하게 말씀드리겠습니다.
　그 첫째는 주님의 천적교회(the Lord's celestial church)즉 태고교회(太古敎會·the Most Ancient church)는 "홍수"(洪水·flood)

의 속뜻인 악과 거짓의 범람으로 홍수 이전 시대에 소멸되었습니다.

〔2〕 그 둘째는 홍수 이후인 영적 교회로 고대교회(古代敎會·the Ancient church)라고 일컫는데 이 교회는 아세아 세계에 널리 분포되었었지만 이 교회 역시 소멸되었습니다.

〔3〕 세번째는 야곱의 후손 가운데 교회의 표징(表徵·the representative)이 소멸되었을 때로 그것은 열 자손들이 영원한 포로로 잡히고 또 그 민족이 흩어지게 될 때 일어났습니다. 마지막으로 예루살렘의 멸망입니다. 그리고 유대 민족은 뿔뿔이 흩어졌습니다. 주님의 재림 후 시대의 종말이 있을 것이라고 했으므로 또한 복음서에서 주님께서 말씀하신 시대의 종말에 관해서 많은 것들은 유대민족에게 적용될 것이고 또 현재의 많은 사람들에게도 적용되어 지고 있습니다. 그럼에도 불구하고 위 인용귀절의 주 내용은, 일반적이든 또는 개별적이든, 현재 임박한*' 시대의 종말 즉 기독교회(christian church)의 종말에 관한 내용인데 이것은 묵시록에서 사도 요한에 의해서도 언급되었습니다. 이것이 바로 이 지상에 있었던 최후심판의 네번째가 될 것입니다. 위의 설명에 부가해서 36−42절이 가르치고 있는 속뜻의 내용을 아래와 같이 설명드립니다.

36. 그 날과 그 때는 아무도 모른다.

이 말씀은 선과 진리에 관한 그 때의 교회의 상태를 뜻합니다. 그것은 땅에서나 하늘에서 그 누구에게 나타나지 않을 것입니다. 왜냐하면 "날(日)과 때(time)"는 날자와 시각을 뜻하는 것이 아니라 선과 진리에 관한 상태(狀態·state)를 뜻하기 때문입니다. 성경말씀에 기술된 "때"(time)는 상태를 뜻합니다(2625·2788·

---

* 그것은 1752년을 가리킴.

2837·3254·3356항 참조). 또 "날들"(days)도 같은 뜻입니다 (23·487·493·893·2788·3462·3785항 참조). 따라서 "때" (hours)는 일반적으로 상태를 가리킵니다. 여기서 선과 진리에 관한 상태를 뜻한다는 것은 주제가 교회에 관한 것이고 또 선과 진리가 교회를 이루기 때문입니다.

〔2〕**하늘의 천사도 모르고, 아들도 모르고 오직 아버지만 아신다.**
이 귀절의 말씀은 하늘나라가 선과 진리에 관한 교회의 상태를 알지 못한다는 것이 아니라 주님만이 홀로 설시될 그 교회의 상태를 특별히 아신다는 뜻입니다. "아버지"(父·the Father)는 바로 주님 자신(the Lord Himself)을 뜻합니다(15·1729·2004·2005·3690항 참조). 즉 주님 안에 계신 신령선(神靈善·the Divine Good)을 "아버지"(聖父·the Father)라고 호칭하였고 그 신령선에서 비롯된 신령진리(神靈眞理·the Divine Truth)를 "아들"(聖子·the Son)이라고 하였습니다(2803·3703·3704·3736항 참조). 그러므로 아버지 한 분과 또 다른 아들 한 분을 믿는 사람들 또는 아버지와 아들을 서로 갈라놓는 사람들은 이 성경말씀을 이해할 수 없습니다.

〔3〕**홍수 이전 시대에,**
이 말씀은 그 교회에 속한 사람들의 황폐(荒廢·vastation)의 상태를 뜻합니다. 이 교회는 바로 첫번째의 교회 즉 태고교회의 황폐상태에 비교된 것입니다. 시대의 종말 또는 최후심판에 관해서 성경말씀은 "홍수"(洪水·the flood)로 기술하였습니다. "홍수"가 뜻하는 것은 악과 거짓의 범람을 뜻하며 따라서 그 시대의 종말을 가리킵니다(310·660·662·705·739·790·805·1120항 참조). "날"이 앞서 설명하였듯이 상태를 가리킵니다.

〔4〕**사람들은 먹고 마시고, 장가 가고 시집 가고 지냈다.**
이 말씀은 악과 거짓의 받아드림(專用·appropriation)에 관한 그

들의 상태를 가리키는 데 즉 악과 거짓의 최종적 결합의 상태를 뜻합니다. "먹는다"는 말의 뜻은 선에 관한 받아드림(專用·the appropriation)을 뜻하고 "마신다"는 것은 진리에 관한 받아드림을 뜻합니다(3168·3513e·3596항 참조). 그러나 여기에서는 반대의 뜻으로 악과 거짓의 받아드림(專用)을 뜻합니다. "혼인한다"는 악과의 결합을, "시집간다"는 거짓과의 결합을 가리킨다는 것은 앞서 말씀드렸고, 또 혼인과 혼인애(婚姻愛·conjugial love)에서 살핀 바에서 잘 이해할 수 있을 것입니다(686·2173·2618·2728·2729·2737-2739·2803·3132·3155항 참조). 다시 말하면 말씀의 속뜻으로 혼인은 선과 진리의 결합입니다. 그러나 여기서는 그 반대의 뜻으로 악과 거짓의 결합을 가리킵니다. 신령진리이신 주님께서 말씀하신 말씀들은 단순한 겉뜻(文字意·the literal sense)에 비하면 속뜻은 큰 차이가 있습니다. 그러므로 성만찬(聖晩餐·the Holy Supper)에서 먹고 마시는 일은 영적인 뜻의 먹고 마심을 뜻할 뿐만 아니라 주님의 신령 사랑(the Lord's Divine love)에 속한 선의 받아드림(appropriation)을 뜻합니다(2165·2177·2187·2343·2359·3464·3478·3735·4211·4217항 참조). 교회나 주님의 나라에 관해서 서술할 때 결합(結合·conjugial)은 믿음에 속한 진리와 사랑에 속한 선의 결합을 뜻합니다. 그러므로 이런 관점에서 볼 때 주님의 왕국을 성경말씀에서 하늘나라의 혼인잔치(the heavenly marriage)로 일컬어졌습니다.

〔5〕 노아가 방주에 들어 가는 날까지 …

이 말씀은 옛 교회의 마지막과 또 동시에 새로운 교회의 시작을 가리킵니다. 왜냐하면 "노아"는 홍수 이후 태고교회(太古敎會·the Most Ancient church)에 승계되는 일반적인 뜻으로는 고대교회(古代敎會·the Ancient church)를 뜻합니다(773항 참조). "방주"(方舟·the ark)는 교회 자체(639항 참조)를 그리고 "그

날"은 앞서에서 여러 차례 설명한 바와 같이 상태(狀態·state)를 가리킵니다.

〔6〕 홍수가 나서 그들을 모두 휩쓸어 가기까지 그들은 아무 것도 알지 못하였다.
이 말씀은 교회에 속한 사람들이 악과 거짓에 의해서 그들 자신이 혼탁(混濁·inundated)해졌다는 것을 알지 못했다는 뜻입니다. 왜냐하면 그들을 둘러싸고 있는 악과 거짓 때문에 그들은 주님을 우러르는 주님사랑에 속한 선이나 이웃을 향한 인애의 선이 어떤 것인지를 모르기 때문입니다. 그들은 또한 믿음의 진리도 알 수 없을 것입니다. 왜냐하면 믿음의 진리는 바로 주님사랑과 인애에서 비롯되기 때문입니다. 따라서 주님사랑과 인애의 삶을 살지 않는 사람이 이러한 사실을 깨닫고 이해한다는 것은 불가능한 일입니다. 그들은 또한 구원을 받고, 구원을 받지 못하는 것이 내적인 것이며 또 내적인 것이 외적인 것과 불리될 수 없다는 사실 조차 모르게 될 것입니다.

〔7〕 인자가 올 때에도 그러할 것이다.
이 말씀은 신령진리를 뜻합니다. 그러나 사람들은 그 신령진리를 받아드리지 않을 것입니다. 앞에서도 말씀드렸듯이(27절과 30절) "인자의 재림"(the Coming of the Son of man)은 계시되어질 신령진리(神靈眞理·the Divine Truth)를 가리킵니다.

〔8〕 그 때에 두 사람이 밭에 있을 터이나, 하나는 데려가고, 하나는 버려 둘 것이다.
이 말씀은 교회에 속한 사람 중에는 선 안에 있는 사람과 악 안에 있는 사람이 있다는 것을 뜻하는 말씀입니다. 즉 선 안에 있는 사람은 구원을 받고 악 안에 있는 사람은 정죄를 받는다는 것입니다. "밭"(field)은 선에 관해서 교회를 뜻합니다 (2791·3196·3310·3317·3766항 참조).

[9] 두 여자가 맷돌을 갈고 있을 터이나, 하나는 데려가고, 하나는 버려 둘 것이다.

이 말씀은 교회에 있는 사람 중에는 진리 안에 있는 사람 즉 선에서 비롯된 진리의 정동 안에 있는 사람은 구원을 받고, 악에서 비롯된 거짓의 정동 안에 있는 사람은 정죄를 받는다는 뜻입니다. 성경말씀에서 "찧다"(to grind)나 "매질"(mill)이 갖는 표의(表意・signification)에 관해서 다음에 설명하고자 합니다. 이상의 설명에서 볼 때 이들 말씀이 뜻하는 바 즉 선과 진리에 대한 상태가 옛 교회에서는 거부하게 되고 새로운 교회에서는 받아드려질 것이라는 뜻임을 잘 이해할 수 있습니다.

37. 성경말씀에서 "매(돌)질 하는 사람"은 좋은 뜻으로는, 선을 애지중지(愛知重之)하는 진리 안에 있는 교회에 속한 사람을 뜻하고 또 반대의 뜻으로는, 악을 애지중지하는 거짓 안에 있는 사람을 가리킵니다. 이에 관한 말씀들을 찾아 보겠습니다. 이사야서에는 —.

> 처녀 딸 바빌론아,
> 내려와서 티끌에 앉아라.
> 딸 바빌로니아야,
> 보좌를 잃었으니, 땅에 주저앉아라.
> 너의 몸매가 유연하고
> 맵시가 있다고들 하였지만,
> 이제는 아무도 그런 말을 하지 않을 것이다.
> 맷돌을 잡고 가루를 빻아라.
> 얼굴을 가린 너울을 벗고,
> 치마를 걷어 올려
> 다리를 드러내고 강을 건너라.
> (이사야 47 : 1, 2)

"바빌론의 딸"은 겉꾸밈은 거룩하고 선한 것 같이 보이지만 그들의 내면은 위화(僞化·profane)되고 악한 상태에 있는 사람을 뜻합니다(1182·1326항 참조). "갈대아의 딸"은 겉꾸밈은 거룩하고 진실한 것 같이 보이지만 그들의 내면은 위화되고 거짓 상태에 있는 사람을 가리킵니다(5368·1816항 참조). "맷돌질을 한다" 또는 "가루를 빻는다"는 말씀은 그들이 나쁜 길로 빠지게 하는 거짓진리를 가지고 교리적인 일을 꾸민다는 것을 뜻합니다. 왜냐하면 가루는 밀이나 보리로 만들어지는 것인데 그것은 선에서 비롯된 진리를 뜻하고, 반대의 뜻으로는 오도(誤導·mislead)하도록 꾸미는 거짓진리를 뜻하기 때문입니다. 예레미야서에는 ―.

내가 그들에게서 흥겨워하는 소리와 기뻐하는 소리, 즐거워하는 신랑 신부의 목소리, 맷돌질하는 소리, 등불 빛을 모두 사라지게 하겠다. 이 땅은 깡그리 끔직한 폐허가 되고, 이 땅에 살던 민족은 칠십 년 동안 바빌로니아 왕을 섬길 것이다.
(예레미야 25 : 1, 2)

〔2〕요한의 묵시록에는 ―.

힘센 천사가 큰 맷돌과 같은 돌을 들어 바다에 던지고 말하였습니다.
"그 큰 도시 바빌론이 이렇게
큰 힘으로 던져질 터이니,
다시는 그 흔적도 찾을 수 없을 것이다.
거문고를 타는 사람들과
노래를 부르는 사람들과
피리를 부는 사람들과
나팔을 부는 사람들의 노랫소리가
다시는 네 안에서 들리지 않을 것이요,

어떤 종류의 기술자도
네 안에서 하나도 보이지 않을 것이요,
맷돌 소리도
다시는 네 안에서 들리지 않을 것이다.
등불 빛도
다시는 네 안에서 비치지 않을 것이요,
신랑과 신부의 음성도
다시는 네 안에서 들리지 않을 것이다.
(묵시록 18 : 21-23)

"맷돌 소리도 다시는 네(바빌론) 안에서 들리지 않을 것이다"는 말씀은 진리가 완전히 없을 것을, "등불 빛도 다시는 네(바빌론) 안에서 비치지 않을 것이다"는 말씀은 진리의 총명이 없을 것이다는 뜻입니다. 애가서에는 ―.

시온에서는 여인들이 짓밟히고
유다 성읍들에서는 처녀들이 짓밟힙니다.
지도자들은 매달려서 죽고
장로들은 천대를 받습니다.
젊은이들은 맷돌을 돌리며
아이들은 나뭇짐을 지고 비틀거립니다.
노인들은 마을 회관을 떠나고
젊은이들은 노래를 부르지 않습니다.
(애가 5 : 11-14)

"젊은이들은 맷돌을 돌리며"라는 말씀은 진리를 가지고 거짓을 꾸민다는 것 즉 거짓으로 설득하는 것을 가리킵니다.

〔3〕모세의 글에는 ―.

이집트 땅에 있는 처음 난 것이 모두 죽을 것이다. 임금 자리에 앉은 바로의 맏아들을 비롯하여, 맷돌질하는 몸종의 맏아들과 모든 짐승의 맏배가 다 죽을 것이다.

(출애굽기 11 : 5)

이집트의 처음 난 것(맏배)은 인애의 선에서 분리된 믿음의 진리를 뜻하는데 이 진리는 바로 거짓이 되고 맙니다(3325항은 참조). "몸종의 맏아들이 죽을 것이다"는 말씀은 거짓진리를 좋아하는 정동을 가리킵니다. 이러한 것들은 역사적 사실들로 증명되어 집니다.

〔4〕 신명기서에는—.

맷돌은, 전부나 그 위짝 하나라도, 저당을 잡을 수 없다. 이것은 사람의 생명을 저당잡는 것과 마찬가지이기 때문이다.
(신명기 24 : 6)

"제분기"(mill)가 교리적인 사물을, "연자 맷돌"(millstone)이 그러므로 진리를 뜻하기 때문에 "사람의 생명을 저당잡는다"는 것으로 일컬어 이 계률을 지키게 하였습니다. 그것들이 영적인 뜻을 가지고 있지 않았다면 이러한 계률을 주지도 않았을 것이고 또 "사람의 생명"이라는 말도 하지 않았을 것은 자명한 일입니다.

〔5〕 빻는다(粉碎·grinding)는 것이 영들의 세계(the world of spirits)에서 사용되는 표징(表徵·representatives)에서 비롯된 비유에서 나왔다는 것을 나는 보았습니다. 왜냐하면 나는 그곳에 있는 사람들이 마치 아무런 목적이 없이, 단지 그들 자신의 만족 때문에 맷돌질을 하고 있는 것을 보았기 때문입니다. 진리가 선에서 비롯된 그들 자신의 정동이 전혀 없는 경우 그들은 참말로 외적 모양에만 진리로 나타날 뿐입니다. 마치 그들 안에 내적인 것이 전혀 없기 때문에 그들은 허깨비일 뿐이었습니다. 만약 그들이 내적으로 악하다면 그들은 악을 확인하기 위하여 채용되었을 뿐입니다. 따라서 악에 대한 적

용에 의해서 그들은 거짓이 되게 됩니다.

38. 마태복음서 24장의 마지막 나머지 부분, 42절부터 끝절까지에 관해서 말씀드리고자 합니다. 24장의 마지막 부분은 시대의 종말 또는 주님의 강림에 관해서 언급되고 있는데, 그 귀절의 말씀을 읽어 보겠습니다.

> 그러므로 깨어 있어라. 너희는 너희 주께서 어느 날에 오실지를 알지 못하기 때문이다. 이것을 명심하여라. 도둑이 밤에 언제 올지 집주인이 안다면, 그는 깨어 있어서, 도둑이 집을 뚫고 들어오도록 내버려 두지 않을 것이다. 그러므로 너희는 준비하고 있어라. 너희가 생각하지도 않은 때에 인자가 올 것이기 때문이다. 누가 신실하고 슬기로운 종이겠느냐? 주인이 그에게 자기 집 하인들을 맡기고, 제 때에 양식을 내주라고 시켰으면 그는 어떻게 해야 하겠느냐? 주인이 돌아와서 볼 때에, 그렇게 하고 있는 종은 복이 있다. 내가 진정으로 너희에게 말한다. 주인은 자기의 모든 재산을 그에게 맡길 것이다. 그러나 그가 나쁜 종이어서 마음 속으로, 주인이 늦게 온다고 하여, 동료들을 때리고, 술 친구들과 어울려 먹고 마신다면, 생각지도 않은 날에, 뜻밖의 시각에 그 종의 주인이 와서 그 종을 몹시 때리고, 위선자들이 받을 벌을 내릴 것이다. 거기에서 슬피 울며 이를 가는 일이 있을 것이다.
> (마태 24 : 42-51)

이 귀절의 말씀이 내포하고 있는 내용은 시리즈적으로 연결되어 있음을 볼 수 있습니다. 왜냐하면 이 복음서에 기술된 전장(全章)의 주제가 교회의 마지막 시기, 속뜻으로는 시대의 종말과 주님의 재림이기 때문입니다. 이러한 내용은 전장의 내용 설명에서 명확히 알 수 있는데 〈창세기 영해〉 각장의 서두에 기술하였습니다. 즉 창세기 26장(3353-3356항) 27장(3486-3489항) 28장(3650-3655항) 29장(3751-3757항)

30장(3897-3901항) 31장(4056-4060항) 32장(4229-4231항) 33장(4332-4335항)이 되겠습니다.

〔2〕이 시리즈에 기술된 내용은, 앞에서 말씀드렸던 바와 같이, 주님의 강림 후 설시된 기독교회가 황폐(荒廢·vastation)되기 시작하였는데 그것은 바로 선으로부터의 쇠퇴(衰退·recede from)를 뜻합니다. 그 때에는—.

Ⅰ. 그들은 선과 진리가 무엇인지 모르기 시작할 것이고 또 자중지란적인 투론과 다툼이 있을 것이고
Ⅱ. 그들은 선과 진리를 경멸(輕蔑·despise)하고
Ⅲ. 그들은 심중으로부터 선과 진리를 시인하지 않으며
Ⅳ. 그런 뒤에는, 선과 진리를 모독(冒瀆)하고
Ⅴ. 믿음의 진리와 인애의 선이 몇몇 사람에게 남게 되는데 그 때의 믿음의 상태를 "선택된 사람"이라고 불렀다.
Ⅵ. 이것이 바로 인애의 상태이다.
Ⅶ. 종국에 있을 새로운 교회의 설시에 관해서 언급되었고
Ⅷ. 소위 교회 안에 있는 선과 진리에 관한 상태 즉 옛 교회는 거부되고 새로운 교회를 받는 상태 등으로 요약할 수 있겠습니다.

이 일련의 시리즈에서 위에 기술한 바 있는 것과 같이, 마태복음서 24장에 기술된 말씀들이 내포하고 있는 사실들이 바로 이 장의 마지막 내용입니다. 즉 이 말씀은 그와 같은 교회에 있는 사람들에게 권유하는 내용이 되겠습니다. 다시 말하면 그들은 모름지기 믿음에 속한 선 안에 있어야 하며, 그렇지 못할 경우 그들은 멸망할 수밖에 없다는 가르침입니다.

39. 옛 교회의 거부와 새로운 교회의 수용(受容·adoption)의 경우가 어떠한 것인지를 아는 사람은 거의 없습니다. 사람의 내면과 사람들의 상태를 모르는 사람 즉 궁극적으로 죽음 뒤

에 있을 사람의 상태에 관해서 무지한 사람은, 옛 교회에 속한 사람들이 하는 것과 같이, 심중으로 시인하지 않을 것인데 그들은 멸망하게 될 것입니다. 마치 노아 홍수 이전의 사람들이 대홍수로 멸망하고 또 유대 민족이 그들의 땅에서 축출되듯이 말입니다. 그러나 그 교회가 황폐화되었을 때 즉 그 어떤 믿음의 선 안에도 있지 않게 되었을 때 그 교회는 내면상태로 보면 전적으로 멸망한 것인데 이것은 저 세상에서의 상태에 있어서도 마찬가지 입니다. 그러므로 하늘나라, 종국에는 주님마저도, 그들에게서부터 떠나서 그들 대신에 바른 선과 진리를 수용한 사람들에게로 옮겨집니다. 왜냐하면 이 지상에 교회가 없다면 이 세상에 있는 사람들과의 천국적인 의사소통이 없게 되기 때문입니다. 그 이유는 지상의 교회는 대인(大人·the Grand Man)의 심장과 허파와 같기 때문입니다(468·637·931·2054·2853항 참조).

〔2〕옛 교회에 속해 있는 사람들은 따라서 하늘나라에서 쫓겨 나는데, 이것은 바로 그들의 내면에 관해서 한 홍수의 범람에 있는 것과 같은 것입니다. 사실 이 범람은 이해할 수 없을 정도입니다. 이같은 범람은 육신을 입고 사는 동안은 그들 자신은 전혀 깨달을 수 없고 다만 사후에 그런 범람 속에 빠지게 될 것입니다. 저 세상에서 이같은 범람은 매우 두꺼운 구름 같이 나타나서, 그들을 에워싸며, 그들을 하늘나라에서 격리시켜 버립니다. 이런 두꺼운 짙은 구름 안에 있는 사람들의 상태는 바로 그들의 믿음의 진리가 무엇인지를 전혀 이해할 수 없는 것을 뜻하는데, 하물며 그들이 믿음의 선이 무엇인지를 어떻게 알 수 있겠습니까? 왜냐하면 총명과 지혜가 내재해 있는 하늘나라의 빛은 이런 구름을 관통할 수 없기 때문입니다. 이것이 바로 황폐된 교회의 상태입니다.

40. 위에 인용된 주님의 말씀의 속뜻은 그것들에 관한 해설(解說·explication) 없이는 이해할 수 없습니다. 왜냐하면 주님은 비유적인 방법으로 표징(表徵·representatives)과 표의(表意·significatives)로 말씀하셨기 때문입니다. 마지막 절의 말씀이 뜻하는 바가 무엇인지 설명할 때에 이르렀습니다. 즉 "그 종을 몹시 때리고, 위선자들이 받을 벌을 내릴 것이다. 거기에서 슬피 울며 이를 가는 일이 있을 것이다."

몹시 때리고…
이 말씀은 선과 진리로부터의 분리와 격리를 뜻합니다. 왜냐하면 교회에는 속해 있으나 악한 삶에 있는 사람들 같이 선과 진리의 지식에서 떠나게 될 때 이들이 산산 조각이 날 것을 말한 것이기 때문입니다. 그 이유는 저 세상에서는 선과 진리의 지식이 떠나면 그 사람은 악에 있게 되고 따라서 또한 거짓 안에 있게 되기 때문입니다. 이 거짓은 바로 진리의 지식에 의해서 하늘나라와 더불어 의사소통하는 것을 방해하고 악과 또 그 악에서 파생된 거짓으로 지옥과 더불어 의사소통케 합니다. 따라서 악과 거짓이 하나가 되게 합니다. 선과 진리가 더럽히는 것을 막는 일은 이들 악과 거짓이 뒤섞일 때 일어나는 것입니다. 주님이 재세시 달란트를 땅에 묻어 두었던 사람에게 친히 하신 말씀의 뜻이기도 합니다.

> 그에게서 그 한 달란트는 빼앗아서 열 달란트 가진 사람에게 주어라. 가진 사람에게는 더 주어서 넘치게 하고, 없는 사람에게서는 있는 것마저 빼앗을 것이다.
> (마태 25 : 28, 29)

또 주님께서 마태 13 : 12 ; 마가 4 : 25 ; 누가 8 : 18에서 말씀하신 바이기도 합니다.

[2] 위선자들이 받을 벌을 내릴 것이다.

외형적으로 교리에 대해서 진리에, 생활에 관해서 선 안에 있
으나 내면적으로는 진리에 관해서 또 선에 관해서 아무것도
믿지 않는 즉 "위선자"에게 있을 그의 분깃을 가리킵니다. 이
렇게 되었을 때 그들은 "갈기갈기 찢을 것이다." 그러므로 그
들의 겉꾸밈이 그들에게서 모두 벗겨졌을 때, 마치 저 세상에
서 일어나는 것과 같이, 그들은 오직 그들의 내면적인 것으로
만 나타날 뿐입니다. 즉 경쟁에서 갖은 비열한 방법으로 승리
하고 또 명예·부·명성 등을 얻기 위한 겉꾸밈 뿐 믿음과 인
애에 대해서는 궁핍만이 보여질 뿐입니다. 황폐된 교회에 있
는 사람들은 거의가 이런 자질의 소유자들입니다. 왜냐하면
그들은 단순히 외형만 있을 뿐 속 알맹이는 없기 때문이지요.
이것이 바로 앞에서 말씀드린 바 있는 내면적인 홍수의 표본
입니다.

〔3〕 슬피 울며 이를 가는 일이 있을 것이다.
저 세상에서의 상태를 기술한 것인데 "슬피 운다"는 악에 관
한 그들의 상태요 "이를 간다"는 거짓에 관한 그들의 상태를
가리킵니다. 왜냐하면 성경말씀에서 "이"는 가장 낮은 자연적
인 사물을 뜻하고 좋은 뜻으로는 자연적 사물에 관한 진리를,
그리고 반대의 뜻으로는 그런 것들의 거짓을 뜻합니다. 더욱
이 "이"가 이런 것들에 대응되기 때문에, 그러므로, "이를 간
다"는 것은 진리에 대한 거짓의 충돌(衝突·collision)을 가리킵
니다. 지극히 단순한 자연적 사물에 있으면서 또 거짓 안에
있는 사람들은 그들의 육안으로 보이는 것 이외에는 그 어떤
것도 믿으려 하지 않는다는 것을 "이를 가는 상태에 있다"고
말한 것입니다. 그리고 저 세상에서는 믿음의 진리에 관해서
그들의 거짓으로부터 결론을 도출했을 때 그들 자신에게는 다
만 그렇게 나타날 뿐입니다. 선과 진리에 관해서 황폐된 교회
안에 이같은 사람들이 너무나 많습니다. 이와 유사한 뜻의 말

씀이 마태복음서에 기술되었습니다.

> 이 나라의 아들들은 바깥 어두운 데로 쫓겨나서, 거기에서 울며 이를 갈 것이다.
> (마태 8:12)

"이 나라의 아들들"은 황폐된 교회에 속한 사람들을 가리킵니다. 또 "어두움"은 거짓을 가리킵니다(4418항 참조). 왜냐하면 앞서 말한 것 같이 짙은 구름에 싸여 있을 때 그들은 어두움에 있는 것이기 때문입니다. "이를 간다"는 것은 진리에 맞서는 거짓의 충돌을 뜻합니다. 이러한 내용은 마태 13:42, 50; 22:13; 25:30 그리고 누가 13:28에서도 마찬가지입니다.

2.
마태복음 25장 영해

41. 앞서 창세기 각 장들의 서문에서 마태복음서 24장에 수록된 최후심판(最後審判·the last judegement)에 관한 주님 말씀에 관해서 설명을 드렸습니다. 이번에는 마태복음 25장에서 말씀하신 주님의 예언에 관해서 말씀드리고자 합니다. 여기에는 주로 교회의 마지막 때에 관한 것으로 24장의 내용이 계속해서 25장에 이어지고 있습니다. 이 말씀의 속뜻에 관해서 또한 내게 보여 주었습니다. 이들의 예언의 내용이 말씀의 순서에 따라서 주어졌는데 그 자세한 내용은 아래와 같습니다. 먼저 주님 말씀부터 읽어 보겠습니다.

그런데 하늘 나라는 이런 일에 비길 수 있을 것이다. 처녀 열 사람이 등불을 마련하여 신랑을 맞으러 나갔다. 그 가운데 다섯은 어리석고 다섯은 슬기로웠다. 어리석은 처녀들은 등불은 마련하였으나 기름은 여분으로 마련하지 않았다. 그러나 슬기로운 처녀들은 등불과 함께 통에 기름도 마련하였다. 신랑이 늦어지니 처녀들은 모두 졸다가 잠이 들었다. 그런데 한밤중에 외치는 소리가 났다. "신랑이 온다. 나와서 맞이하라." 그때에 그 처녀들이 모두 일어나서 제 등불을 손질하였다. 미련한 처녀들이 슬기로운 처녀들에게 말하기를 "우리 등불이 꺼져 가니 너희의 기름을 좀 나누어 다오" 하였다. 그러나 슬기로운 처녀들이 대답하기를 "그렇게 하면 우리에게나 너희에게나 다 모자랄 터이니 안 된다. 차라리 기름 장수들에게 가서 사서 써라" 하였다. 미련한 처녀들이 기름을 사러 간 사이에 신랑이 왔다. 준비하고 있던 처녀들은 신랑과 함께 혼인 잔치에 들어가고 문은 닫혔다. 그 뒤에 나머지 처녀들이 와서 "주님, 주님, 문을 열어 주십시오" 하고 애원하였다. 그러나 그는 대답하여 말하기를 "내가 진정으로 말한다. 나는 너희를 알지 못한다" 하였다. 그러므로 깨어 있어라. 너희는 그 날과 그 시각을 알지 못하기 때문이다.
(마태 25:1-13)

42. 이 비유의 말씀은 주님께서 주님의 재림에 관해서 기술한 것이라는 것은 각각의 귀절들에서, 또 마지막 부분의 "그러므로 깨어 있어라. 너희는 그 날과 그 시각을 알지 못하기 때문이다" (13절)는 말씀에서 명확히 알 수 있습니다. 이것은 또 주님께서 앞서 24장에서도 똑같은 말씀을 하셨는데, 거기에서도 주님은 주님의 재림에 관해서 명확히 말씀하셨습니다. 즉 "그러므로 깨어 있어라. 너희는 너희 주께서 어느 날에 오실지를 알지 못하기 때문이다." (마태 24:42)고 말씀하셨습니다. 그 분의 "오심" (His comming)은 곧 시대의 종말(時代 終末·the consummation of the age) 또는 교회의 마지막 때(the last time of the church)를

가리키는데 이것에 관해서는 앞서 말씀드렸습니다.

43. 이 비유에서 주님께서 말씀한 것들 즉 개별적이든, 전체적이든 그것들은 모두가 하늘 나라의 영적 또는 천적에 관한 표징적 또는 표의적인 것들을 뜻한다는 것은 명백한 것입니다. 그리고 가장 높은 뜻(the highest sense)으로는 주님과 같이 하는 신령한 것을 뜻합니다. 그렇지만 이러한 사실을 알지 못하는 사람은 주님의 비유 말씀에는 지극히 평범한 예화(例話·comparison) 이상의 그 어떤 내용이 그 속에 내포되어 있지 않다고 여기고 있습니다. 열 처녀 비유의 말씀도 마찬가지의 경우가 되겠습니다. 즉 처녀들·열(10)·다섯(5)·등불·등잔(통)·기름·기름장수·혼인잔치 그리고 그 외의 여러가지 것들이, 이것들은 다른 비유 말씀에서도 마찬가지인데, 속뜻(內意·internal sense)으로 그것들이 각각 무엇을 뜻하는지를 모르면 한낱 단순한 예화에 불과할 뿐입니다. 이 비유에서 주님께서 말씀하신 것들은 모두가 외형적으로는 평범한 비유 같이 보이지만 그러나 내적으로는 하늘 나라에 관한 내용(內容·nature)으로 가득차 있습니다. 왜냐하면 각 귀절과 낱말에는 속뜻을 가지고 있기 때문입니다. 그것은 바로 영적 또는 천적 하늘 나라에 관한 내용들인데 그것들은 빛과 불꽃의 관계와 같이 하늘 나라를 통해서 선포되어지고 있습니다. 이러한 속뜻은 말씀의 문자적인 뜻(文字意·the sense of the letter) 보다 훨씬 우위(優位·uplifted)에 있는데 이 속뜻은 여러가지 많은 어귀(語句)·낱말 또는 하나의 점(點)이나 획(劃)에 내포되어 있습니다. 따라서 속뜻으로 이 비유의 말씀이 내포하고 있는 가르침이 어떤 것인지를 아래와 같이 말씀드리고자 합니다.

44. 그런데 하늘 나라는 이런 일(열 처녀)에 비길 수 있을 것이다.
이 말씀도 옛 교회의 마지막 때와 새로운 교회의 첫 시작의 때에 관한 것을 뜻합니다. 교회는 지상에 있는 주님의 나라입니다. "열 처녀"는 교회에 속한 모든 사람을 뜻하는데 즉 선과 진리에 있는 사람이든 또 악과 거짓에 있는 사람이든, 이들 모두를 가리킵니다. 속뜻으로는 "열"(10)은 여분(餘分·remains) 또는 충만함(fullness) 즉 전부(全部·all)를 가리키고 "처녀"는 교회에 속한 사람들을 뜻하는데, 이것도 성경말씀 어디에서나 마찬가지 뜻을 갖습니다.

〔2〕(처녀 열 사람이) 등불을 마련하여……
이 말씀은 영적인 것을 뜻하는데 그것 속에 또 천적인 것을 내포하고 있습니다. 이것은 마치 진리 속에 선이 내재한 것과 같습니다. 또 믿음 속에 이웃사랑하는 인애(仁愛·charity)가 그리고 그 인애 속에 주님사랑이 내재한 것과 같습니다. 왜냐하면 "기름"은 사랑의 선(the good of love)을 뜻하는데 이것에 관해서는 뒤에 상술하겠습니다. 그러나 "등(등잔)에 기름이 없다"는 것은 바로 선이 없다는 것을 뜻합니다.

〔3〕 신랑을 맞으러 나갔다.
이 말씀은 그들의 영접을 뜻합니다.

그 가운데 다섯은 어리석고 다섯은 슬기로웠다.
이 말씀은 그들 몇몇은 진리 안에 있으나 몇몇은 선이 없는 진리 안에 있는 것을 뜻합니다. 전자를 가리켜 "슬기롭다" 하였고 후자를 가리켜 "어리석다"고 하였습니다. 속뜻으로 "다섯"(5)은 약간을 뜻하는데 여기서는 그들 중의 몇몇을 뜻합니다.

어리석은 처녀들은 등불은 마련하였으나 기름은 여분으로 마련하지 않았다.
이 말씀은 그들이 가지고 있는 진리 안에는 인애의 선(仁愛善·the good of charity)을 갖지 않았음을 뜻하는데 그 이유는 속뜻으로 "기름"(oil)은 인애의 선 또는 사랑의 선(the good of love)을 가리키기 때문입니다.

그러나 슬기로운 처녀들은 등불과 함께 통에 기름도 마련하였다.
이 말씀은 그들이 가지고 있는 진리에는 인애의 선이나 사랑의 선이 내재해 있음을 뜻하는 것입니다. 그리고 그들이 가지고 있는 "통"(vessel)은 믿음에 속한 교리적 가르침을 뜻합니다.

[4] 신랑이 늦어지니 처녀들은 모두 졸다가 잠이 들었다.
이 말씀은 지체(遲滯·delay)를 뜻하는데 따라서 의심(疑心·doubt)을 뜻합니다. 속뜻으로 "졸다"는 말은 교회에 속한 것들에서 자연으로 비롯된 나태함이 심해지는 것을 가리키고 "잔다"는 것은 의심을 품게 된다는 것을 뜻합니다. 즉 슬기로운 사람들은 긍정적인 회의(懷疑)를 갖는 것이고 어리석은 사람은 부정적인 의심을 갖습니다.

그런데 한밤중에 외치는 소리가 났다.
이 말씀은 옛 교회의 마지막과 새로운 교회의 시작의 때를 뜻합니다. 이 때(time)를 가리켜 성경말씀에서는 교회의 상태를 언급할 때 "밤"(night)이라 불렀습니다. "외치는 소리(a cry)는 변화(變化·change)를 가리킵니다.

신랑이 온다. 나와서 맞이하여라.
이 말씀은 심판과 꼭 같은 뜻인데 즉 수용(受容·acceptance)과 거절(拒絕·rejection)을 뜻합니다.

[5] 그 때에 그 처녀들이 모두 일어나서 제 등불을 손질하였다.
이 말씀은 모두의 준비를 뜻합니다. 왜냐하면 선이 없는 진리 안에 있는 사람은 그들이 수용한 신앙적 측면에서 보면 선이 내재한 진리에 있는 사람과 꼭 같은데 다만 그들은 인애가 없으면 믿음이 죽은 것이라는 것을 모르기 때문에 믿음만이 구원한다고 추론할 뿐입니다.

미련한 처녀들이 슬기로운 처녀들에게 말하기를 "우리 등불이 꺼져 가니 너희의 기름을 좀 나누어 다오" 하였다.
이 말씀은 그들이 다른 사람들과 더불어 그들 자신의 텅빈

(empty) 진리와 헛깨비(destitute) 믿음과 서로 교류하는 선을 갈망한다는 것을 뜻합니다. 왜냐하면 저 세상에서 모든 영적 또는 천적인 것들은 상호 선을 통해서만 교류되기 때문입니다.
〔6〕그러나 슬기로운 처녀들이 대답하기를 "그렇게 하면 우리에게나 너희에게나 다 모자랄 터이니 안된다"
이 말씀은 그런 상태로는 서로 교류할 수 없음을 뜻합니다. 왜냐하면 그들이 가지고 있는 약간의 진리 마저도 그들에게서 가져갈 것이기 때문입니다. 그 이유는 저 세상에서 선이 없는 진리 안에 있는 사람들과의 선을 통한 교류를 하게 될 때 선을 가지고 있지 않은 사람에게서 그 진리를 가져가 버리기 때문입니다. 이것은 그들 자신 모두에게 적용되는 것인데, 다른 사람과 교류할 수 없을 뿐만 아니라 신성모독(神聖冒瀆·defile)을 범하는 것이 됩니다. 왜냐하면 그들과 선의 교류는 불가능하기 때문이지요. 이같은 영들에 관해서는 창세기 37장 영해 말미에서 내가 스스로 경험한 영계 체험을 기술하겠습니다.
〔7〕차라리 기름 장수들에게 가서 사서 쓰라 하였다.
이 말씀은 공적의 미덕(功績美德·the good of merit)을 뜻합니다. 이것을 자랑하는 사람들을 가리켜 "(기름)장수들"이라고 하였습니다. 더욱이 저 세상에서는 선이 내재하지 않는 진리 안에 있는 사람들은 모두가 공적을 내세우는데 그들이 이루어 놓았다는 공적은 외형적(in the outward form)으로는 선 같이 보이는데 내적으로는 다만 그것은 악 뿐입니다. 주님께서 마태복음서에 말씀하신 것에 의하면 "그 날에 많은 사람이 나에게 말하기를 주님, 주님, 우리가 주님의 이름으로 예언하고, 주님의 이름으로 귀신을 내쫓고, 또 주님의 이름으로 많은 기적을 행하지 않았습니까? 할 것이다. 그 때에 내가 그들에게 밝히 말할 것이다. 나는 도무지 너를 알지 못한다. 불법을 행하는 자들아 나에게서 물러가라"(마태 7:22, 23) 하였습니다. 또 누가복음서에서는 "그

때에 너희가 말하기를 우리는 주님 앞에서 먹고 마셨으며, 주인님은 우리를 길거리에서 가르치셨습니다 할 터이나 주인이 너희에게 말하기를 나는 너희가 어디에서 왔는지 모른다. 악을 일삼는 자들아, 모두 나에게서 물러 가거라 할 것이다"(누가 13:26, 27)고 말씀하셨습니다. 이와 같은 사람들은 모두가 여기에서는 미련한 처녀들이 뜻하는 것인데 본문 말씀에서도 앞서 인용된 말씀과 꼭 같이 그들에 관하여 기술되었는데 즉 "그 뒤에 나머지(미련한) 처녀들이 와서 주님, 주님, 문을 열어 주십시오 하고 애원하였다. 그러나 그는 대답하여 말하기를 내가 진정으로 말한다. 나는 너희를 알지 못한다 하였다"(11·12절).

〔8〕**미련한 처녀들이 기름을 사러 간 사이에 사랑이 왔다.**
이 말씀은 너무나 늦은 그들의 마음 기울임(application)을 뜻합니다.

준비하고 있던 처녀들은 신랑과 함께 혼인 잔치에 들어갔다.
이 말씀은 선 안에 있으면서 또 진리 안에 있는 사람만이 하늘 나라에서 영접된다는 것을 뜻합니다. 하늘 나라는 선과 진리의 혼인(善 眞理 婚姻·the marriage of good and truth)인 천적 혼인 잔치에 비유되었습니다. 즉 주님은 신랑으로 비유되었는데 왜냐하면 주님과 연합된 사람들은 곧 신부라고 불리운 교회이기 때문입니다.

문은 닫혔다.
그 외의 어느 누구도 들어갈 수 없음을 뜻합니다.

〔9〕**그 뒤에 나머지 처녀들이 와서 주님, 주님, 문을 열어 주십시오 하고 애원하였다.**
이 말씀은 인애 없이 믿음만으로 즉 주님에 속한 삶이 아닌 자신들만을 위한 삶으로, 하늘나라에 들어가기를 애원하는 것을 뜻합니다.

그러나 그는 대답하여 말하기를 내가 진정으로 말한다. 나는 너

회를 알지 못한다 하였다.
이 말씀은 거절을 뜻합니다. 속뜻으로 "그들을 알지 못한다"는 말씀은 그들이 이웃을 향한 어떤 인애의 삶에 있지도 않았기 때문에 주님과 더불어 같이 있을 수 없음을 뜻합니다. 주님과 같이 연합한 상태에 있지 않은 그들을 가리켜 알지 못한다고 하였습니다.

[10] 그러므로 깨어 있어라. 너희는 그 날과 그 시각을 알지 못하기 때문이다.
이 말씀은 믿음의 계율(戒律·precept)에 따른 성실하고 근면한 삶의 적용을 뜻합니다. 이것이 바로 "깨어 있어라"는 말씀의 뜻입니다. 사람에게 알려지지 않은 수용의 때(the time of acceptance) 즉 상태를 인자(人子·the Son of man)가 오시는 그 날과 그 시각을 모르는 것으로 뜻하였습니다. 또 마태복음서의 다른 곳에서는 선 안에 있는 사람 즉 믿음의 계율에 따른 바른 행동을 하는 사람을 "슬기로운 사람"이라고 하였고, 그리고 진리의 지식은 가지고 있지만 그대로 행하지 않는 사람을 "어리석은 사람"이라고 하였습니다. "그러므로 내 말을 듣고 그대로 행하는 사람은 반석 위에다 자기 집을 지은, 슬기로운 사람과 같다고 할 것이다. 그러나 내 말을 듣고서도 그대로 행하지 않는 사람은 모래 위에 집을 지은 어리석은 사람과 같다고 할 것이다"(마태 7:24·26).

45. 주님께서 친히 말씀하신 교회의 마지막 때에 관해서 계속 설명을 드리겠습니다. 주님께서 예언하신 것은 바로 열 처녀의 비유 말씀이었습니다(마태 25:1-13). 이어서 또다른 비유 말씀이 기술되었습니다. 즉 한 사람이 타국으로 먼 길을 떠나면서 종들에게 준 달란트에 관한 것으로 하나에게는 다섯(5)을, 다른 하나에게는 둘(2)을, 그리고 또 다른이에게는 하나(1)를 주었습

니다. 그리고 그들은 그것을 가지고 장사를 하였습니다. 이들 중에서 다섯 달란트를 받은 사람은 그 종자돈으로 다섯 달란트를 더 벌었고, 둘을 받은 사람 역시 그 종자돈으로 둘을 더 벌었습니다. 그러나 하나를 받은 사람은 그것을 땅 속에 묻어 두었습니다.

이 비유가 내포하고 있는 뜻은 열 처녀의 비유 말씀과 거의 비슷하기 때문에, 그것을 건너 뛰고, 이 장의 결론인 마지막 부분의 말씀의 내용을 먼저 설명하겠습니다. 성경 귀절을 먼저 읽어 보시겠습니다.

46. 인자가 모든 천사와 더불어 영광에 둘러 싸여서 올 때에 그는 자기의 영광스러운 보좌에 앉을 것이다. 그는 모든 민족을 자기 앞으로 불러 모아 목자가 양과 염소를 가르듯이 그들을 갈라서 양은 그의 오른쪽에, 염소는 그의 왼쪽에 세울 것이다. 그 때에 임금은 자기 오른쪽에 있는 사람들에게 말하기를 내 아버지께 복을 받은 사람들이 와서 창세 때로부터 너희를 위하여 준비한 이 나라를 차지하여라. 너희는 내가 주렸을 때에 마실 것을 주었고 나그네 되었을 때에 영접하였고 헐벗었을 때에 입을 것을 주었고 병들었을 때에 돌보아 주었고 감옥에 갇혔을 때에 찾아 주었다 할 것이다. 그 때에 의인들은 그에게 대답하여 말하기를 주님 우리가 언제, 주께서 주리신 것을 보고 잡수실 것을 드리었고 목마르신 것을 보고 마실 것을 드리고 나그네 되신 것을 보고 영접하고 헐벗으신 것을 보고 입을 것을 드리고 언제 병드시거나 감옥에 갇히신 것을 보고 찾아갔습니까? 할 것이다. 그 때에 임금이 그들에게 말할 것이다. 내가 진정으로 너희에게 말한다. 너희가 여기 내 형제자매 가운데 지극히 보잘 것 없는 사람 하나에게 한 것이 곧 내게 한 것이다. 그 때에 그는 또 왼쪽에 있는 사람들에게도 말할 것이다. 저주받은 자들아, 내게서 떠나서 악마와 그 부하들을 가두려고 준비한 영원한 불 속으로 들어가거라. 너희는 내가 주렸을 때에 내게 먹을 것을 주지 않았고 목말랐을 때에 마실 것을 주지 않았고 나그네 되었을 때에 영접하지 않았고 헐벗었을 때에 입을 것을 주

지 않았고 병들었을 때나 감옥에 갇혔을 때에 찾아 주지 않았다. 그 때에 그들도 대답하여 말할 것이다. 주님, 우리가 언제 주께서 굶주리신 것이나 목마르신 것이나 나그네 되신 것이나 헐벗으신 것이나 병드신 것이나 감옥에 갇히신 것을 보고도 돌보아 드리지 않았다는 것입니까? 그 때에 임금은 대답하기를 내가 진정으로 너희에게 말한다. 여기 이 사람들 가운데서 지극히 보잘 것 없는 사람 하나에게 하지 않은 것이 곧 내게 하지 않은 것이다 하고 말할 것이다. 그리하여 그들을 영원한 형벌로 들어가고 의인들은 영원한 삶으로 들어갈 것이다.
(마태 25:31-46)

47. 말씀의 속뜻을 모르는 사람들은 주님께서 마지막 날에 관해서 말씀하신 말씀이라고만 생각할 것입니다. 그 때에 온 세상에 있는 것들이 모두 다 주님 안전에 모여질 것이고 그리고 그것들은 심판을 받게 될 것이며 또 최후심판의 절차도 문자적으로 기술된 대로 이루어질 것이며 주님께서 이들을 오른쪽과 왼쪽으로 분별하여 도열시킬 것이고 주님은 그들에게 비유에 기술된 내용을 말씀할 것입니다. 그러나 말씀의 속뜻을 아는 사람들이나 또 성경말씀의 여러 귀절에서부터 배워 깨달은 사람들은, 주님께서는 그 누구도 심판하여 영원한 불 속으로 보내지 않으시지만 그러나 바로 사람 그 자신이 자기를 심판하여 그 불 속으로 냉동이 친다는 것과 또 각 사람의 최후심판은 그가 죽었을 때 있을 것이라는 것을 배워 깨달은 사람은 일반적으로 이들 말씀이 내포한 것들이 어떤 것인지를 다소나마 알 수 있을 것입니다. 말씀의 속뜻과 대응(對應·correspondence)을 공부하여 아는 사람들은 이 말씀의 특별한 뜻에 관해서도 알 수 있을 것입니다. 즉 저 세상에서는 각자들은 이 세상에서의 자기의 삶에 따라서 응보의 대가(應報對價·a reward)를 받는다는 것을 압니다.

〔2〕 믿음만으로 사람의 구원을 호언장담하는 사람들은 주님께

서 선행에 관해서 말씀한 바가 믿음의 결과(the fruit of faith)라는 것 그리고 주님께서 그것들에 관해서 설명한 것들은 신비에 관해서 무지한 단순한 사람들을 위한 것 뿐이라는 것밖에 다른 그 어떤 말을 표현할 수 없습니다. 그러나 비록 그들의 소견에 따라서 백보 양보하여 믿음의 결과가 사후(死後) 사람을 행복하고 복되게 한다는 가르침을 받아들어 지킬 것입니다. 믿음의 결과는 믿음의 가르침(precept)에 따른 삶 이외에 아무것도 아닙니다. 따라서 이같은 가르침에 따른 삶이 사람을 구원하는 것이고 삶이 없는 믿음은 아무런 값이 없는 무용지물입니다. 왜냐하면 사후 사람은 그의 모든 삶의 상태가 그와 함께 옮겨지기 때문입니다. 그래서 그 사람은 바로 육체를 입었을 때 바로 그 사람인 것입니다. 그 한 예를 들어 보겠습니다. 육신을 입은 삶을 살 때 자신과 비교하여 다른 사람을 경멸(輕蔑·despise)한 사람은 저 세상에서도 마찬가지로 그 자신과 비교하여 다른 사람을 경멸할 것입니다. 또 육신을 입었을 때 증오 때문에 이웃을 업신여긴 사람은 저 세상에서도 역시 증오 때문에 이웃을 업신여길 것입니다. 또 이 세상에서 자기 동료들을 사기하는 행동을 했으면 저 세상에서도 역시 자기 동료를 속일 수밖에 없습니다. 이같은 것은 다른 예에서도 매한가지입니다. 저 세상에서는 누구나 다 이 세상의 삶에 친숙한 본성을 그대로 유지합니다. 또 확실한 것은 한 사람의 본성은 버려질 수 없다는 것인데 만약 그것이 버려질 수 있다면 삶은 그 어떤 것도 보존될 수 없는 것입니다.

〔3〕이러한 이유로 해서 인애의 선행에 관해서 주님께서 언급하신 것입니다. 왜냐하면 믿음의 삶에서 인애의 선을 행하는 사람 또는 그 같은 선행은 믿음을 받아들일 수 있기 때문입니다. 만약 육신을 입은 이 세상에서 이런 일이 없었다면 저 세상에서도 역시 마찬가지입니다. 그러나 인애의 선행을 하지 않았거나 또 믿음의 삶을 살지 않았다면 이 세상에서와 마찬가지로 저 세

상에서 그 어떤 방법으로도 믿음을 받아들일 수 없습니다. 왜냐하면 악은 진리에 따르지 않고 오히려 진리를 배척하기 때문입니다. 만약 악한 상태에 있으면서 진리를 말하는 사람이 있다면 그들도 입술로만의 말일 뿐, 심중 깊은 데서 우러나오는 그런 말은 아닐 것입니다. 따라서 악과 진리는 같이 할 수 없으므로 멀리 떨어져야 합니다.

48. 그러나 주님께서 최후심판에 관해서 여기서 언급하신 것들에 속뜻으로 내포한 것은 바로 사후의 모든 사람들의 최후심판에 관한 것이라는 것은 이 장에 앞서 수없이 설명한 바이기도 합니다. 그러므로 다음 장에서도 앞서와 같이 주님의 신령자비에 관해서 말씀드리겠습니다.

49. 앞 장에서 주님께서 마태복음서 25장에서 언급하신 최후심판 즉 양과 염소로 불리운 선한 사람과 악한 사람에 관한(마태 25:31-46) 시작부분을 말씀드렸습니다. 이들 말씀의 속뜻은 아직까지는 알려지지 않았는데 그러나 이 장과 또 뒤에 이어지는 장들에서 잘 펼쳐 보여질 것입니다. 또 심판이 세상의 마지막 때를 뜻하는 것이 아니라는 것과 그리고 죽은 사람들은 제일 먼저 다시 깨어나서 주님 앞에 모이게 되고 그분 앞에서 심판받게 된다는 것을 확실하게 알게 될 것입니다. 이 세상을 떠나 저 세상에 들어간 모두에게 마지막 때(the last time)는 있습니다. 왜냐하면 그것이 그의 마지막 심판이기 때문입니다. 이것이 최후심판의 내용이기도 합니다. 그렇지만 문자적인 뜻에서는 이와 같이 표현되지는 않았습니다. 그러나 말씀의 속뜻으로만 표현되었을 뿐입니다. 주님께서 그렇게 말씀하신 이유는 성경말씀 즉 구약이나 신약의 말씀에서도 마찬가지인데, 표징(表徵·representatives)과 표의(表意·significatives)로 주님께서 여기에서 말씀하신 이유이기도 합니다. 왜냐하면 표징과 표의로 말씀하신다는 것은 동시

에 이 세상과 하늘 나라(天界)에 말씀하신 것이고 또 사람과 천사들에게 말씀하신 것이기 때문입니다. 이같은 화법(話法·speech)은 신령하십니다. 왜냐하면 우주적이기 때문이고 따라서 말씀(聖言)에 적용되기 때문입니다. 따라서 이 세상에 있으면서 또 이 세상적인 것에만 관심을 가지고 있는 사람들은 주님께서 최후심판에 관해서 언급하신 바가 무엇을 뜻하는지를 전혀 이해할 수도, 깨달을 수도 없습니다. 그들은 그저 이들 말씀에 따라서 주님께서 영광의 보좌에 앉게 될 때 다시 태어나 모이게 될 것이고 그 때 주님께서 그들에게 심판의 말씀을 하실 것으로만 알고 있을 뿐입니다. 그러나 하늘 나라(天界) 것들에 관심을 가지고 있는 사람들은 사람이 죽을 때가 바로 저 세상에서의 그의 부활의 때라는 것을 알고 있으며 또 여기에 기술된 주님의 말씀은 바로 그의 이 세상 삶에 따른 심판이 있을 것이라는 것을 압니다. 따라서 모든 사람은 누구나 그와 함께 최후심판에 이어집니다. 왜냐하면 그가 바로 자기의 삶(生活)을 가지고 있기 때문입니다.

50. 말씀의 속뜻에 내포된 문제의 중요 핵은 이 뜻에 따른 각각의 개별적인 설명에서 잘 표현될 것입니다. 그러나 여기에서는 31절에서 33절이 가지고 있는 것들에 관해서 말씀드리고자 합니다.

> 인자가 모든 천사와 더불어 영광에 둘러 싸여서 올 때에 그는 자기의 영광스러운 보좌에 앉을 것이다. 그는 민족을 자기 앞으로 불러 모아 목자가 양과 염소를 가르듯이 그들을 갈라서 양은 그의 오른쪽에 염소는 그의 왼쪽에 세울 것이다(31-33절).

51. 인자가 영광에 둘러 싸여서 올 때에……
이 말씀은 신령진리가 밝게 빛과 같이 나타나는 때를 뜻합니다.

즉 그같은 일은 누구나 죽었을 때 각자에게 일어나는 것입니다. 왜냐하면 그 사람이 하늘 나라(天界)의 빛 속에 들어올 때에, 거기에서 사람은 누구나 선과 진리가 무엇인지를 깨달을 수 있으며 따라서 자기 자신의 됨됨이(性稟)을 깨닫게 되기 때문입니다. 말씀의 속뜻으로 "인자"(人子·the Son of man)는 신령진리로서의 주님을 뜻합니다. 즉 신령진리는 주님에게서 비롯된 것입니다. "영광"(榮光·glory)은 거기서 비롯된 총명과 지혜를 가리키는데 그것은 빛과 같이 나타나며 또 천사들에게 빛의 광휘(光輝·resplendence)로 나타납니다. 주님에게서 온 신령진리에서 비롯된 지혜와 총명인 이 빛의 광휘를 성경말씀에서는 "영광"이라고 일컬었습니다(속뜻으로 "인자"가 신령진리를 가리키는 것은 2159·2803·2813·3704항 참조).

〔2〕 모든 거룩한 천사와 더불어…….
이 말씀은 천사적 천계를 가리킵니다. "거룩한 천사들"은 주님의 신령선에서 비롯된 진리들을 가리킵니다. 왜냐하면 말씀(聖言·the Word)에서 "천사"는 단순한 천사를 가리키는 것이 아니라 주님에게서 비롯된 천사적인 것들을 가리킵니다. 즉 천사는 주님의 신령선에서 비롯된 진리의 활력(活力·the life of truth)의 수령자를 가리킵니다. 따라서 그들이 그 활력을 받은 만큼 그들은 천사적이 됩니다. 이것에서 확실한 것은 "천사들"이 곧 진리들을 가리킨다는 것입니다. 여기에서는 사람의 사후 각자의 상태에 관해서 언급된 주제이기 때문에 그것은 그의 삶에 따른 각자의 심판을 가리킵니다. 따라서 모든 거룩한 천사가 주님과 같이 나타날 것이라고 한 것입니다. 이것은 곧 심판이 천계의 본질(means of heaven)을 좌우하는 것을 뜻한다고 하겠습니다. 왜냐하면 신령진리의 모든 입류(入流·influx)는 천계를 통해서 일어나기 때문에 그 누구도 천계를 거치지 않은 직접적인 입류는 불가능합니다.

〔3〕 그는 자기의 영광스러운 보좌에 앉을 것이다.
이 말씀은 최후심판을 가리킵니다. 왜냐하면 "보좌"(寶座·throne)는 주님의 왕권(王權·the Lord's royalty)을 뜻하는데 주님의 왕권은 곧 신령진리를 가리키므로(1728·2015·3009·3670항 참조) 신령진리에서 비롯된 것에 의해서 또는 신령진리에 의거해서 심판은 있을 뿐입니다.
〔4〕 그는 모든 민족을 자기 앞에 불러 모아······.
이 말씀은 모든 사람의 선과 악이 명백하게 드러날 것이라는 뜻입니다. 왜냐하면 "민족"(民族·nation)이 말씀의 속뜻으로는 선을 뜻하고 또 그 반대의 뜻으로는 악을 뜻하기 때문입니다(1259·1260·1416·2588·4574항 참조). 따라서 선과 악이 신령빛 즉 신령진리에서 비롯된 빛 아래 드러날 것이라는 내용이 바로 주님 앞에 불러 모이는 모든 민족이 뜻하는 바입니다.
〔5〕 (그는) 목자가 양과 염소를 가르듯이 그들을 갈라서······.
이 말씀은 악한 사람에게서 선한 사람을 분리시키는 것을 뜻합니다. 왜냐하면 "양"은 선 안에 있는 사람을 그리고 "염소"는 악 안에 있는 사람을 각각 뜻하기 때문입니다. 더 명확하게 말하면 인애의 삶에 있으면서 동시에 믿음 안에 있는 사람을 가리켜 "양"이라고 하였고, 믿음 안에는 있지만 인애의 삶에 있지 않는 사람을 가리켜 "염소"라고 하였습니다. 즉 이 말씀에서도 이들 모두가 언급된 것입니다. "양"이 인애의 삶에 있으면서 동시에 믿음 안에 있는 사람을 가리키는 것은 앞서에서 이미 말씀드렸고(2088·4169항 참조) 또 "염소"가 믿음 안에 있으나 인애의 삶에 있지 않는 사람을 뜻한다는 것 역시 앞서 설명하였습니다(4769항 참조).
〔6〕(그는) 양은 그의 오른쪽에, 염소는 그의 왼쪽에 세울 것이다.
이 말씀은 선에서 비롯된 진리에 따라서, 그리고 악에서 비롯된

거짓에 따라서 명료하게 분리시킨다는 뜻입니다. 저 세상에서는 선에서 비롯된 진리 안에 있는 사람은 실제적으로 오른쪽에 나타나고, 악에서 비롯된 거짓 안에 있는 사람은 왼쪽에 나타납니다. 따라서 오른쪽에 또는 왼쪽에 정열시킨다는 것은 그 삶에 따라 질서 정연하게 도열시킨다는 뜻입니다.

52. 이상의 내용에서 볼 때 주님께서 말씀하신 말씀이 가지고 있는 뜻은 문자에만 의거해서는 전혀 이해할 수 없는 것이지만(다시 말하면 주님께서 어떤 마지막 때에 모든 천사와 더불어 영광에 둘러 싸여서 올 때에 그분은 그분의 영광스러운 보좌에 앉을 것이고, 또 주님은 모든 민족을 자기 앞으로 불러 모아 심판할 것이라는 말씀) 그러나 모든 사람은 누구나 이 세상의 삶을 떠나 영원한 삶의 세계에 들어올 때 각자의 삶에 따라서 심판받을 것이라는 교훈임을 명백히 알 수 있을 것입니다.

53. 앞서에서 마태복음 25장 31-33절의 주님 말씀 즉 선한 사람과 악한 사람에게 있을 심판(審判·judgement)에 관한 내용을 말씀드렸습니다.* 여기서는 이에 이어지는 말씀의 순서에 따라서 설명하고자 합니다. 먼저 주님의 말씀을 읽어보겠습니다.

> 그 때에 임금은 자기 오른쪽에 있는 사람들에게 말하기를 내 아버지께 복을 받은 사람들아 와서, 창세 때로부터 너희를 위하여 준비한 이 나라를 차지하여라. 너희는 내가 주렸을 때에 내게 먹을 것을 주었고 목말랐을 때에 마실 것을 주었고, 나그네 되었을 때에 영접하였고, 헐벗었을 때에 입을 것을 주었고 감옥에 갇혔을 때에 찾아 주었다 할 것이다(마태 25:34-36).

54. 이들 말씀이 속뜻을 내포하고 있는 내용은 뒤이어 나타날 내

---

* 제3부 41-52항 참조.

용을 보여 주고 있습니다. 그 첫번째로 알아야 할 사실은 여기에 열거된 사실들이 그들 자신의 상태에 따른 인애의 선행(善行·work of charity)이라는 것입니다. 말씀의 속뜻을 모르는 사람은 그 누구도 깨달을 수 없습니다. 즉 주렸을 때에 먹을 것을 주고, 목말랐을 때에 마실 것을 주었고, 나그네 되었을 때에 영접하였고 헐벗었을 때에 입을 것을 주었고, 병들었을 때에 돌보아 주었고 감옥에 갇혔을 때에 찾아 주었다는 것이 뜻하는 바를 알 수 없습니다. 다만 문자적인 뜻으로만 이같은 행위를 생각하는 사람은 그런 일들이 외형적인 선행을 뜻할 뿐 그 뒤에 숨어 있는 속뜻의 비밀에 관해서는 전혀 모르고 있을 뿐입니다. 사실 그 각각의 행위에는 깊은 비의(祕義) 즉 신령한 뜻이 숨겨 있습니다. 왜냐하면 신령한 뜻은 주님 자신에서 비롯된 것이기 때문입니다. 그러나 이 비밀은 오늘의 교회에서는 이해되지 않고 있습니다. 그 이유는 오늘의 교회는 인애에 관한 가르침(敎理·doctrinal)을 가지고 있지 않기 때문입니다. 즉 오늘의 교회에 속한 사람들은 인애에서 분리된 믿음만의 가르침을 가지고 있고 더욱이 인애에 결합된 믿음은 멸망될 것이고, 오직 믿음만의 교리를 연구하고 그것만을 전수받을 뿐 인애가 무엇이고 이웃이 무엇인지에 관해서는 전혀 가르치지 않기 때문입니다. 옛날 사람(교회)들 가운데 존재했던 교리는 인애에 관해서 전반적으로 또는 개별적으로 가르쳐졌었습니다. 그리고 인애를 실천할 대상인 이웃이 누구이고, 서로 서로의 계도와 존경의 차이가 어떠한 것인지, 따라서 인애의 구체적 실천이 각양의 상이한 이웃들에게 천차만별로 적용되고 있음을 가르쳤습니다. 그들은 또한 이웃을 등급화하여 세분하고 그 각 등급에 따라서 이름을 부여하였습니다. 혹자는 가난하고, 궁핍하고, 가엾고 고통받는 사람이라 하였고 혹자는 장님·절름발이·불구자·고아·과부라 하였고 또 다른 사람들은 배고픈 사람·목마른 사람·나그네·헐벗은 사람·병자·압박자 등등이라고 하였습니다. 따라서 그들은 이들 각자에게 그들 자신이 행하여야 할 의무도 상이하게 잘 알고 있었습니다. 그러나 앞서 말하였듯이 이러한 교훈들은 모두가 사라져 버렸습니다. 또한 이와 더불어 말씀의 이해 마저도 소멸되어 버린 나머지 오늘의 교회는 그 누구도 성경말씀에 기술된 "가난한 사람" "과부" "고아"들이 낱말 이상의 뜻하는 바를 전혀 알지 못하게 되었습니다. 이들이 이렇게 불리워진 것에는 그 이상의 뜻을 지니고 있습니다. 이와 마찬가지로 본문의 "배고픔" "목마름" "나그네" "헐벗음" "병자" 또는 "감옥에 갇힌 사람"은 그 낱말 이상의 뜻을 지니고 있습니다. 이것들에 의해서 인애의 내용과 또 인애의 삶 속에서 인애의 본질로서 구체적 실천을 뜻하며 또 그 내용을 기술하고 있습니다.

55. 이웃을 향한 인애의 본질은 선과 진리의 정동(情動·affection)이고 또 악과 거짓으로서의 자기시인(自己是認·acknowledgement of self)입니다. 이웃은 곧 선과 진리 자체이고 이것들에 의한 사랑이 곧 인애를 가지게 합니다. 반대의 뜻으로는 이웃은 악과 거짓입니다. 이것들은 인애를 가지고 있는 사람을 싫어하고 염오합니다. 그러므로 선과 진리에 의한 정동을 가지고 있는 사람은 이웃을 향한 인애의 삶을 생활합니다. 왜냐하면 그러한 것들은 모두가 주님에게서 비롯되었기 때문입니다. 그리고 또 자신에게서 비롯된 악과 거짓을 염오합니다. 다시 말하면 자기시인에 의한 행동을 할 때 스스로를 욕되게 하는 것이고, 그리고 자신이 욕된 것을 깨닫게 되었을 때는 주님에게서 오는 선과 진리의 지각의 상태에 있기 시작하는 것입니다. 여기에 주님께서 하신 말씀에 내포된 속뜻으로서의 인애의 특성(characteristics)이 있습니다. 즉 "내가 주렸을 때에 내게 먹을 것을 주었고, 목말랐을 때에 마실 것을 주었고, 나그네 되었을 때에 영접하였고,

헐벗었을 때에 입을 것을 주었고, 병들었을 때에 돌보아 주었고, 감옥에 갇혔을 때에 찾아 주었다"는 말씀입니다. 이 말씀들이 가지고 있는 뜻은 말씀의 속뜻을 모르면은 그 누구도 깨달을 수 없습니다. 옛 사람(교회)들 즉 인애의 교리를 신봉했던 사람들은 이들이 뜻하는 바를 잘 알고 있었습니다. 그러나 오늘날의 사람들은 이 말씀이 뜻하는 바 그 속뜻을 의심한 나머지 그 진의와는 아주 멀리 떨어져 있을 뿐입니다. 더욱이 이들 말씀을 다른 뜻으로 알지 않고 있는 사람은 천사와 같은 깨달음을 갖습니다. 왜냐하면 "배고픔"에 의해서 그들은 선을 갈망하는 정동으로 깨닫고, "목말라 함"은 진리를 갈망하는 정동으로, "나그네"는 배우기를 소원하는 것으로, "헐벗음"은 자기 자신 안에 선과 진리가 없음을 솔직히 시인하는 것을, "병들었음"은 자기 자신 안에 악 외에는 아무것도 없음을 시인하는 것을, 또 "구속되고" "감옥에 갇혔음"은 거짓 이외에 자신 안에 아무것도 없음을 뜻하기 때문입니다. 만약 이러한 뜻들이 그들 자신에게 적용된다면 그들은 바로 앞서 말씀드린 그런 상태에 머무는 것입니다.

56. 이것에서 확실한 것은 주님께서 말씀하신 것들에는 신령한 것을 말씀하시고 있다는 것입니다. 비록 지극히 세상적인 것에 속한 사람이나 또 관능적인 것들에 탐닉한 사람까지도 모두 그들이 말한 것과 같이 주님의 말씀은 모두 같이 표현 되었습니다. 어쩌면 관능적인 것에 탐닉한 사람도 주님께서 하신 다른 말씀을 똑같이 할 수 있었을까요? 즉 그들은 자비스럽지 못했다는 말과 또 그러므로 그들은 괴롭지 않았다고 했습니다. 마치 능변과 학식을 가지고 말하는 현금의 어떤 사람의 설교나 강론 같이 말입니다. 그들의 강론이나 설교는 알곡이나 좋은 열매와 비교된 쭉정이와 왕겨 같았습니다.

57. "배고픔"(주리었다)은 선을 갈망하는 정동에서 비롯된 것이

라는 것은 "빵"이 속뜻으로 사랑의 선과 인애의 선을 뜻하기 때문이고 또 "음식"(먹는 것·food)은 일반적으로 선을 뜻하기 때문입니다(2165·2177·3478·4211·4217·4735항 참조). "갈증" (목말랐음)은 진리의 갈급함의 정동을 뜻하는데 그 이유는 "포도주" 또는 "물"이 믿음의 진리를 뜻하기 때문입니다("포도주"가 뜻하는 것은 1071·1798항을 "물"이 뜻하는 것은 2702항 참조). "나그네"가 뜻하는 것은 앞서에서 보았듯이(1463·4444항 참조) 배우기를 갈망하는 것입니다. "헐벗었다"는 것은 자기 자신 안에 선과 진리에 관한 것이 전혀 가지고 있지 않음을 시인하는 사람을 뜻하고 "병들었다"는 것은 자신이 악에 빠져 있음을 시인하는 사람을, "구속되었다" 또는 "감옥에 갇혔다"는 것은 자신이 거짓에 빠져 있음을 시인하는 사람을 뜻한다는 것은 앞서 인용된 성경말씀의 여러 귀절에서 명백히 알 수 있습니다.

58. 주님께서 당신 자신에 관한 일을 말씀하신 것은 주님 자신이 이같은 처지에 계셨기 때문인데 그러므로 주님은 또 이렇게 말씀하셨습니다. "그 때에 임금이 그들에게 말할 것이다. 내가 진정으로 너희에게 말한다. 너희가 여기 내 형제자매 가운데 지극히 보잘 것 없는 사람 하나에게 한 것이 곧 내게 한 것이다……. 그 때에 임금은 대답하기를 내가 진정으로 너희에게 말한다. 여기 이 사람들 가운데서 지극히 보잘 것 없는 사람 하나에게 하지 않은 것이 곧 내게 하지 않은 것이다 하고 말할 것이다"(마태 25:40, 45)고—.

59. 앞에서 주님께서 말씀하신 마태복음서 25장 34−36절까지의 선한 사람과 악한 사람의 심판에 관해서 설명드렸습니다.* 이어지는 말씀에 관해서 설명드리고자 합니다.

---

*제3부 53−58항 참조.

그 때에 의인들은 그에게 대답하여 말하기를 주님 우리가 언제 주께서 주리신 것을 보고 잡수실 것을 드리고 목마르신 것을 보고 마실 것을 드리고 나그네 되신 것을 보고 영접하고 헐벗으신 것을 보고 입을 것을 드리고, 언제 병드시거나 감옥에 갇히신 것을 보고 찾아갔습니까? 할 것이다. 그 때에 임금이 그들에게 말할 것이다. 내가 진정으로 너희에게 말한다. 너희가 여기 내 형제자매 가운데 지극히 보잘 것 없는 사람 하나에게 한 것이 곧 내게 한 것이다. 그 때에 그는 또 왼쪽에 있는 사람들에게도 말할 것이다. 저주받을 자들아 내게서 떠나서 악마와 그 부하들을 가두려고 준비한 영원한 불 속으로 들어가거라. 너희는 내가 주렸을 때에 내게 먹을 것을 주지 않았고 목말랐을 때에 마실 것을 주지 않았고 헐벗었을 때에 입을 것을 주지 않았고 병들었을 때나 감옥에 갇혔을 때에 찾아 주지 않았다. 그 때에 그들도 대답하여 말할 것이다. 주님 우리가 언제 주께서 굶주리신 것이나 목마르신 것이나 나그네 되신 것이나 헐벗으신 것이나 병드신 것이나 감옥에 갇히신 것을 보고도 돌보아 드리지 않았다는 것입니까? 그 때에 임금은 대답하기를 내가 진정으로 너희에게 말한다. 여기 이 사람들 가운데서 지극히 보잘 것 없는 사람 하나에게 하지 않은 것이 곧 내게 하지 않은 것이다 하고 말할 것이다. 그리하여 그들은 영원한 형벌로 들어가고 의인들은 영원한 삶으로 들어갈 것이다(마태 25:37-46).

60. 앞 장에서(4954-4959항 참조)* 말씀하셨듯이 "내가 주렸을 때에 내게 먹을 것을 주었고 목말랐을 때에 마실 것을 주었고 나그네 되었을 때에 영접하였고 헐벗었을 때에 입을 것을 주었고 병들었을 때에 돌보아 주었고 감옥에 갇혔을 때 찾아 주었다"는 말씀이 속뜻으로 뜻하는 것을 설명할 것입니다. 즉 그것은 인애의 본질로서 인애가 내포하고 있는 바를 설명하고 있습니다. "배고픔" "갈증" "나그네"는 선과 진리의 정동을 뜻하고

---

* 제3부 55·57항 참조.

"헐벗음" "병 들음" "감옥에 갇힘"은 자기 시인을 뜻합니다 (4956·4958항 참조).

61. 이미 인용한 말씀이 세 번씩이나 반복되었기 때문에 구체적으로, 또 낱말 하나씩 그 속뜻을 설명할 필요는 없을 것입니다. 여기서는 다만 오른쪽에 있는 사람들과 왼쪽에 있는 사람들에게 대답한 내용을 설명드리겠습니다. 즉 그들은 모두가 주님께서 배고프셨고, 목말라하셨고 또 나그네 되시고, 헐벗고 병들고 감옥에 갇힌 것을 보지 못했습니다. 그 뒤에 "임금"이 뜻하는 것과 또한 "의인들은 영원한 삶"으로 들어가고 "저주 받은 사람들은 영원한 형벌로 들어갈 것"에 관해서 설명할 것입니다.

62. 오른쪽에 있는 사람들이 한 대답은—.

주님 우리가 언제 주께서 주리신 것을 보고 잡수실 것을 드리고 목마르신 것을 보고 마실 것을 드리고, 나그네 되신 것을 보고 영접하고 헐벗으신 것을 보고 입을 것을 드리고 언제 병드시거나 감옥에 갇히신 것을 보고 찾았습니까 할 것이다(37-39절).

이 말씀이 뜻하는 것은 만약 그들이 주님 자신이 그러한 것을 보았다면 그들은 어느 누구도 그들의 임무를 수행할 것을 뜻합니다. 다만 주님을 향한 사랑에서가 아니라 주님께서 우주적인 심판을 행하실 것이라는 두려움 때문에서 행했을 뿐입니다. 이와 같이 주님을 위한 목적에서가 아니라 그들 자신의 어떤 목적 때문에, 또 마음 속 깊은 심중에서 아니고 외적인 겉꾸밈에 불과할 뿐입니다. 이것은 사람들이 임금을 자신들의 영달과 재산을 얻기 위한 방법으로 그분을 선망하고 있음을 보여주고 있습니다. 그러므로 그들은 그에게 복종하는 마음을 품을 뿐입니다. 이것은 마치 거룩한 외적 예배에 참여하는 것과 유사한 것입니다. 그 예배에서 다만 그들은 주님을 앞서와 같은 정도로 우러를 뿐이고 또 주님에게 그들 자신도 그 정도로 비칠 뿐만 아니라 이런 예전에 참여하는 것이 곧 영생을 얻는 길이라고 믿을 뿐입니다. 그들에게는 인애는 전혀 없으며 자신들의 영달과 치부를 목적한 것을 빼면은 그 누구에게도 선행을 행하지 않습니다. 모두가 자기 자신만을 위할 뿐입니다. 그들은 가식적인 존경을 가지고 그들의 통치자(king)에게 비위를 맞추는 외식적인 모양을 꾸미는 사람들과 같습니다. 내심으로는 그들은 자기들의 통치자를 비웃고 조롱합니다. 왜냐하면 속 마음으로는 그들은 그들을 무시하고 있기 때문입니다. 이 사람들이나 이와 유사한 것들이 오른쪽에 있는 사람들이 행한 대답들이 뜻하는 것입니다. 악한 사람은 외식적인 꾸밈과 같습니다. 그러므로 왼쪽에 있는 사람들의 대답도 이와 흡사한 것입니다.

63. 그러므로 주님께서는 외모를 보시지 않고 속 마음을 보십니다. 마치 사람은 그의 속 마음의 일로 평가 되듯이, 즉 단순한 외적 예배가 아니라 인애에 의한 구체적 행위에 따라서 평가될 뿐입니다. 그래서 주님께서는—.

> 내가 진정으로 너희에게 말한다. 너희가 여기 내 형제자매 가운데 지극히 보잘 것 없는 사람 하나에게 한 것이 곧 내게 한 것이다.

여기서 "형제자매"라고 한 것은 인애의 선, 삶의 선 안에 있는 사람들을 가리킵니다. 왜냐하면 주님은 그들과 더불어 함께 하시기 때문입니다. 그 이유는 그들이 선 자체 안에 있기 때문입니다. 그것은 또한 이웃이 뜻하는 바른 뜻이기도 합니다. 여기에서 주님은 자기 자신을 명료하게 드러내시지 않았습니다. 왜냐하면 주님을 섬기고 존경한다는 그들이 매우 품위 없고(vile), 보잘 것 없는 성품을 지녔기 때문입니다. 그러나 주님 앞에 있는 사람은 주님을 심중에서 예배하였습니다.

64. 주님은 자기 자신을 "임금"이라고 하였습니다. 이 말씀은—.

> 인자가 모든 천사와 더불어 영광에 둘러 싸여서 올 때에 그는 자기의 영광스러운 보좌에 앉을 것이다… 그 때에 임금이 그들에게 말할 것이다.

이 말씀은 주님의 왕권이 신령진리이고 이 진리와 또 이 진리에 의해서 심판이 행해지기 때문이라는 뜻입니다. 그러나 그것에서 비롯되고 또 그것에 의한 모두가 한 방법 즉 선한 사람과 악한 사람에게 있을 심판입니다. 선한 사람은, 그들은 신령진리를 간직하였기 때문에 선한 판결을 받고, 악한 사람은 신령진리를 받아 간직하지 못하였기 때문에 진리에 의해서 악한 사람으로 판결받습니다. 왜냐하면 그들은 진리를 거부하였고 따라서 그들은 저 세상의 삶 역시 거부하고 부인하였기 때문입니다. 신령진리를 받아 간직한다는 것은 믿음을 갖는 것 뿐만 아니라 그것을 또한 실천하는 것입니다. 즉 그것은 그 가르침에 의한 삶이 곧 생명을 이루는 것이기 때문입니다. 이것에서 볼 때 주님은 자신을 "임금"이라고 하셨습니다.

65. 오른쪽에 있는 사람들을 "의인"이라고 불리웠습니다. 즉—.

> 그 때에 의인들은 그에게 대답하기를…… 의인들은 영원한 삶으로 들어갈 것이다.

이 말씀이 뜻하는 것은 그들이 주님의 의(義·righteousness)에 있음을 가리킵니다. 인애의 선 안에 있는 사람은 모두가 "의인"이라고 불리워 집니다. 즉 그들 자신에게서 비롯된 의가 아니라 주님에게서 비롯된 의이기 때문에 이들이 가지고 있는 의는 그들 모두에게 합당한 것입니다. 자기 자신에서 비롯된 의를 믿는 사람들은 또는 자칭 의롭다고 여기는 사람들은 그들 안에 속한 악 이외에 아무것도 아니기 때문에 그들은 의에 있는 것이 아니라 그와 정반대인 불의(不義)에 있는 것입니다. 왜냐하면 그들은 모든 선을 자기 자신에게로 돌리기 때문이고 또 그것에 대한 모든 것을 자기의 공(功·self-merit)으로 돌리고 자족(自足)하기 때문입니다. 그리고 이같은 사람은 결코 진실된 겸손에서 주님을 열렬히 경모하지 않습니다. 그래서 성경말씀에서 이런 사람들 즉 주님에게서 비롯된 모든 선을 시인하고 깨달은 사람들을 "의인" 또는 "성인"(聖人·saint)이라고 부르고, 자기 자신에게서 비롯된 모든 악에 즉 그 자신의 것이 모두가 지옥에서 비롯되었기 때문에 "지옥의 자식"이라고 합니다.

66. "영원한 삶"이 의인에게 주어졌다는 것은 곧 선에서 비롯된 생명을 가리킵니다. 선은 그 자체에 생명을 지니고 있습니다. 왜냐하면 그것은 생명 자체이신 주님에게서 온 것이기 때문입니다. 주님에게서 온 생명에는 지혜와 총명이 있습니다. 왜냐하면 주님에게서 비롯된 선을 받는 것은 또한 선을 행하려는 것이기 때문에 그것은 지혜입니다. 주님에게서 비롯된 진리를 받는 것은 진리를 믿는 것이기 때문에 총명입니다. 이 지혜와 총명을 간직한 사람은 생명을 또한 소유합니다. 마치 행복이 이같은 삶에 결합되듯이 영원한 행복은 곧 "생명"이 뜻하는 바입니다. 악한 상태에 있는 사람은 이와 정반대의 경우가 되겠습니다. 그들은 사실 그들 자신에게서는 마치 그들이 생명을 소유한 양 나타낼지 모르나 그러나 이같은 생명을 성경말씀에서는 "죽음"(死亡·death) 즉 영적 사망이라고 합니다. 왜냐하면 그들은 어떤 선 안에도 있지 않으므로 지혜롭지 못하고 또 어떤 진리에도 있지 않기 때문에 총명을 가지고 있지 않기 때문입니다. 이러한 사실은 좀더 깊은 사려를 가지고 살피는 사람이면 누구나 모두에게 알 수 있는 것입니다. 왜냐하면 선과 진리 안에 있는 생명은 악과 거짓 안에

있을 수 없기 때문인데 그 이유는 이들은 서로 상반되어 공존할 수 없기 때문입니다. 그러므로 의문을 가진 사람들은 다른 삶을 살 수 없고 오직 미치광이의 삶에 속해 있을 뿐입니다.

67. 왼쪽에 있는 사람들을 가리켜 "저주받은 자들"이라고 하였는데 그들의 형벌은 "영원한 불"(eternal fire)이었습니다. 즉—.

> 그 때에 그는 또 왼쪽에 있는 사람들에게도 말할 것이다. 저주받은 자들아 내게서 떠나서 악마와 그 부하들을 가두려고 준비한 영원한 불 속으로 들어가거라.

그리하여 그들은 영원한 형벌로 들어가고…….
이 말씀은 그들이 선과 진리에 비롯된 것을 자기 자신에게 공을 돌리기 때문이고 따라서 악과 거짓에게 돌리기 때문입니다. 말씀의 속뜻으로 "저주받은 자"들은 외면한 것(a turning away)을 뜻합니다(245·293·1423·3530항 참조). "영원한 불" 속으로 들어간다는 것은 자연적인 불이나 양심의 고통 같은 것을 뜻하지 않고 악의 정욕(惡 情欲·concupiscence of evil)을 뜻합니다. 왜냐하면 사람 속에 있는 정욕은 육신 안에 있는 생명을 불사르는 영적 불을 뜻하기 때문입니다. 그것은 바로 저 세상에서의 고통을 뜻합니다. 이들 불이 뜻하는 지옥적인 불은 다른 사람에게 비참한 방법으로 몹시 괴롭힙니다.

[2] "영원한 불"이 자연적인 불이 아니라는 것은 자명합니다. 그것이 또한 양심의 고통도 아니라는 것은 악한 사람에게는 양심(良心·conscience)을 가지고 있지 않기 때문입니다. 육체를 입고 있는 동안에 생명을 가지지 못한 사람은 저 세상에서도 생명을 가질 수 없습니다. 그러나 정욕은 사람 안에 있는 잘못된 사랑에서 비롯된 모든 생동하는 불(生動·vital fire)입니다. 즉 하늘 나라의 불은 선과 진리의 사랑에서 비롯되었고 지옥의 불은 악

과 거짓의 사랑에서 비롯되었습니다. 이와 마찬가지로 하늘 나라의 불은 주님 사랑과 이웃사랑에서 비롯되었고 지옥의 불은 자아애(自我愛·love of self)와 세간애(世間愛·love of the world)에서 비롯되었습니다. 사람 안에 있는 모든 불과 열은 이 근원에서 비롯되었다는 것은 누구나 예의 관심을 가지고 살피면 모두가 다 잘 알 수 있습니다. 왜냐하면 사랑은 영적 열(靈的 熱·spiritual heat)이라고 부르는데 "불"과 "열"은 성경에서 모두 이것을 뜻합니다(943·1297·1527·1528·1861·2446·4906항 참조). 악한 사람 속에 있는 불은 사람들이 자신의 정욕의 맹렬함에 있을 때를 가리키는데 그것 역시 불의 한 종류이기도 합니다. 여기에서부터 그들은 다른 사람에 대한 맹렬(猛烈·ardor)과 고통의 격노(激怒·fury)에 빠지게 되고 선에서 비롯된 생동의 불은 보다 한 계도 위의 정동에 있을 때 생기는 것으로 이것 역시 하나의 불이기는 하지만 그것에서 비롯된 불은 그들로 하여금 사랑과 다른 사람을 위한 열정에 있게 합니다.

최후심판과 말세

1995년 10월 20일 초판 인쇄
1995년 10월 31일 발행
2023년 10월 31일 재판 인쇄

지은이 임마누엘 스베덴보리
옮긴이 이   영   근
펴낸이 이   영   근
펴낸데 예   수   인

1994년 12월 28일 등록 제11-101호
서울 · 강서구 화곡동 488-49
전 화 : (02)2649-8771

값 30,000원